U0075490

市場、正義與反全球主義

——論左翼社群主義思想

梁文韜 著

主流出版有限公司

致七十五歲大壽的老師

戴維・米勒（David Miller）

序

　　今年是博士指導老師戴維米勒 75 歲大壽，這本書是獻給他的。非常感謝米勒教授的指導，早年的書信交流讓學生獲益匪淺，而當中的情誼更令學生銘感五內。雖然他指導我關於帝國主義的博士研究跟其左翼社群主義理論完全無關，但是我的政治哲學思維剛好是傾向左翼社群主義，也就是經濟上的左派、政治及文化上的右派。

　　一直想對米勒老師及其他左翼社群主義者多年來的研究結合及改寫，出版一部有系統的專著，遲遲沒有做到的原因有二，一方面，在 2005 年開始研究全球化及國際政治哲學，而此之前，左翼社群主義者對全球化沒有什麼定見。然而，他們後來開始認真處理全球化對社群主義思想的挑戰，所以是時候好好探討他們近十多年如何回應全球化。另一方面，米勒之前到了已經可以退休的時間仍然十分多產，故此少了一些意願去寫一部專著，深怕錯過了他一些什麼新的想法。不過，米勒在 2019 年出版了《自決是否危險的假象？》後，其思想體系的組建應該大致完成。

　　去年開始著手完成一本關於大同主義全球正義論專書（今年三月出版的《幻夢？大同世界的正義美夢》）時，就決定要將左翼社群主義思想好好整理一下，讀者們若同時也將該書讀完，便會對全球化及相關的分配正義議題有了更明確的理解。大同主義

5

者及社群主義者兩派本來就是對立的，大同主義者基本上是支持全球化的，相信只要有適當的規範，全球化會是利多於弊，左翼社群主義者本應是對全球主義抱著懷疑態度，可是，近年卻對大同主義思維讓步太多，因此，我便決定坐下來好好跟大家一同思考如何建構比較合理的左翼社群主義論。書中主要分析正義論述，正義在實踐上牽涉各種元素，如程序、後果、制度、結構、系絡及原則的多元性。本書不單討論左翼社群主義學說，更透過比較其他重要理論家（如羅爾斯、德沃金、海耶克、諾錫克、柯恩、博格及拜斯）的思想，期待能提供大家對各正義論述有多一點的洞見。

當然，去年美國總統大選結果及至今仍肆虐的武漢肺炎之爆發性流行也是催生此書的推手，在書中第一章及結論都會談到這兩件表面上不相關的事情跟全球化及社群主義的關係，裡面少部分內容出自替《自由亞洲》寫的評論，書中不作另行說明。

本書乃 2016 年出版的《二十一世紀共慘世界》一書第四章下半部的延伸。書中第二、三、四及五章改寫自曾經發表在台灣重要 TSSCI 學術期刊論文，相關研究得到科技部的補助，特此感謝，第六章是在近一年完成的，部分內容在最新一期《香港社會科學學報》刊登，感謝所有相關單位容許使用。

具體來說，部分書中章節取材自以下出版品：

2003a，〈當代市場社會主義所有制模式之理論分析〉，《政治學報》第三十五期，頁 223-258。

2003b，〈市場社會主義與社會正義：兼論達維米勒對市場的辯護〉，《政治與社會哲學評論》第七期，頁 41-85。

2005a，〈論米勒的制度主義社會正義論〉，《台灣政治學刊》，第九卷第一期，頁 119-198。

2005b，〈程序、後果及社會正義：論米勒的混合型正義論〉，《人文及社會科學集刊》，第十七卷第二期，頁 217-269。

2005c，〈系絡、原則與社會正義——比較米勒及瓦瑟的多元主義正義論〉，《歐美研究》，第三十五卷第三期，頁 605-668。

2016，《二十一世紀共慘世界：全球化的政治哲學省思》，開學出版社。

2021a，《幻夢？大同世界的正義美夢》，台北：主流出版社。

2021b，〈權利、責任、全球化與社群主義：評米勒的全球正義論〉，《香港社會科學學報》，第 57 期（六月），頁 141-183。

　　思考台灣及香港未來的同時也必須先瞭解世界大勢，期待這本書能拋磚引玉，讓我們一同立足台港並放眼世界。本書得以出版，全賴主流出版社顧問鄭超睿先生及編輯鄭毓淇小姐的支持，特此致謝，另外亦要多謝李國維老師的協助，以及陳祖為與葉浩兩位老師的意見及推薦。

梁文韜

台南市

2021 年 8 月 31 日

目錄

第一章
前言：社群、正義、全球化
與社會主義

一、前言：從美國政治談社群主義

（一）全球化、武漢肺炎與美國的社會分裂

著名政治哲學家及暢銷書作家桑德爾（Michael Sandel）在 2020 出版的《該得的獨裁》（*The Tyranny of Merit*）序中，提及美國人遇到武漢肺炎時所暴露的內部分裂問題。他憂心地指出，面對突如其來的病毒攻擊，美國不單在醫療物資上出現短缺，連道德上也都沒有準備好。道德上有沒有準備好跟疫情有什麼關係？他引用了當時的一項民調指出，只有百分之七的共和黨支持者相信親民主黨的主流媒體關於疫情的報導，而只有百分之四的民主黨支持者相信川普政府提供的資訊與說法。

存在已久的政治分裂及伴隨而來的缺乏互信剛好碰到病毒來襲，美國人最需要放下政治分歧的時候卻無法做到。疫情反映團合性的道德悖論（moral paradox of solidarity）（Sandel, 2020: 4），

一方面，政府強調共同抗疫，另一方面，大家卻要遵守社交隔離；換句話說，我們要「團合起來去不要團合」。對桑德爾而言，政府所謂的「我們在抗疫上是一起的」只是空洞的口號，並不是在描述展現互相履行義務及共同犧牲的社群意識。

從社群主義理論家的角度看，桑德爾眼中的分裂不是表面上的政黨分歧，而是菁英與平民的對立以及富與貧在收入上的鴻溝。雖然這兩個面向的對立跟全球化有密切的關係，但是桑德爾的眾多著作都極少談到全球化，在其新書中也無意深入討論全球化，然而，他已經不能像過去一樣迴避全球化帶來的問題。當代全球化令美國的分裂愈來愈嚴重，這樣的分裂之重點不是過去的左跟右的意識型態之分，而是全球主義跟國族主義之分，只有在這個新的認知框架下才能理解困擾西方社會社群主義者的是「菁英與平民」以及「富與貧」的兩種對立。然而，桑德爾沒有明示他在針對這兩種對立，但他的書邀請大家一起反省「該得的獨裁」對美國一種深層的影響。

由於桑德爾目前沒有深入討論全球化，因此，我們不能說他抱持反對全球化的立場。在其僅有的對全球化的評斷中，我們可以看出他認定全球化對美國的影響是負面的。一方面，在全球化下的分工下，用來對應武漢肺炎的醫療物資之生產及銷售都掌握在中國手中，這導致病毒來襲時完全措手不及，另一方面，市場導向的全球化剝奪了眾多勞工優渥的工作及社會尊重。驟眼看來，這樣的觀點有像前美國總統川普的看法，在進一步探討桑德爾的論述前，我們不妨多談一點川普的「讓美國再次偉大」的眾多政策如何在實際上嘗試面對全球化為美國帶來的負面影響。

多年下來，川普一直被批評在大搞民粹主義，民粹主義一般

令人聯想到反建制、反菁英及反智，由於民粹主義經常被認為帶有負面意涵，反川普的媒體及評論人都樂於將民粹主義大帽扣在他的頭上，肆意批鬥一番。就連中文版維基百科亦聲稱關於川普的不少主張「被認為是訴諸民粹主義，包括提出驅逐境內逾1100萬非法移民（主要來自墨西哥和拉丁美洲）、在美墨邊境修建圍牆、旅行禁令禁止境外穆斯林進入等主張（川普總統2017年1月27日頒布行政命令，以國家安全為由禁止六個穆斯林國家的公民入境，獲美國最高法院裁定合憲），以爭取底層白人選民的支持」。[1] 這是關於川普種族成見的刻板印象，甚至有批評認為是位不折不扣的種族主義者。

　　為了讓美國再次偉大而排斥外來移民，並不代表川普對國內的非白人不友善。他在2020年選舉爭議中雖落敗，但這次得票比上一次多了超過一千多萬票，不少增加的票來自非裔及拉丁裔。跟2016年相比，他在黑人和西裔的支持者比例提升10%和14%，創共和黨1960年以來的紀錄。美國平民支持川普的現象所反映的是人民至上意識型態，弱勢族群的支持大幅增加之主要原因是平民實實在在地感受到川普政策的確對他們有利。

　　政治人物被質疑去搞民粹是為了得到選票，川普為了兌現政見承諾所推行的政策當然是為了選票，但對他來說，做對的事情自然就會有選票，什麼是對的事情？針對相對弱勢的美國人提供更多就業機會及協助，令美國人享受更有安全感的生活，當然最重要的是讓美國家庭要過得更好。在中共病毒襲擊全世界之前，

---

[1]　請參考：https://zh.wikipedia.org/wiki/ 唐納・川普。查詢日期：2020年10月30日。

美國失業率降至 3.5%，幾十年來最低的水平。在武肺大流行前自川普上任至 2019 年 11 月，收入最低的 25% 美國人的收入增長了 4.5%，超過該國收入最高的工人的 2.9% 的收入增長。美國蓋洛普（Gallup）2020 年大選前於 10 月 7 日公布的民調顯示，56% 的美國人表示現在比 2016 年過得好，創下有相關調查以來總統大選年最高的歷史紀錄。[2] 值得注意的是，這是在中國武漢肺炎仍然肆虐的時候所做的調查，而過去三十多年成功爭取連任的總統之相關數字都不會超過四成七。

川普不想美國人當凱子是其核心思維，或許大家會認為商人出身的他想要省錢是很正常的事。但他省錢是希望用更多錢去協助弱勢民眾，中低階層及少數族裔的福祉早在他年輕時就已經是其關心的議題。川普多年來偶然都會上著名的現場訪談節目並提到他的一些支持中低階層的相關政治主張。在 1980 年代年日本經濟如日中天而日本人及企業到美國瘋狂置產之際，川普在 1987 年登報批評政府長期花上鉅額軍費來保護日本及沙烏地阿拉伯等所謂的盟友，於登報後在分別接受著名媒體人賴瑞・金（Larry King）及大衛・賴特曼（David Lettermen）的現場訪問時，都表達省下保護有錢盟友的經費可以照顧弱勢的堅定看法。在多次訪問中，他指出美國人充滿潛能，只要用適當的政策，就可以調度民眾的積極性。

川普此種態度其實一直都沒有變，看到美國人在多邊主義下每每吃虧，從中國進入世貿組織後，他知道新問題的源頭來自中

2　請參見：https://news.gallup.com/opinion/gallup/321650/gallup-election-2020-coverage.aspx，查詢日期：2020 年 10 月 13 日。

國。企業外移到中國令美國流失相當多就業機會，得力於美國或其他西方企業的投資，中國經濟飛速發展，掉過頭來賺美國人的錢，而美國只好不斷發債，中國從一個窮國更一躍成為美國的最大債權國之一。對川普來說，這是完全不合理的，不但拉高美國的失業率，本來自己人可以賺自己人的錢，卻被迫用自己的錢去買中國人製造的東西，不想當凱子的心態主導了川普的政策。

人民至上意識型態的重點是，為了服務人民而去改變積習已久的弊病，以醫療保健為例，川普 2020 年簽署了一項行政命令，強迫所有醫療保健提供者披露其服務費用，以便美國人可以進行比較，並瞭解醫療服務提供者向保險公司收取的費用減少了多少。在簽署該法案時，他強調任何美國人都不應被他們從未事先同意的醫療服務規定所蒙蔽。政府現在要求醫院公布其標準服務收費，其中包括醫院願意接受的折扣價。另外，改革了醫療保險計畫，以防止醫院對低收入老年人收取過多的藥物費用，僅今年一年就為老年人節省了數億美元。

川普即使是為選票，其目的是令大多數美國平民獲益，只有基於平民至上的抱負推行政策，美國才會真正再次成為偉大的國家。不過，這招致體制內外的既得利益者反撲，他們非要阻止川普連任不可，而且最後成功了。枱面上要將川普拉下馬的是主流媒體的大老闆、社交媒體的負責人、華爾街金融界人士及跨國企業的主管。這些資本階級人士是菁英中的菁英，也是全球化的最大受益者，對他們來說，即使不管自己的利益，也要為企業利益著想，假如川普的人民至上意識型態沒有傷及他們自己和其企業利益，他們會對川普有更大的容忍。

當年宣稱要令美國強大的川普甫上任就展示他的魄力，迅速

以行政命令履行一些競選承諾。其中以正式退出 TPP 最受各國關注，美國的忠實盟友日本及澳大利亞更盡上最後努力試圖挽回。不過，退出 TPP 也是其原競爭對手希拉蕊的政見，TPP 本來就沒有什麼前景，只是做為 TPP 原來推手的希拉蕊竟然在決定參選後改變之前支持 TPP 的態度，實在令人不解；這樣也顯示民主黨施政方針上的不一致性，或許是由於民主黨人普遍不曉得該如何回應目前全球化對美國帶來的挑戰所致。

在過去三十多年，美國實施的經濟擴張主義與全球化的肆虐發展是相輔相成的，這種擴張主義仗賴美國大型公司在全球攻城掠地，一方面將生產基地轉移到所謂發展中國家，另一方面則拓展市場並增加其產品的市占率。美國製造業在這個過程中逐漸萎縮，金融服務業則蓬勃發展，更間接催生了金融資本主義帶來的泡沫化。從 1987 年股災起多次週期性的美元資產價值瘋狂膨脹及泡沫爆破，這些週期的出現源自於全球化對美國及其他已發展國家的影響，在產業端看到製造業外移及金融業的去管制化，在分配端則越見中產階級貧窮化及藍領階級貧民化，這個趨勢促進金融資本主導的投機行為愈發肆虐的惡性循環。

表面上看來，美國最終成為受害者，可謂自作自受，大多美國民眾受到 2007 年金融大海嘯的嚴重影響。不過，值得注意的是，每次泡沫爆破對於最富裕的資本階層之衝擊較市民大眾相對的低，因此，財富分配不均的情況一直惡化中。或許也是因為這樣，素來被認為願意支持勞工權益的民主黨希拉蕊為了選舉才跟著說要退出 TPP。然而，從川普及共和黨的立場看，民主黨似乎無法在處理擴張型大美國主義遇到的問題上提出鮮明的應對策略及果斷的執行決心。

　　大家也許必須瞭解擴張主義本來就逐漸遇到了瓶頸，美國大企業到所謂發展中國家擴張生產所帶來的低成本效益早已逐漸減少。另外，從一般消費端看，象徵擴張型大美國主義的跨國企業如麥當勞，在亞洲很多愈來愈發達地方（如台灣）的成長早已飽和，因而早已有淡出的傾向。在高檔消費端如 3C 產品，則受到中共主導的霸權國家資本主義的強力挑戰，最明顯的例子是中共軍方企業華為的手機在亞洲的市占率早已經超越蘋果的 iPhone，這也是後來川普不得不針對華為的原因。

　　川普的政策或許並不完全是針對中國或某一國家，也不單只是為了勞工階層的福祉或改善就業；其重點是持盈保泰並鞏固國力，這就要留住資金、技術及人才。金融大海嘯的衝擊早已令歐巴馬政府意識到不能過度依靠金融資本，故而實行了重建製造業的一系列措施。川普當年上任後準備推行的部分政策是要大幅度深化歐巴馬執政後期的方針，當然川普政府不能靠喊一喊「美國優先」之類的國族主義口號就能奏效，而是想依靠減少「愛國」企業之稅收及懲罰外移企業雙管齊下的策略來具體地保住資本、技術及人才。川普不只退出 TPP，更重談北美自由貿易協定，加上對歐盟的不滿，在在反映其對區域貿易共同體的反感。但這不代表他反對自由貿易，反而顯示他想以美國為核心的方式進行貿易談判。這種態度跟他的「美國優先」理想有關，美國人或許會慢慢意識到川普政府以嶄新經濟政策鞏固國力的心意。

　　川普的崛起被視為反全球化的孤立主義抬頭，這在很大程度上是言過其實的說法，以經濟掛帥的共和黨或許是要以另外一種方法嘗試主導全球化，又或者說川普不管什麼全球化，他只鼓吹以雙邊而非多邊談判方式確立以美國為中心點的多向貿易夥伴

網。川普認為美國利益在這狀況下可望得到最大化，這是一種精明考量驅使下的做法。與其說川普提倡的是孤立主義，不如說他在鼓吹一種固本型大美國主義，這反映某種形式的國族主義。

　　我們必須意識到美國政府的思維對小國的形勢其實是相對有利的，各國不用也不須再執著要參與區域經濟整合。美國的做法等於是鼓勵大家各自在 WTO 架構下進行雙邊貿易談判及訂定相關協議，因此，即使要繼續玩全球化的遊戲，也可趁著這個氛圍以 WTO 成員身分開展跟更多不同國家進行雙邊談判。不過，各國在這個過程中不妨學習美國的固本思維，別再推行外向政策，先留著資本、技術和人才，並調整產業結構方為上策。試問，一個沒有能力或意願營營役役地從事生產，而只顧金融操作及房地產炒作的國家，拿什麼跟其他國家進行貿易呢？經濟又如何健康地發展？

（二）本土／全球的乖離與「該得的獨裁」

　　桑德爾沒有討論川普的政策，而是想解釋為何所謂的民粹主義會崛起。如前所述，桑德爾認為全球化對美國是不利的，而美國政府在克林頓時代積極推動全球經濟整合，他發現一個有趣的現象，就是自由主義左派一方面在全世界推動全球資本主義，另一分面則在本土推動福利主義。桑德爾雖準確指出克林頓經常將「站在歷史上對的一方」掛在咀邊來鼓吹全球化，但卻沒有進一步解釋這種本土／全球的乖離（Sandel, 2020: 55-6）。我們不妨認定，這跟前蘇聯及東歐共產世界在九〇年代初的崩解有關，整個西方學界和政界在九〇年代都以樂觀看待後冷戰時代，暢銷書作

家福山甚至斷言歷史已經終結，資本主義戰勝了社會主義，自由民主打敗了專制獨裁。克林頓上任後推動世界貿易組織的成立並協助中國入世，這成為了擴張主義的基礎，但也促使資本及企業大量外移。

　　克林頓政府的如意算盤是讓美國企業大肆擴張，既可運用發展中國家的廉價勞動力，又能打入人口眾多的龐大市場，賺到的暴利可以回頭令政府稅收增加，從而令人民享受更多的福利。不過，這個如意算盤沒有打響，伴隨全球化浪潮的是數位科技的迅速發展，大家可以用更有效率及效能的方式去處理工作及進行貿易，這對資本主義發展是一大助力。

　　資本及企業外移加上科技取代人力，這令美國勞動市場大受衝擊，中產貧窮化及窮者愈窮的趨勢加速惡化，加上大企業避稅，政府財政沒有因為大企業利潤增加而受惠。另外，科網股熱潮及房地產熱帶來了兩次經濟泡沫的爆破，令中產階級或以下的人民受到很大的影響。資本階層的經濟狀況卻在每一次經濟衝擊後迅速復元，其財富甚至很快便再次「健康地」增加。

　　克林頓政府或許不是只在意資本主義的攻城掠地，也在意一些比較「神聖的」目標，就是令專制獨裁國家中的中產階級因全球資本主義化富起來後會推動民主化，繼而使得這些國家出現和平演變，成為自由民主國家，可是這方面的夢想也落空了，專制獨裁國家如中國引入外資及開放部分市場的確改善了人民生活，但經濟發展的豐碩成果大多落在官二代或三代以及聽命於共產黨的富豪手裡，中產階級後來根本沒有得到太多好處，而且很快就開始貧窮化。

　　「站在歷史上對的一方」就是要將資本主義及自由民主全球

化，既然西方自由民主國家贏得了冷戰，當然就是要贏得徹底。這種思維主導了美國政治二十多年，經歷了克林頓、小布希及奧巴馬三任政府，養大了俄羅斯及中國，但卻達不到使兩國民主化目的。對右翼社群主義者桑德爾來說，重點是市場導向的資本主義對美國政治社群的團合性不斷侵蝕，他在之前的兩本暢銷書《正義》及《錢不能買的東西》中已經很清楚地說明這一點，但此二書沒有觸及全球化問題。或許是推動川普上台的所謂「民粹主義」反映事態愈來愈嚴重，桑德爾跟他的追隨者期待的共善正在加速被摧毀中，而全球化令問題變得更複雜，但他似乎無意深入地去處理全球化的問題。比較令人失望的是，他針對該得的獨裁之批評也不是針對全球化問題。

　　對桑德爾而言，在美國不管是誰執政，目前收入及財富的不平等在很大程度上是因為美國人相信以功勞作為獎賞的基本考量。此基本考量很簡單，每個人有不同的天賦，擁有自願地運用這些天生的能力或個人特質所合法地賺取的收入及累積的財富是具有道德正當性的；雖然桑德爾沒有提到此想法來自什麼理論，但是放任自由主義者諾錫克似乎抱持這種想法。桑德爾選擇了「自由市場資本主義」的代表海耶克及「福利國資本主義」的代表羅爾斯作為分析對象。或許他認為兩人的思想分別影響了共和黨及民主黨在美國國內的政策，所以才選擇他們。

　　按照桑德爾的解讀，海耶克認為透過自由市場的運作之合法所得不具有道德意涵。作為企業家，由於生產了某些人所需要的東西而賺到了利潤，沒有什麼符不符合道德的問題，他只是剛好有眼光生產了有市場並可以賺到錢的東西而已。至於羅爾斯的看法，由於天賦是道德上隨機的，是社會的共同資產，自願地運用

天賦的所得並不該全部屬於他的，所以政府徵稅來提供福利給最低受益者是合理的，符合他提出的正義要求。

「該得的獨裁」或許正是目前全球不平等的主因，但桑德爾沒有提出正面的解決方法，特別是他根本無法有力回應海耶克的立場。更嚴重的問題是，他沒有提出以再分配為目標的正義論。在此必須指出，如果桑德爾要去正視美國的問題，他應該針對上面提到關於民主黨的本土／全球的乖離。此乖離毫無疑問意味一種不能自圓其說的矛盾，鼓吹資本主義全球化的後果是美國企業在中國及其他發展中國家建立血汗工廠，嚴重壓榨勞工甚至童工。當地政府基於要吸引外資而順從以全球化為後盾的發展主義，讓自己的人民替跨國企業賣命工作。

同樣是跨國企業的勞工，在發展中國家卻得不到在西方國家中的保障，號稱重視人的福祉及不歧視的民主黨及自由左派為何可以接受這樣的情況出現？當然他們可以辯稱別的國家的狀況不在西方國家政府的管轄範圍，所以只能任由這些傷害發生，又或者說，有外來投資總比沒有外來投資好，當地勞工至少可以有收入。另一個嚴重問題是，那些發展中國家本身的貧富差距在這個過程中不斷增加，但當中的貧者不會得到在像美國這些相對富裕國家中得到的福利。

北美的社群主義者對西方社會如何被資本主義腐蝕感到憂心仲仲，維繫社會的基礎逐漸崩壞，桑德爾很顯然認為從八〇年代到現在情況是每況愈下，社群逐漸解體。右翼社群主義者是經濟上的右派，對資本主義比較友善，但既然全球化下的資本主義如脫疆野馬，對社群侵蝕及不斷破壞社會團結性，社群主義者要面對現實，還是要認真建立反全球化的論述？

二、社群主義及正義論

（一）社群與自由主義

　　根據社群主義者貝爾（Daniel Bell）在《史坦福哲學百科全書》的綜合陳述，社群主義者將社群大概分為三類：地方性社群、記憶性社群及心理性社群。地方性社群意味一種在地性，個體身處在地理上存在就近的地理位置上，個人的利益跟同地域的住民的共同參與是緊緊相扣的。記憶性社群內的成員不一定互相認識，但共享具有道德顯著性而又橫跨多個世代的歷史，這種社群為個人生活提供意義及希望。存留在這種社群裡的人共同根據過往的經驗繼續打造這個社群，每人個的參與被視為是對共善的一種貢獻。心理性社群中的個體有真實的個人接觸，當中有感情、信任及利他信念，共同生活孕育的同儕性是在追逐共有目標的基礎。[3] 接下來將會就社群主義幾個面向進行分析以釐清問題意識。

　　一般來說，社群主義者都會視整個國族為包涵性政治社群（inclusive political community），也就是記憶性社群，如果生活在同一疆界的人能和睦相處，那麼國家就能穩定，使得大家透過合作及共同決策去發揮各自的所長。桑德爾等右翼社群主義擔心的

3　Daniel Bell, "Communitarianism," *Stanford Encyclopedia of Philoaophy*. 請參考：https://plato.stanford.edu/entries/communitarianism/，查詢日期：2021 年 6 月 6 日。

是作政治社群的國族面臨崩解，資本主義全球化對國族有何負面影響？有論者提出社群主義三項原則（Tam, 1998: 12-18; 2019: 10-13），第一項原則是合作探詢，任何宣稱之所以被視為正確是由於此宣稱乃源自於合作探詢，第二項原則是由合作探詢衍生出來的共同價值，這奠定社群中所有人抱持相互責任之基礎，第三項關於社群主義式權力關係，社會各層級的權力關係必須改變，令所有受影響的公民都可以參與決定相關權力如何行使。這三項原則的目的是要確保關於「共善」的集體行動不會由政治菁英或市場中的個體所決定。資本主義全球化正在破壞這三項原則，右翼社群主義者意識到資本主義全球化帶來的不平等正破壞社會根基，但為何他們無法處理不平等問題？社群主義者在批評自由主義的同時可以不對資本主義提出反對立場嗎？。

　　社群主義者對自由主義的批評分為四個面向（MacIntyre, 1984, 1988; Sandel, 1998; Walzer, 1983, 1984, 1987, 1990a; Taylor, 1986, 1989）：（1）抽離系絡的自我、（2）什麼是「對的」比什麼是「善的」來得重要、（3）對政治社群的理解過於單薄及（4）普世主義道德的虛幻。桑德爾批評羅爾斯假設個人主義的哲學人類學，參與訂定契約的個體在「原初狀態」下，主要是看顧自己的理性利益而去作決定，這令大家無視在現實生活中如何過活。羅爾斯假設的道德主體是「不被約束的自我」，這個自我的自我認同都是出於個人選擇，而不是此人原本就嵌入在裡面的群體生活。自由主義認定此人是一個擁有者，有目的、有價值體系、有自己的善觀，但這些都是純粹的偏好而卻不是自我的一部分。

　　社群主義者認為，自我不是個體加上她選擇的價值及善觀，價值體系及善觀其實都是自我的構成部分，而內含價值體系及

25

善觀的自我才是真實存在的自我，這「構成性自我」的孕育是由於她屬於社群一分子，同屬一社群的個體分享某些共同信仰及實踐，當然社群之所以存在也是由於大家的構成性自我，不單只看待自己乃隔離體，而是在成長過程中透過對身處的群社生活之掌握及投入之一分子。對桑德爾而言，自我觀念指涉個人認同的構成，這不能跳脫社群，社群的組成也是由那些「構成性自我」共同築起的，個體不可能沒有了社群，社群若沒有了構成性自我，也就不是社群。

　　第二點關於「對」先於「善」，不管是平等式還是放任自由主義，自由主義者的三大信念是個人自由、善觀的多元性及憲政主義。自由主義者倡議，在講求法治憲政體制下，保障所有人追求自己善觀的自由。比較有爭議的是善觀的多元性所意味的政治中立，由於每個人都有其善觀，不管這些善觀是否源自宗教或宗族，政府都不能支持或禁止任何一種善觀。德沃金從平等關注及尊重出發建構此善觀中立的立場，平等關注及尊重是一項接近天賦權利的人權，從這種權利推導出形式及實質這兩種平等，形式平等保障所有人平等權利，實質平等令人有獲得平等機會所需的資源之權利，至於大家怎麼用這些資源來追求自己的善觀，就跟公共政策無關。其他自由主義者不一定用權利來發展其政治中立論，但他們的共同點都是，由於社會上出現多元的善觀是好的，因此，政府的政策不能偏袒某種善觀。不過，社群主義者認為善觀是隱藏在社會實踐中，政治根本不可能完全中立；另外一些社群主義如泰勒（Charles Taylor）認為採納政治中立其實是忽略差異性，不同人之間的差異反而可能需要特別處理及對待。

　　第三點是關於對政治社群的理解，自由主義者相信人基本上

的經濟動物，民主政治是最佳的統治模式，最理想的狀況是小部分從事政治工作的人代表人民決定政策及制定法律，這就是代議民主。代議政治的基本理念就是分工，在法律保障基本自由及財產的前提下，大部分人參與經濟活動，並利用賺取的收入去追求各自的善觀，政治參與只局限於參加選舉投票。社群主義者的立場在政治上跟共和主義相近，強調政治參與的重要性，政治參與本身就是個人善觀的一部分。

共和主義和社群主義兩派都批評自由主義將政治參與視為只具備工具性價值，並令民主成為只是匯聚個人偏好的一個過程。自由主義者認為人只為私利去參與政治，但社群主義者認為，政治參與的重點其實是要找出共同利益或共善。不過，對社群主義者來說，人不單是政治動物，更是社會動物，共和主義強調宏觀層級政治的積極參與，但社群主義原則上應該強調在不同層次的政治參與都是重要的。八〇年代巴柏（Benjamin Baber）提出「強民主（strong democracy）」的構想，而米勒（David Miller）則深入討論「審議民主（deliberative democracy）」，這些都是要取代或補強代議民主的另類模式（Miller, 2000: 142-160）。

第四點是關於普世主義的問題，自由主義者都擁抱普世價值如自由、平等及民主，重點是他們相信有普世道德，其內容可以是如德沃金所說的平等關注及尊重，又或者是權利論者所提出的普世人權，也可以是康德論者們所說的「定言令式」，只要是人就要遵守相關的普世道德原則。左翼社群主義者瓦瑟（Michael Walzer）不反對世界上存在他所說的「薄道德」，薄道德的內容是如不殺人、不施虐等最基本的規範，但厚道德則是各文化或民族的常規道德，不同文化所包含的常規道德有非常豐富的內容。

瓦瑟提出薄道德是他相信大家其實可以在所有各國常規道德中都找到的共同點，不過，我們不清楚正義到底是屬於厚道德還是薄道德，當瓦瑟談到正義的時候，他似乎是將正義當成是厚道德，而他的分配正義考量只適用於自由民主國家。米勒跟瓦瑟一樣提倡系絡主義，在不同的系絡但他們考慮的系絡不一樣，米勒談的系絡在於社會不同性質的關係，而瓦瑟則是不同益品身處的不同「社會意義（social meanings）」，我們在第三及第五章會對此作出深入討論。

社群主義者跟自由主義者之間的爭議其實牽涉更深層次的兩個問題：一是公／私區隔的問題，二是有關「什麼是良質社會？」的想像。由於我們的分析焦點是正義論，故不能會深入討論自由主義者與社群主義者之間這些更深層次的爭論。以上簡略的敘述是為了方便大家去瞭解社群主義者的正義觀。

在探討正義論時，右翼社群主義者如桑德爾的考量不是在於分配正義，他提出正義關乎「德性的培養及共善的推導」（Sandel, 2020: 260）。當然，桑德爾不是不關心資源分配問題，他確知美國的經濟不平等狀況嚴重，早已影響公民德性的培育，公共領域空洞化令民眾的團合性及社群意識變得薄弱，正義要求將稅收拿去建立能促進德性的公共領域如公立學校等，而非再分配。自由主義者也強調公立學校的建設，但這是要提供所有公民的兒女獲得教育的平等機會，確保他們的生活前景不會受到其出生的家庭背景太大的影響，若在起跑點就大幅度的落後，那是不公平的。這兩難處境，如果稅收都拿去建立公共領域，而不是提供福利，貧者若生活潦倒，其德性是無法得到很好培養的，但稅收若以收入再分配為目標，對富者徵來的稅都拿去提高貧者的福

利，那公共領域中的設施及機制就得不到改善。當然桑德爾應該
不至於反對最低限度福利，但他或許不會贊同花過多稅收在醫療
體系上。

　　相對於桑德爾，另一位社群主義者泰勒早年就比較多具體地
談論分配正義。泰勒在《分配正義的性質及範圍》一文中透過批
評兩種流行的分配正義觀來指向同時發展公民共和主義及有別於
共產主義的「基進社會主義政治」之可能性。他的分析旨在比較
四個大傳統（Taylor, 1986），其中兩個屬於社群主義，分別源於
亞里士多德及馬克思，當今代表人物分別是桑德爾（與他自己）
及瓦瑟，泰勒稱之為社會觀點（social views）。另外兩個屬於自
由主義，分別源於洛克及康德，當今代表人物分別是諾錫克及羅
爾斯。第一種受洛克影響的放任自由主義，代表人物諾錫克，泰
勒稱之為為原子主義觀點（atomist views），第二種乃受康德的
自由左派，視人乃自由及平等的理性存在物，因此，人是有尊嚴
的，值得彼此的尊重。被尊重的不只是個人本身，更是各人自己
抱持的善觀，所以社會的存在是要確保個體能夠合作並提供良好
的環境及恰當的資源去追求各自的善觀。

　　原子主義的正義論源自放任自由主義，受到洛克自然狀態思
維的影響，原子論者視人乃完好的道德個體，社會只是個體的集
合，是用以對個人的所有物提供互相保護的聯合體，故只有工具
性價值。對泰勒來說，依洛克傳統而言，個體都被視為是道德自
足的；但亞里士多德式思維提供了另一種看法，人是有潛能的，
但這些潛能是只有在社會中才能得以發展和體現，特別是道德潛
能，而人的善觀是在社會脈絡底下孕育的。人是社會動物或亞里
士多德所說的「政治動物（zoom politikon）」，沒有社會的話，

人不會是道德主體，根本就無法成為能追求善的存在物（Taylor, 1986: 37-8）。

　　泰勒認為主導諾錫克式正義考量的是「貢獻原則」，「貢獻原則」不是不可以被接受的，他本人也認為可以合理使用「貢獻原則」，但將自然狀態中的抽象個體投射到真實社會是十分奇怪的做法。泰勒嘗試解釋為何這樣的想法竟然會在西方社會廣被接受，這是由於在資本主義下的「生活私人化」，快樂及良質生活被認定只跟個人及其家庭有關。現代化帶來的工業社會催生了消費主義，人類對大自然掌控的執念在個人層面轉化為對消費品的追逐，愈來愈多城市人盡量地從公共生活中抽離出來，將自己藏在私人空域，並透過消費品來享受其「良質」生活。

（二）分配正義與左翼社群主義

　　社群主義者對資本主義的批判當然沒有馬克思主義者提出的批判那麼強烈，但左、右翼社群主義者兩派對所謂「占有式個人主義（possessive individualism）」之批評是類似的，馬克思在某程度上受到亞里士多德的影響，相信人有眾多的潛能，但他認為這些潛能只有在共產社會才能得到培育及充分發掘。泰勒不認同馬克思主義在理想世界中的分配正義考量，他談到馬克思主義的原因是，若將共產社會的分配安排看成是一種分配正義，它代表了其中一種關於分配正義的「社會觀點」。這種社會觀點設定一個從共善直接推導出來的框架，當中的原則是嵌入在裡面的，在共產社會中，作為分配原則的「需要原則」乃其結構特色，當中的人充分體現其潛能，而那個分配結構是社群的必然構成部分；

一切分配的問題都不再是問題，大家也沒有空間去質疑。不過，泰勒沒有注意到馬克思本身為何不談正義，由於馬克思認為正義概念屬於資本主義上層建築的意識型態，故不去詳細談論。然而，當代馬克思論者是談正義的，柯恩（G. A. Cohen）就提出比較自由左派更著重平等的理論。

值得關注的是，泰勒認為瓦瑟的立場也是出自所謂「社會觀點」，但其理論實際上跟馬克思主義無關，瓦瑟（1983）主張所謂「複合平等」概念，不同益品怎麼分配視乎那些益品的「社會意義」；從這些不同益品的不同「社會意義」推導出用什麼原則來分配，分配領域多元性意味分配正義的多元化。瓦瑟的出發點是防範個別的益品之壟斷或宰制，當中最重要的是錢及政治權力。他特別提出一系列錢不能買的東西，權力是其中之一。他同時亦提出一系列那些掌握政治權力的人不能做的事，當中包括控制婚姻、宗教及言論等等，為錢及權力設下了「阻隔的交易」可以避免市場帝國主義及專制獨裁，其他的益品也有各自分配的安排。泰勒認為瓦瑟的理論具有創見，但由於市場除了部分限制外，可以自由運作。瓦瑟沒有提出如何評估如收入政策是否恰當的正義考量。泰勒也沒有提到這是否跟剝削有關，只談到這排除了應得或相互虧欠等考量。不過，瓦瑟在後來的著作中提到，重點不在剝削而是在於勞動者有否參與企業決策，他建議某種形式的工業民主（Walzer, 1986）。

應得或相互虧欠考量是泰勒提出的其中一項正義考量，每個人能分到多少視乎其對共善的貢獻，這是他認為另外一種社會觀點，也是他本人接受的觀點。他期待建構跟大家相信的共善沒有直接關係的分配正義框架，在這個框架下貢獻原則跟平等原則得

到平衡，而在能夠維持平衡下大家一起追求共善。泰勒擔心的是在資本主義下，支持放任自由主義的一方跟支持平等主義的一方之間無法調和，公共審議變得不可能，分裂令雙方根本無法建立溝通平台，這個問題到了當下的西方社會更為嚴重。二十多年前泰勒的顧慮跟前述桑德爾所擔憂的如出一轍，只是這些年來全球化令問題變得更嚴重。事實上，桑德爾對「該得的獨裁」之批評實際上是和應當年泰勒對資本市場下過度著重貢獻原則的顧慮。不過，桑德爾既沒有提出具體的分配正義安排，更沒有根本上質疑資本主義制度。

泰勒認為面對這割裂，就要避免共和社會的分崩離析，要避免這個結局，美加或其他西方先進資本主義國家有兩個可能的方向。其一是更去中心化的及不再一味只顧經濟成長的社會，其二是淪為獨裁社會。泰勒的理想當然是前者，對他來說，重點是找到大家可以共同討論如何達到這個平衡的基礎，他指出要做到這一點就必須打破跨國企業在西方社會的經濟霸權，這需要一個沒有傳統烏托邦社會主義之「基進社會主義政治」（Taylor, 1986: 66-67）。不過，泰勒沒有提出具體方案。面對原子主義及馬克思式集體主義之爭，前景的確並不樂觀。簡單來說，泰勒是要走出一條介乎右翼及左翼社群主義之間的路線，同時兼顧共善及分配正義，可惜的是，他沒有進一步發表相關的專著來闡述這條路線。到底是什麼有別於分配正義的考量驅使泰勒提出社會主義的構思？恰當的社會主義模式的理論基礎是什麼？

瓦瑟跟桑德爾及泰勒不同，他長久以來關切正義議題，他在1983 年的《正義諸領域》（*Spheres of Justice*）提出了前述的「複合平等」觀念。由於其理論被認為傾向相對主義，因而抹煞社會

批判，瓦瑟於是在 1987 年出版《詮釋及社會批判》（*Interpretation and Social Criticism*），提倡詮釋主義道德哲學以作回應，並確立在地的社會批判之可能性，他更透過在 1992 年出版的《異見者的夥伴》（*The Company of Critics*）展現不同民族中的異見人士如何擷取在地的道德資源批判當時的制度及獨裁者。

　　其後在 1997 年的《論寬容》（*On Toleration*），從文化多元主義的角度探討國與國之間的寬容以及本土多元文化所帶來的問題。瓦瑟在 2004 年相繼出版了兩本論文集，《論戰爭》（*Arguing about War*）及《政治與激情》（*Politics and Passion*）。前者主要輯錄瓦瑟自 1988 年到 2003 年出版的關於戰爭、恐怖主義及人道干預等議題的長短文章；後者則主要收入有關多元文化主義、公民社會及民主等學術文章。特別值得一提的是，他在《政治與激情》中的結論探討全球正義的議題。關於對瓦瑟正義論的研究，直到 1995 年，瓦瑟本人與米勒共同編輯了《多元主義、正義與平等》對《正義諸領域》進行反思，其中不乏獨到的批評。

　　瓦瑟式社會觀點跟泰勒的到底有何不同？瓦瑟的理論其實沒有明確的共善觀，充其量或許可以說能夠達到「複合平等」的狀態就是共善；然而，作為左翼社群主義者，他本人並沒有這樣的想法，其理論也不需所謂的共善。泰勒沒有具體提出他自己所說的共善，但他經常談及「共同審議」和所有人的「個人潛能得到實現」，前者出自共和主義者關於積極政治參與的信念，後者則是亞里士多德式的個人完善主義。二人正義觀之差別在於瓦瑟的理論中的具體要求早已存在於社會傳統道德中，不同益品有不同社會意義，因而必須根據不同原則來分配，問題只在於理論家須找出的是什麼益品要用什麼原則分配。

　　泰勒不是反對瓦瑟這種多元主義構思，他是反對對瓦瑟一方面似乎已經替大家決定用什麼原則來分配什麼益品，但另一方面則容許市場太大的空間。西方民眾要做的是透過積極的民主參與來找出不同益品該如何具體地分配。另外，泰勒認為支持多元主義意味反對羅爾斯式一元論，他也反對任何單一正義原則的集合（Taylor, 1986: 64）。值得一提的是，泰勒認定，需要分配的場域之複雜性比瓦瑟想像中大，不只個體之間的分配，更有社會之間的分配問題，這似乎指向某種國際正義的必要性，奈何泰勒本人沒有進一步探討國際正義理論的可能。

　　大同主義者巴利認為，瓦瑟的特殊主義意味反對以正義為由作出全球再分配（Barry, 1995b）。瓦瑟在後來的《厚與薄》一書並沒有反對在國際政治中談論道德或人權問題。及後曾就瓦瑟全球正義論作出研究的論者指出，瓦瑟的特殊主義與從所謂極小主義發展出來的國際道德論說之間存在張力（Orend, 2000: ch.7；Cochran, 1999: ch.2；Jones, 1999: ch.7）。跟我們的討論比較相關的是他談到正義及道德的著作，瓦瑟在延續《正義諸領域》的《在這裡及當下的正義》一文中，批評「市場意識型態」乃對美國政治文化的高度扭曲，漠視或壓抑群社合作及國家行動，否定對公共衛生、工業民主、工作安全及環保等訴求（Walzer, 1986）。放任自由主義的政治理論一方面攻擊福利國，但卻對資本主義企業的大規模補助不加干涉。

　　為了重新挖掘能抗衡這種趨勢的美國社會價值，瓦瑟提出四項分配正義的要求，第一項要求建立一個共享的經濟、社會及文化基礎建設，瓦瑟跟桑德爾及泰勒的擔憂是類似的，美國及加拿大逐漸喪失支撐社會生活的「必需集體基礎（necessary collective base）」。第二項要求是「群社性供給系統（a system of communal provision）」。民主國家就像合作企業，民眾可以對社會產出的成果提出合理訴求，瓦瑟在這一點上認同羅爾斯的差異原則，而任何對福利的刪減不能針對最弱勢的族群，這就是所謂的「安全網」。

　　第三項要求是獲得包括重要職位、財富及政治權力的機會平等，瓦瑟心目中的機會平等，不是贏者全拿的機會平等，從這些益品中獲取的益處不能是不成比例的多，否則對這些益品的爭奪會大到一個程度令群社生活的和諧被破壞。第四項要求是強民主，可是，他所說的強民主並不是參與式民主或審議民主，而是將民主擴至常常被自由主義者認為是私領域的企業管治，他將企業特別是大企業視為「私政府」，這些「私政府」之所以稱為「政府」是其影響範圍是整個社會。或許我們可以將瓦瑟所說的「私」理解為「私人」企業，企業由私人擁有，就像一個「私政府」；「政府」則意味其影響力本身帶有政治性，不能迴避大家對在企業中民主參與的要求。瓦瑟於是提出另一個選擇：「公共所有權加上工人控制或兩者的各種組合」，這是大家所認識的市場社會主義或民主社會主義。不過，在較後期《那種社會主義》一文中，他沒有再提及類似的構想，只是提到比較強勢的福利國家就是他想像的社會主義（Walzer, 2010）。

　　相對於泰勒及瓦瑟，米勒提出比較完整的討論，不單在分配正義議題上，更在市場社會主義的倡議上，都提出詳細的論述，之後的書章將重點討論他的左翼社群主義正義論，並探討能夠結合社群、正義、市場及社會主義四大元素的分配正義論之可能性。所謂整全分配正義論不必然是羅爾斯式一般性理論，一般性理論將正義跟另外一個概念如平等或公平連結在一起，然後採用

如「正義即平等」或「正義即公平」等觀念來結合不同的概念元素，繼而推導出能廣泛應用的正義原則。

羅爾斯的大理論是從「正義即公平」出發，將相關的元素有系統地連繫起來，並建構一個內在融貫的理論，但分配正義論可以是透過微觀理論所組成。進行微觀理論的研究之目的不必然是要建構一般性理論。由於米勒的著作橫跨數十年，不同時期的著作難免會強調不同的面向甚至前後不一的看法，我們將會審視其理論的融貫性及嘗試為他重構其理論，在這個過程中也會關注著作的寫作背景。另外值得一提的是，由於瓦瑟也是左翼社群主義者，雖然他沒有發展較完整理論的意圖，但是在某些面向他所關心的跟米勒一樣，故此我們會將兩人的同類論述作出比較。接下來先瞭解米勒本人如何區分不同派別的社群主義。

米勒區分左、中、右三派社群主義，在談論右翼社群主義時，他是指屬於傳統保守派的社群主義，我們大可稱這種強調習俗、傳統、階級及社會權威的為強的右翼社群主義，每個人生下來都被框限在具權威性的社會結構下，語言、共同歷史及傳統文化在成長過程中都不是可以自由選擇的，而是難以避免地要接受的。任何談到共善的社群主義都屬於右翼社群主義，但強調公民參與的是弱的右翼社群主義，故桑德爾屬於弱的右翼社群主義。

自由社群主義者強調不同個人善觀的多元性，而多元生活方式及自主能力的確立是來自群社性背景。團體身分為成員們有價值的不同生活及令人成就自主的群社性資源，但成員們必須能夠對所屬的團體的精髓（Miller, 2000: 102-3）。米勒所理解的自由社群主義之定義其實跟他後期自己的所謂自由民族主義之立場有一重要的差異，他所界定的自由社群主義包括多元文化主義，但

他自己不同意多元文化主義過分強調族群認同的想法。不過，他可以接受不少非多元文化主義的自由社群主義論述。米勒前期的理論並沒有發展出民族主義面向，然而，《社會正義》已經不能夠完全反映米勒的左翼社群主義思想。根據米勒中期著作的理解，需要、應得及平等是應用在評斷分配狀態的原則（Miller, 1999a: 93）。相對而言，瓦瑟認為需要、應得及自由交易是應該用於判斷社會正義的原則（Walzer, 1983: 21-26）。

　　兩人對於正義原則的理解不盡相同，當中最重要的分歧在於對自由交易及平等的看法。米勒認為自由交易並不能算得上是正義原則（Miller, 1999a: 102-5），瓦瑟亦承認嚴格來說這算不上評估正義的標準，但他們對自由交易與社會正義的相關性有不同的理解。另外，在瓦瑟提出「複合平等」的概念中，平等本身並不是分配原則；米勒則接受平等原則，但其主要功用並不是用來分配物質益品的，而是分配公民權利與自由（Miller, 1999a: ch.3）。

　　米勒認定自己的立場是左翼社群主義，跟右翼社群主義及自由社群主義兩派不同的是，他一方面強調社群必須自決的而且不能服從傳統的權威，而在另一方面則強調平等。米勒所說的自決是以審議民主方式令利害相關者可以共同參與決策過程，這是一種接近公民共和主義的社群主義。至於平等，米勒認定公民身分是以平等權利及平等對待原則為基礎的，他以為強調平等是要跟自由社群主義作出區隔，比較令人好奇的是他為何不提倡前期論述中的市場社會主義？他所提到用來對抗市場主導下的經濟不平等之方式是社會民主，可是，自由社群主義者都會支持社會民主。為了重構其理論，我們在第四章將他的市場社會主義論述視為分配正義論中的結構性元素。

三、從馬克思主義到後共產主義時代的社會主義

（一）馬克思主義思想的局限及理論不確定性

馬克思主義者必然是某種形式的社群主義者，但左翼社群主義者不必然是馬克思主義，社會主義本身就有很多流派，在西方是一個十分多元的思想傳統，從聖西門（Henri Comte de Saint Simon）、傅利葉（Francois Fourier）及歐文（Robert Owen）的空想社會主義、各種派別的馬克思主義到當代的費邊主義（Fabianism）、基爾特社會主義（Guild Socialism）及各式市場社會主義，社會主義對現代西方的影響相當顯著（Honneth, 2017: 29-50）。

前蘇聯及其他東歐國家在十多年前出現的鉅變，不單促使自由主義倡導者如福山等宣布資本主義與自由民主的勝利，並斷言人類歷史已經終結；同時亦對馬克思主義者產生很大衝擊，迫使社會主義者重新思考資本主義與共產主義中間的可行政經模式。前蘇聯等地的失敗經驗對傳統馬克思主義的衝擊是無法避免的，它不單在實踐上讓共產主義社會的理想破滅，更在理論上破壞作為馬克思主義核心思想的歷史唯物論。按照歷史唯物論，社會的發展是從原始社會到封建社會，經過資本主義社會再進入社會主義社會，而最後過渡至共產主義社會。前蘇聯等共產主義國家的失敗，揭示了歷史唯物論中的不可確定性，這裡所說的不可確定性要透過探討兩個社會發展的轉接點來加以闡述：第一是從資本主義社會進入社會主義社會的轉接，第二是社會主義社會過渡至

共產主義社會的轉變。讓我們以這兩個面向來探討歷史唯物論中的不可確定性。

　　第一，我們能否確定一個社會的發展（如前蘇聯及中國）不一定要經過成熟的資本主義階段，便可以進入社會主義社會？理論上來說，馬克思主義者對這個問題有兩種不同回應。某些馬克思主義者的回應是：一個社會的發展一定要經過成熟的資本主義階段才可以進入社會主義社會。前蘇聯等地的失敗經驗並不能否定歷史唯物論，原因是前述失敗經驗係源自於前蘇聯等國根本沒有經過資本主義社會中的工業化過程。在經濟條件還未成熟的情況下，由封建農業社直接轉變為共產社會，才會導致現代化發展停滯不前，最後引致經濟崩潰。另外一些馬克思主義者則認為：前蘇聯等地的經驗證明，一個社會不一定要經過成熟的資本主義階段，也可以進入社會主義社會的時期，只要共產黨在該社會取得政權便可進行社會主義改造。以上兩種看法顯示，馬克思主義者對於第一個面向的問題並無共識。

　　第二，社會主義社會要發展到什麼程度才進入共產主義社會？更具體的說，毛澤東時代的中國或史達林時代的蘇聯，是否已經進入了或接近馬克思所預見的共產主義社會？理論上，馬克思主義者對這個問題亦有兩種不同回應。某些馬克思主義者認為，毛澤東時代的中國或史達林時代的蘇聯並不是馬克思所預見的共產主義社會，原因是物質生活並不夠豐足，技術發展也不夠先進。不過，即使我們以物質生活是否豐足及技術發展是否先進作為標準，似乎亦無法確定在社會主義社會中物質生活要到達何等豐富，及技術發展要到達何等先進的地步才算是共產主義社會。另外一些馬克思主義者則認為，毛澤東時代的中國或史達林

時代的蘇聯已接近馬克思所預見的共產主義社會，原因是私有財產制已經被取代；其後的失敗是由於工人革命沒有傳播至全世界。此兩種回應顯示馬克思主義者對於第二個面向的問題也沒有共識。

以上兩項的不確定性，是針對大家認為曾經出現過的社會主義社會而言，而這兩項不確定性對歷史唯物論中的科學性產生了一定的衝擊，原因是我們無法以大家都同意的客觀標準來判斷社會的發展過程。另外的一些馬克思主義者，則並未直接回應上述不確定性，反而較關心為何西方先進資本主義國家並未以歷史唯物論所預期的方式發展。

傳統馬克思主義者無法解釋：為何個別社會的發展過程跟歷史唯物論所預期的有這麼大的分別？柯恩認定歷史唯物論是失敗的，原因是它不能解釋為何西方國家並未朝共產主義社會方向發展（Cohen, 2000）。柯恩承認他原先贊同歷史唯物論中的「不可避免說（inevitablilitarianism）」是錯誤的。這個學說預測勞工階級的大小、組織及不安穩性會逐漸增加，但物資會愈來愈充裕，柯恩指出這兩個預測都已被證實是錯誤的。據此而論，由於預測上的錯誤，歷史唯史論也就無法成為科學的社會理論。由於一些馬克思主義者跟柯恩一樣對歷史唯物論失去信心，因此他們近年關注的重點也從歷史唯物論及階級等概念轉向政治道德考量。對柯恩來說，西方馬克思主義者所能做的，是以平等主義的政治道德考量來改良資本主義。

另外的一些傳統馬克思主義者如奧曼（B. Ollman）及曼度（E. Mandel）等則並沒有完全放棄歷史唯物論。他們認為，柯恩關於歷史唯物論是失敗的結論可能過於武斷。即便歷史唯物論並

非完全正確，將來亦會出現「真正」的共產主義社會，可是他們沒有提出要如何建構社會主義。還有一些西方馬克思主義者則先將關於歷史唯物論的爭議擱置。對他們而言，上述不可確定性及柯恩的質疑並不必然意味歷史唯物論是錯誤的。歷史唯物論並不能被證明是對還是錯，馬克思主義者大可以根據不可知論（agnosticism）強調，我們並不知道將來會否出現共產主義社會。羅默似乎持有這個態度（Roemer, 1988），這類馬克思主義者的做法顯得比較踏實，他們選擇致力於尋找社會主義的可行模式。以上是馬克思主義者對前蘇聯共產陣營崩潰後的三種主要回應。在東歐共產陣營崩潰前，不少非馬克思主義者便已提出市場社會主義作為建構可行社會主義的藍本。

　　在探討非馬克思主義者提出市場社會主義的背景前，我們要先瞭解馬克思主義者對市場社會主義的三種基本看法。第一種看法是漠不關心，由於歷史唯物論的失敗，部分馬克思主義者因而接受混合型經濟的現實，對他們而言，市場社會主義並非重要議題。第二種看法是堅決反對市場經濟，例如曼度批判市場社會主義，堅決反對市場，認為市場無可避免地是屬於資本主義的（Mandel, 1986: 17）。第三種看法認為，在特定時空背景下市場社會主義是不可避免的。根據羅勒（J. Lawler）的分析，馬克思在《共產黨宣言》及其他著作中扼要地闡述近似市場社會主義的意念。因此，對馬克思來說，資本主義、市場社會主義及共產主義是歷史發展中相繼出現的三個政經模式（Lawler, 1998: 24ff）。這些文獻中的「發現」為馬克思型市場社會主義提供在現階段支持市場社會主義的理據。

（二）馬克思型與非馬克思型市場社會主義

相對而言，前蘇聯共產陣營的崩潰對非馬克思型市場社會主義者的衝擊遠低於對馬克思主義者的衝擊。非馬克思型市場社會主義者從一開始就對歷史唯物論作出否定或置之不理，又或者是認為歷史唯物論並不能用來建構社會主義的科學理論、認識論或歷史發展論。另外，他們甚少運用馬克思政治經濟學及社會學的元素，其中與階級有關的概念及理論也甚少觸及。值得注意的是，非馬克思型市場社會主義者早在前蘇聯共產陣營崩潰之前的八〇年代初，就開始著力建構市場社會主義理構。當然，這並不表示他們對蘇聯模式的失敗無動於衷，事實剛好相反，他們都深受其啟發（Nove, 1991: xi; Schweickart, 1993: xi）。不過，蘇聯模式的失敗似乎反而印證了他們的信念，而他們的基本想法在前蘇聯共產陣營崩潰前後無太大分別。[4]

在馬克思型市場社會主義者當中，只有少數人真正用心探討市場社會主義模式。羅默是馬克思型市場社會主義者中一個重要的代表，我們在第四章會作進一步探討。市場社會主義者不一定是馬克思主義者。事實上，大部分市場社會主義者都屬於非馬克思型，如米勒及早期的蘭格等。當代非馬克思型市場社會主義抱有一個共同目的，就是找出一種有別於前蘇聯模式的社會主義政經體系，惟個別論者的背後信念並不盡相同。

---

4 關於米勒的理論，我們可以比較（Miller, 1987a, 1987b, 1989）及（Miller, 1994[1991]）；洛夫方面，我們可以比較（Nove, 1983, 1987, 1988, 1989）及（Nove, 1991）；至於史威卡特，我們可以比較（Schweickart, 1980）及（Schweickart, 1993）。

　　不同的當代市場社會主義理論雖同屬左派，但不同市場社會
主義模式各具特色，那一種比較合適要視乎具體的客觀環境。事
實上，米勒及羅默對於各自的模型是否應該立刻能在經濟發展比
較落後的地方實踐持有相當保留的態度，他們都舉前蘇聯及東歐
等國在後共產時代初期的情況為例（Roemer, 1994: 124ff; Miller,
1994 [1991]: 261ff）。在缺乏足夠的法規及先進資本主義制度的情
況下，勉強實踐市場社會主義模式，很有可能會產生反效果。相
對而言，洛夫的混合模式對後共產主義國家的衝擊不會那麼大，
原因是洛夫的模式仍然保留不少的國有企業。

　　米勒及伊斯甸等人提倡市場社會主義，是為了回應新右派思
潮自七〇年代末開始對左派所帶來的衝擊，其理論有費邊主義的
色彩。[5] 洛夫則從他所處英國實踐的混合型經濟出發，批判當時的
蘇聯及東歐社會主義模式，並提出混合型市場社會主義模式。至
於史威卡特的意圖則比較理論性，他嘗試論證在道德考量及經濟
考量上，市場社會主義比資本主義優勝。儘管當代非馬克思型市
場社會主義者對如何實踐市場社會主義有很大的分歧，但他們都
普遍認為市場社會主義模式是可行的（feasible 或 viable）（Nove,
1991: vii; Schweickart, 1993, x）。

　　以上的討論勾劃了當代市場社會主義發展的歷史因素及理論

5　在利格蘭及伊斯甸所合編的《市場社會主義》一書中，作者們的目的就
　　是為了在英國工黨於 1983 年連續第二次敗給保守黨後重建社會主義理
　　論。值得注意的是作者們是費邊社的社會主義哲學小組的成員，該書正
　　是他們從八〇年代中後期的討論結晶。根據他們合寫的前言中的宣示，
　　該書是合力反擊新右派的成果，在米勒的意念啟發下指向市場社會主義
　　的發展方向（Le Grand and Estrin, 1989: v-vi）。

背景。馬克思型與非馬克思型市場社會主義同屬左派思想，兩派雖然有不少的差別，但是亦有一定的共通之處。在制度層面上，任何政經模式中有兩個重要的元素：（1）經濟活動是透過計畫機制還是市場機制，及（2）所有制模式。兩派之間最明顯的共通點是反對國家計畫經濟，至於在所有制的立場上，兩派的共通點是在國有制以外尋找別的公共所有制模式，這是為什麼市場社會主義之所以是社會主義的原因。什麼是社會主義？一般的定義把社會主義界定為，支持國家擁有生產工具及推行計畫經濟的政經主張。很顯然，這定義是受到馬列毛思想的影響，接受此定義亦即是等於否定市場經濟。所有社會主義都反對資本主義，但其具體建議則大不相同。縱使我們接受某一定義，該定義裡的不同元素仍有待深入解釋。以上述定義為例，「公共所有」是什麼意思，就容許多種的理解。社會主義中的主要爭論不單在於市場與官僚規劃的對立，亦在於公共所有制與私人所有制的分別。不同的社會主義都接受某種型態的公共所有制，但不能將社會主義與國家所有制劃上等號，亦不應將社會主義與計畫經濟劃上等號。市場社會主義所有制是第四章的討論重點，我們會提出分析所有制模式的方法；而為了凸顯市場社會主義所有制的特色，我們亦將分析其他政經模式的所有制。

市場社會主義對後共產時代的社會主義可行模式的發展方向有很大的啟發。不管是馬克思型還是非馬克思型社會主義者，他們都視市場社會主義為一種值得探討的模式。不同的當代市場社會主義理論雖同屬左派，但各理論模式有其歷史及理論背景。不過，縱使形成背景有所不同，當代市場社會主義理論的一個共同的願望，就是發展有別於前蘇聯的計畫經濟與國家所有制體系以

外的社會主義政經模式。

　　透過漢奈爾的所有權模式作為架構，我們將對當代最主要的市場社會主義模式中的所有制作出分析，亦進一步肯定所有制在政經模式的討論中占有相當重要的位置。市場社會主義的支持者認定市場社會主義在政治道德上要比資本主義優越。不同的市場社會主義者為他們所建議的模式提出不同的政治道德論述。若要更徹底瞭解一種市場社會主義的政經模式，便要探討其政治道德原則。

　　對市場社會主義者而言，重點並不是歷史唯物論是否合理。不過，即使歷史唯物論並不可信，市場社會主義者亦不能輕鬆地否定共產主義在政治道德上的正當性。既然市場社會主義與共產主義一樣在實踐都未能取得成功，我們為何要選擇市場社會主義而非共產主義？這需要進一步論證市場社會主義在政治道德上比其他意識型態更優越。另外，市場社會主義在政治道德上又為何比自由資本主義優勝？最後，在理論的一致性上，論者們各自提出的政治道德考量是否能夠成為他們所分別建議的模式的規範性基礎？這些都是進一步探討當代市場社會主義理論所必須關注的議題。左翼社群主義者是否可以或需要堅持某種社會主義模式？米勒早年提出的市場社會主義模式在未來有實踐的可能？由於米勒在理論上並沒有直接將市場社會主義納入分配正義論來談，接下來我們提出一個分析架構去做到這一點，而此架構更將為米勒的不同時期論述作有系統的重構。

四、全球主義與分配正義的分析

（一）大同主義與社群主義的對立

在全球分配正義爭論中，以大同主義與社群主義為對立論說是最一般的理解（Brown, 1997, 2002），表面上來看，此對立是自由平等主義與社群主義之爭論的翻版，這容易誤導大家認為自由平等主義者都是大同主義者，可是，羅爾斯的理論並非屬於大同主義。另外，社會主義者原則上可以是大同主義者，也可以是社群主義者。事實上，真正牽涉在全球分配正義討論中的社群主義者只包括左傾的米勒及瓦瑟，更重要的是，他們的立場根本不能代表右翼社群主義者如桑德爾的看法。大同主義與社群主義的對立也就是社群與個人的「道德地位（moral standing or status）」之對立，在於社群或個人孰先孰後的問題；大同主義鼓吹個人優先，國家主義認為是國家優先，而民族主義則認為民族優先（Jones, 1999, Cochran, 1999）。社群主義認定個人的自我實現是透過共同追求社群的利益而體現的，人與人間的倫理關係之所以可能全賴社群，而社群是道德考量的終極源頭，因此，有關正義的考量必須先從社群入手（Cochran, 1999: 52）。不過，社群主義者對什麼是全球正義所指涉的社群有不同的看法，一般可分成以國族（nation-state）或以民族（nation）為基礎的兩種社群主義。哥蘭從人的概念、國家的道德地位以及普世與特殊的對立三方面出發作分析，鍾斯以國家主權與人權作對立來分析（梁文韜，2016）。

全球化近年的速度愈來愈快似乎是不爭的事實，不同論者對此的理解及設想都不盡相同。樂觀論者（Ohmae, 2005; Naisbitt, 1994）認為我們已經生活在一個徹底全球化的世界當中；反之，懷疑論者（Hirst and Thompson, 1999）卻否認有跟往常很不一樣的所謂全球化跡象的出現。折衷論者則同意全球化其實是整廣世界歷史變遷過程中的一個新階段，當中彼此聯繫之緊密程度是前所未見的（Giddens, 2002）。[6] 全球化讓世界性場境（worldwide circumstances）逐漸脫離 17 世紀以降，一直主導西方乃至當今全世界發展的威斯伐利亞（Westphalian）型態，此型態是以國家為基礎來顯示世界性場境的方式。儘管國家仍然是主要的行動者，全球化也催生了參與世界性政治的不同類型行動者，當中包括國際組織、非政府組織、跨國企業、宗教團體等。隨著國際機構與非政府組織的蓬勃發展，以及跨國企業的無孔不入，再加上超越國族的環境及人權等建制（regime）的成形，全球化正處於整合的過程，但這卻不是完全一味地在進行橫向的跨國化。成熟的國家正在孕育甚至不斷強化區域聯盟，加入縱向的元素，衍生了多層次及多極化的全球治理。

赫爾德與麥可魯（Held and McGrew, 2007）認為，關於全球化的論述分為兩個主軸，一是有關社會科學中的討論，將全球化進行描述及分析，這出現兩個極端，一邊是全球主義分析，另一邊是懷疑論的分析。二是跟價值及規範有關，兩個極端分別是大同主義及社群主義，前者設想一個「良質全球社群」，後者期待

6　有關各派詳細的觀點及討論，請參閱 Held and Koenig-Archibugi（2003）合編的論文集以及 Held and McGrew（2007）的分析。

「良質的國族社群」組成的世界。這兩個主軸衍生出四種立場，第一種是全球主義加上大同主義成為「轉化主義」，轉化主義認定全球化是真實存在的狀況，並認為其可以透過轉化來改造。第二種是全球主義加上社群主義成為「批判性全球主義」，批判性全球主義認真對待全球化，但全球化被視為新型態的宰制方式，所以伴隨此型態的大同主義普世原則是要被拒絕的，第三種是大同主義加上懷疑論成了「全球在地主義」，全球性的優越地位被否定，全球化及在地化的過程之互通是被重視的；第四種是社群主義加上懷疑論成了「國家主義」，全球化這個意念本身或其表面上「和善的特性」被高度質疑，國家權力的中心地位得到重視。

赫爾德與麥可魯這個四分法當中最大的缺點在於將全球主義中的評斷性內容祛除及將大同主義的分析性內容祛除。大同主義論述不必然只包括價值或規範性內容，亦有分析性的涵義，社會學論者如貝克（Ulrich Beck）就將大同主義視為一種社會科學分析的典範，認為當代全球化改變研究社會科學的整個方向，出現大同主義的研究轉向。反全球主義的論述不是質疑全球化是否存在，而是對其帶來的負面影響進行批判。能稱得上全球主義者的必然是對全球化持肯認態度的，或多或少對全球化的評斷是正面的，至少認為全球化對人類是利大於弊。更重要的是，全球主義有規範性內容。對全球化產生懷疑的人可以分為幾大類，一種是認為全球化很早之前就存在，並沒有什麼新意，另一種則認定全球化是完全負面的，是披著羊皮的狼，背後推動當代全球化的是當初美國的帝國主義或後來的中國霸權主義，再一種是認為全球化對人類是弊大於利的，它將原本局部的問題放大成了全球問

題，而每次的大災劫對窮國及貧者影響都相當巨大。簡單說，赫爾德與麥可魯的分析架構不能被視為具有權威性。

　　另一種區分方式是全球主義跟國族主義的對比，梅倫（Mullan）指出全球主義者認為國族政治活動及國族主權已經被取代，原因是這些已經不能處理全球挑戰。全球性的眾多問題需要「全球」而非國族答案（Mullan, 2020: xiii）。內建在全球化理論中的想法是「複雜性高於自控性」、「全球」高於「國族」及「超國族制度」高於「國家」的。梅倫沒有注意到全球主義者之所以提及一些他們所詮釋的全球化事實，其實是試圖推導出全球先於國族這個規範性立論。最基進的全球主義者會認為以世界公民為基礎的大同世界優於泛濫著各式各樣國族的世界。不過，即使從實用主義的角度看，全球化帶來複雜性，而複雜性使得當問題出來的時候更難有效處理，除非出現擁有最高權力的所謂世界政府，否則要解決全球問題根本上是難上加難。梅倫是反全球主義的，但對他來說，反全球主義不代表要接受舊式國族主義或國家主義，他倡議的是某種形式的國際主義。另外也有個別全球主義者認為他們不需要世界政府但也不能停留在國際主義的層次，某形式的多極主義也是全球主義的一種（Rohac, 2019）。

　　我們不妨將全球主義或大同主義視為含有經驗性及規範性元素，大同主義者乃全球主義的一個流派，當中可以再分為自由大同主義及平等大同主義。不少論者都以大同主義與社群主義的對立來進行國際理論分析（Brown, 1992; Thompson, 1992; Jones, 1999; Cochran, 1995, 1999），貫穿各人分析的最重要議題是社群或個人孰先孰後的問題，以及個人或社群（即國家或民族）的道德地位如何確立。隱藏在社群主義與大同主義對立的背後是社群

與個人的對立。社群主義認定個人的自我實現是透過共同追求社群的利益而體現的，人與人之間的倫理關係之所以可能完全依賴社群，是因為社群是道德考量的終極源頭，因此有關正義及道德的考量必須先從社群入手。相對而言，大同主義則視個人為道德的最終極單位，社群本身的價值取決於其對個人的價值。此二分法凸顯在世界範圍內的主體及客體的爭議，社群主義傾向視國家、民族及社群等不同形式的整體為主體及客體，並否定個人的主體性及客體性；但大同主義的立場則剛好相反（梁文韜，2011）。

支持道德主義的理想主義者大多抱持道德普世主義，道德的普世性賦予其跨越時空的正當性，因而能讓道德蓋過其他考量。道德普世主義可以分為價值為本及規範為本，前者由簡尼（Caney）倡導，後者則由博格（Pogge）提議，兩人都屬大同主義者。一般而言，價值為本的普世論認定道德價值都是普世的，但卻要面對否定文化多元性的指控。為了迴避這些指控，簡尼聲稱道德普世主義只是認為部分而非所有道德價值是普世的，而普世主義是跟不同文化中的多樣道德價值是融合的（Caney, 1999: 19-20）。他的意思是各文化當中具有獨特於其他文化的道德價值，特定的普世主義（如強調自由權利的版本）正是能讓民眾參與各式各樣的活動，並且保障甚至促進多元，但他忽略了世界範圍內的「道德多元」是指各自具有同質性的國族之間的差異。反對道德普世主義的人認為，只有實施自由民主的國族與其它非自由民主國族和平共存才是大家所冀盼的，而並非讓自由民主國家去將其制度強加他國。簡尼面對的最大問題是如何區分普世的及非普世的道德價值，對簡尼這樣的強硬普世主義者而言，非普世

的道德價值根本就不可能是「道德」價值，然而，他若找不到具有說服力的區分標準，那就難以支撐其普世道德論。

博格提倡的是規範為本的道德主義，表示用來保障脆弱及弱勢者的道德規範具有限制性。他跟其他理想主義者一樣，都相信啟蒙及人的可完美性，並指出自啟蒙時期起，人類在回應帶有傷害性的行徑及社會制度（如奴隸制度、君主制、殖民地主義及種族屠殺）時，最起碼在表面上成就了實質的道德進步（moral progress）（Pogge, 2008: 2）。可是，他對當今全球化所帶來的問題感到憂心忡忡，道德普世主義正是要來確保道德進步能夠維持下去。

相對於大同主義視個人為世界秩序中的基本道德主體及行動者，社群主義視國家或民族為世界秩序中的基本道德主體及行動者，著重國家或民族與民眾的關係；大同主義著重個人之間的關係，認為全球不平等意味不正義，並以正義為由鼓吹實質的及廣泛的全球資源再分配以協助有需要的個人，但社群主義原則上不反對談論全球再分配，但全球不平等並非必然意味不正義，全球資源再分配主要是人道問題；個人的首要義務是貢獻國家內部的資源再分配，即使全球資源需要再分配，這亦只是國家的責任。接下來將在今年出版的《幻夢：大同世界的正義美夢》基礎上發展出有關分配正義的更詳細分析架構。

（二）關於正義議題的分析架構

二十世紀七〇年代初以降，社會正義成為英美政治哲學的討論重心。羅爾斯於 1971 年出版的《正義論》啟發了當今政治哲

學界對社會正義及相關議題的關切。[7] 羅爾斯的理論被認為是自由平等主義的典範，從《正義論》引伸出來的是支持基本福利的論點，正好支持當時在歐美盛行的福利主義。

及後諾錫克於 1974 年出版的《無政府、國家與烏托邦》（*Anarchy, State, and Utopia*）卻反對福利主義；[8] 海耶克從 1973 年到 1979 年相繼出版共三冊的《法律、立法與自由》（*Law, Legislation and Liberty*），其中第二冊《社會正義的幻象》則批評歐美福利國家的政府以社會正義之名侵犯個人自由。[9] 兩人的著作同屬放任自由主義的典範，而他們的思想自 1980 年代開始受到重視，並影響英美等國的政經發展。米勒於 1976 年出版《社會正義》一書，開創當代多元主義正義論的先河。[10] 之後亦有瓦瑟

---

7 羅爾斯的理論造成了很大的迴響，單單針對《正義論》的英文評論文章就是數以百計的，早期較有代表性的，可參考評論文集（Daniels, 1975）、（Blocker and Elizabeth, 1980）及（Freeman, 2003）。本地學界對羅爾斯的理論亦相當重視，從早年的（張福健，1991）及（施俊吉，1991），到（蔡英文，1997）及（陳宜中，2001）等文章，以致刊登於《政治及社會哲學評論》第八、九期的「紀念羅爾斯專輯（一）、（二）」之多篇論文，在在顯示羅爾斯理論的重要性。

8 關於諾錫克的討論十分豐富，早期較有代表性的包括（Paul, 1981）、（Wolff, 1991）、（Perry, 1997）及（Schmidtz, 2002）。

9 關於海耶克對社會正義概念的質疑，參見（何信全，1991）。至於對海耶克的放任自由主義更全面的討論，請參考（Wilhelm, 1972; Kukathas, 1990; Gamble, 1996）。

10 米勒的《社會正義》乃其博士論文修改而成，並未有討論到諾錫克及海耶克的正義理論，以致其涵蓋性不夠，亦因此減低其影響力。不過，書中不單對應得、需要及權利作出有系統的探析，亦對 David Hume、Herbert Spencer 及 Peter Kropotkin 的正義論作出了深入的討論，為多元主義正義論尋找思想源頭，亦為及後的發展奠下了基礎。

於 1983 年出版的《正義諸領域》更進一步發展多元主義正義論。[11]
兩人提供關於社會正義具有深度的另類思考方向。

　　自八〇年代中期至今，不少當代著名政治哲學家如德沃金
（Ronald Dworkin）、沈恩（Amartya Sen）、拿爾遜（Kai Nielsen）
及柯恩（Gerald A. Cohen）都集中討論平等主義的立場，他們
的分歧在於分配什麼，是幸福（welfare）、資源（resources）、
才能（talent）還是能力（capabilities）？[12] 當中的爭議展示了自
由平等主義以致激進平等主義的分歧。與此同時，羅爾斯亦不
斷地發展其理論以回應社會主義者、社群主義者及女性主義者
的批評，並在其有生之年先後出版《政治自由主義》（*Political
Liberalism*）（1993）及《再述正義即公平》（*Justice as Fairness –
A Restatement*）（2001）等著作。在這段期間，平等主義成為政治
哲學的一個討論重點。

　　《社會正義》（*Social Justice*）以及 1989 年出版的《市場、國
家與社群》（*Market, State, and Community*）早已經不能完全反映
米勒關於社會正義的思想。從前期的《社會正義》到中期的《社
會正義原則》（*Principles of Social Justice*），米勒累積二十多年的
深刻思考，在仔細研究他的理論後，我們會發現米勒有關社會正
義的思想從前期到中期的發展中的最大改變在於對程序及結果以
致兩者之關係的看法。[13] 米勒在 1999 年出版的《社會正義原則》

---

11 瓦瑟的多元主義引起了相當的關注，見（Miller and Walzer, 1995）。

12 參見（Nielsen, 1985）、（Dworkin, 2000）、（Sen, 1982）、（Cohen, 1989,
　　1993）及（Roemer, 1985, 1986）。

13 在米勒出版了《社會正義原則》後，他的理論亦逐漸受到重視。貝爾等
　　學者對米勒的正義論及其他政治哲學的議題進行研究，請參閱（Bell and

展示其正義論的系絡主義及制度主義等面向。米勒正義論的最大特色是，如我們在第三及第五章所展示，同時兼顧正義原則的多元性、系絡的多重性及資源的多樣性。

　　大同主義者在上一個世紀七〇年代末及八〇年代初就已經關注全球貧窮及不平等的狀況，其全球分配正義論主要分為契約論（Beitz, 1979; Pogge, 1989）、效益論（Singer, 2002）、權利論（Shue, 1980; Jone, 1999）及義務論（O'Neill, 1996, 2000, 2004）四種。面對資本主義全球化帶來的全球不平等及貧窮問題，米勒後來不得不正面回應，他在後期的《民族責任與全球正義》（2007）意識到全球化所帶來的全球不平等及貧窮問題之嚴重性，並提出以權利為基礎的所謂「全球最低標（global minimum）」論。或許是由於後期的論述對大同主義退讓太多，米勒在近期的論述中強調不能忽略社會正義，代表作包括《關於地球生物的的正義》（2013）、《在我們中間的陌生人》（2015）及《自決是否危險的假象？》（2019）。

　　假如接受不平等乃分配正義課題，那麼我們就必須分析再分配理論所牽涉的四個層面（梁文韜，2021a）。第一層面是有關分配正義的議題，我們必須考慮的元素包括：（1）「誰分配？」、（2）「分配給誰？」、（3）「分配什麼？」、（4）「為了什麼理由分配」、（5）「運用什麼原則分配？」、（6）「透過什麼安排分配？」、（7）「在什麼處境下分配？」。換一種方式表達，我們要談論的問題是：「在什麼處境下，誰為了什麼理由運用什麼原則

---

de-Shalit, 2003）。不過，米勒關於程序及後果以致其他相關課題受到忽視，本書第二章試圖彌補這方面的不足。

及透過什麼安排將什麼益品（goods）分配給誰？」。要注意的是在這一個層面的分歧與第二個層面乃息息相關。

　　第二個層面牽涉全球分配正義論中的相關概念，其中可以分為兩個種類。第一類是一般政治概念如主權、公民身分、國家、民族及公民社會；這些概念跟全球分配正義有關，但並非屬於規範性概念。第二類是用以建構全球分配正義論的規範性概念，當中包括權利、責任（responsibility）、本分（duty）及義務（obligation）等。

　　第三個層面是隱含在全球分配正義論中的正義觀念（conceptions of justice）。不同的正義論之建構假設了不同的正義觀念，能用於建構本土範圍的正義論之相關觀點，不一定被認為適用於全球範圍，大家熟悉的羅爾斯理論運用了「正義即公平（justice as fairness）」這個觀念來建構，雖然博格及拜斯嘗試將其應用到全球，但他本人則有所保留。

　　第四個層面是正義與人道之間的關係，所有全球分配正義論都會牽涉全球資源再分配，但全球資源再分配並不必然出自正義考量，人道援助亦牽涉資源轉移。全球正義論者必須清楚說明其鼓吹資源再分配的理由是出自正義考量。對不少論者來說，如何處理全球不平等乃正義問題，處理全球貧窮乃人道問題。接下來會先釐清在什麼意義上我們談的是全球分配正義。

　　具有系統的再分配論必須完善地整合上述四個層面，從某正義觀念出發，透過規範性概念及其他政治概念，進而建構完整的理論。然而，並非所有與全球分配正義論者都有建立完整的理論之意圖，那麼我們必須介入協助重構。所謂的全球分配正義指涉在某種全球範圍內的益品配置及其產生之影響的正義考量，部分

反對分配正義的論述（如保守右派）不反對資源透過自願形式有不同的配置，但反對任何集權式強制再分配措施。

一般而言，當代分配正義論所關注的是經濟益品的再分配，分配正義是經濟正義的一環。從平等主義的角度出發，學者如德沃金、柯恩及森的理論分歧在於所要分配的是什麼，是資源（resources）、幸福（welfare）還是機能（capabilities）？他們不單談論經濟益品的分配，亦關注其對個人生活前景產生之影響，而生活前景跟幸福及機能有密切的關係。

另外值得一提的是，在用語上，部分論者運用「國際正義」、「國際分配正義」、「國際社會正義」或「國際經濟正義」以及「全球社會正義」或「全球經濟正義」等詞，這些用法並非不可，但容易引起混淆。我們使用「全球」而非「國際」的一個原因是其中一種觀點是國際主義，若用「全球」而非「國際」的話，那麼從此觀點出發所產生的理論可以稱為國際主義全球正義論而非累贅的「國際主義國際正義論」。

關於正義議題必須要有一個完整分析架構，接下來先勾劃當中牽涉的不同元素：

一、關於正義的主題（subject matter），這牽涉我們可以用正義來形容的人事物，「人」是指個體及其行為，也可以是群體及集體行為；「事」是指某件事情發生過程中的程序及其結果，「物」是指人及事處於什麼樣制度及結構下出現。

二、處理正義問題的場域（area），大概可以分為政治、法律、文化、社會、環境及經濟六個場域，政治權力的來源及使用，法律權益的保障、文化財產的保存及利用、

社會秩序的保持及衝突的消弭、環境資產的保育與運用以及經濟益品的產出及配置。

三、體現正義的範疇（categories），這包括所謂的分配正義、糾正性正義、報復性正義、轉型正義、補償正義、參與式正義、規管正義等等。

四、應用在正義議題的規範（norms），如平等、需要、權利及應得等等，這牽涉再分配論該採用單一原則還是多項原則的問題。

五、正義規範的應用場境（circumstances），這包括普世正義、普遍正義、特定正義及特殊正義，這牽涉單一原則或多項原則應用上的寬深問題。

六、實踐正義的範圍（scope），我們大致上可以分為全球、區域及本土範圍。

七、彰顯場所（sites），家庭、企業、公民團體、學校及監獄等等都可以是大談正義的地方。

八、正義議題的層次（levels），跟正義有關的議題可以是跨國族（transnational）、超國族（supranational）、國際（international）或次國族（subnational）。

　　對西方正義論述比較熟悉的論者，可能會認為以上的分類過於複雜，或許我們不如妨提出兩點回應，第一，以上不同方式使用正義一詞是本來就在現實世界存在，從程序正義到結構正義，從政治正義到經濟正義，從分配正義到規管正義，從全球正義到本土正義，第二，從事分析哲學的信念是愈清晰愈好，以自由概念為例，部分論者如柏林會探研自由的概念，將其視為普遍性概念來分析，但我們更熟悉的是不同的自由，如言論自由、表達自

由、宗教自由及行動自由等等，我們也會談到政治自由及經濟自由，同樣的方式也會用來分析權利及其它規範性概念。

當然，這不是說我們要讓正義的使用方式過於氾濫，但要清楚地分析相關問題就必須有明確及仔細的分析框架，沒有仔細的框架之後果是會讓個別正義考量過度膨脹。羅爾斯正義論恰恰就是令分配正義的問題過度膨脹，彷彿按照他的《正義論》來規範社會的話，正義就得到彰顯，他的門徒或追隨者如拜斯及博格更曾經想將《正義論》中的原則擴展至全球範圍。在此不是要貶低羅爾斯的影響力，大部分有關分配正義的論述似乎都必然談到他的理論，或必須提出為何不接受他的想法，不過，正義的關懷相當廣泛，分配正義只是其中一部分。

米勒的出發點跟瓦瑟的一樣，嘗試發展出與羅爾斯不同的分配正義論。透過嚴謹分析，我們發現米勒的正義論述經過幾十年的累積已經對上述很多個的面向都有深入的闡述，甚至可以說至今為止是最豐富的，本書正是希望有系統地分析米勒的論述，而接下來我們將簡單陳述接下來書中其它各章的分析內容。

首先是程序與結果問題，任何正義關懷都難免談到正義的程序與結果面向，程序與後果之間的區別是當代正義理論中相當重要的概念分野。不同的正義論對程序與結果正義以致兩者之間的關係都有不同的解讀。對於反對任何集體主義的新右派代表諾錫克及海耶克來說，只有個體而非群體的行為才能用得上正義來形容。程序及結果乃正義論的重要主旨，然而程序正義及結果正義孰重孰輕則是討論的重點，新右派反對結果正義而只願談論程序正義。

第二章旨在探討程序與結果正義在正義論中的角色，重點研

究米勒的正義論之發展過程及並闡述其對程序與結果正義別樹一幟的觀點。我們以羅爾斯的「純粹程序正義」、「完美程序正義」及「不完美程序正義」三個觀念為基礎發展出一套分析框架，用以討論程序正義論、結果正義論及混合型正義論，並以此框架來比較大家較為熟悉的正義論對程序正義及結果正義的看法。另外亦會論證米勒的正義論從前期的結果正義論發展至中期的混合型正義論，而這個轉變亦為社會正義論的發展途徑帶來新的啟發。

其次是制度的重要性，政治學界對制度研究的興趣不單出現屬於經驗性理論範疇的新制度主義，亦有屬於規範性理論範疇的制度主義正義論。制度是規則與行為之間互動的展現，對制度論者而言，行為本身不可能是正義的主旨，制度論關注的是規則，而正義論是要推導出評斷及改革制度的原則。

第三章針對米勒的制度主義正義論的特色及其理論的一致性作出探討。制度主義正義論的特點是其認真地對待制度的多層次性，其目標是探討應該如何設計相關的制度及規管其運作以滿足社會正義的要求。米勒嘗試同時兼顧正義原則的多元性、正義原則的功能的多面向性、社會系絡的多重性及資源的多樣性。除了制度以外，分配結果、程序及個人行為都是制度主義正義論中的重要元素，透過整合這些元素並藉此進一步發展米勒的制度主義正義論。社會制度如國家、市場及家庭在米勒的理論中扮演非常重要的角色。我們勾劃米勒的制度主義正義論的整體架構，並指出其理論有待進一步發展及完善。若要尋找西方思想在社會正義上的啟發，米勒的制度主義正義論是不可或缺的。

再來是結構議題，結構論關注在社會演化的過程中所孕育的權力差異及這種差異帶來的不當實踐方式，結構論者一般都十分

具有批判性想法，要在某種形式從根本上去改變社會結構。前蘇聯及對西方的左派思潮有相當大的衝擊，並引發了不同的回應。一方面，對於傳統馬克思主義者來說，這並不代表馬克思主義之失敗，原因是前蘇聯及其他東歐國家根本沒有經過資本主義進深發展的階段就貿然進入邁向共產主義的社會建設，而最終導致失敗是可以設想的。另一方面，鉅變亦促使部分社會主義者重新思考在資本主義與共產主義之間的可行政經模式，當時有論者積極提倡市場社會主義，更認定它為導引前蘇聯及前東歐共產國家從新發展社會主義模式的不二之選。市場社會主義者對如何建構後共產時代的社會主義政經模式提出不同的看法，但其共通之處在於堅持某種型式的公共所有制，有關所有制的爭論其實是一個結構正義的問題，可惜的是，絕大部分論者都沒有從這個角度看。

第四章分析主要市場社會主義政經模式中關於所有制形式的構想。面對傳統左派的批評，他們積極為市場辯護。作為市場社會主義者，米勒透過其正義論為市場的存在提出合理的理據。我們以社會主義傳統為背景分析及批判米勒為市場辯護的論點，指出如果米勒將市場社會主義的討論看作為正義考量，那麼他的理論會更完整。

另外是關乎正義的系絡元素，羅爾斯以致諾錫克建構其理論的目的是要尋找普遍性的正義原則，忽視系絡的重要性；而米勒及瓦瑟發展出來的正義論則試圖反對普遍主義。兩人在發展其多元主義論述的過程中發現要提出更具體的應用方式。

第五章針對米勒及瓦瑟兩人的正義論之共同特色及其各自的系絡論述一致性作出探討與比較。兩人的正義論之特點是同時關切「分配什麼」、「如何分配」及「在什麼社會處境下分配」等

三個層面。第一，瓦瑟及米勒認為社會中所要分配的東西是多種多樣的；第二，他們鼓吹正義原則的多元性，反對任何以單一正義原則為基礎的正義論，這是所謂多元主義的面向；第三，他們認定系絡是多重性的，這是所謂系絡主義的面向。透過對這三個層面進行剖析，我們探討多元主義面向與系絡主義面向之間的理論張力，藉此指出兩人的理論所面對的困難。

最後是關乎全球範圍的分配正義問題，目前讓大家對全球化猶豫的地方在於，它帶來的不是普世繁榮及和平，而是個別地區貧窮加劇及世界愈趨紛亂的局面。面對全球化帶來的貧窮狀況，新右派一直備受批評；然而，他們想像中的大同世界是以自由的經濟人組成的，每個人只須要遵守保護私有財產的法律；在最小政府下，大家活得自在和幸福；與此同時，人們在人道精神下之互助是有可能解決貧窮問題的。社群主義論者原則上不反對談論全球分配正義，但全球不平等或貧窮並非必然意味不正義。

第六章主要針對米勒的全球正義觀念，在發展其全球最低標再分配論的過程中，米勒同時指出瓦瑟理論的缺欠及平等大同主義的過分要求，但我們會指出他的評論基於對瓦瑟「薄」與「厚」道德論的誤解，而他本人的所謂全球最低標之要求比平等大同主義關於全球再分配的要求更高。我們會進一步指出全球最低標論對其多元主義及系絡主義產生衝擊，造成整體理論的不一致性。全球益品再分配要視乎是否真正存在不正義，但米勒在這一點上無法提出清楚並前後一致的看法。我們建議每個人的首要義務是貢獻國家內部的益品再分配，即使全球資源需要再分配，亦只是國家的責任，而全球基本維生所需的再分配應該是人道問題。

五、結論

右翼社群主義者愈來愈意識到全球化帶來的不平等及其它問題如恐怖主義與瘟疫對共善及國家團合性都是嚴峻挑戰，然而，他們面對的方式傾向是用較為瑣碎的批評來針對全球化對各國國內的影響，而非徹底地質疑甚至反對全球主義。桑德爾針對該得的宰制（即「該得的獨裁」）所做的批評，如果不是針對其背後的全球主義意識型態，那麼就只是隔靴搔癢，原因是「該得的宰制」本身也已經全球化，該得的宰制已經在發展中國家引入全球資本主義後發酵，是資本主義全球化衍生的難題。

左翼社群主義者面對全球主義所採取的反對立場若不夠強硬，那麼他們將不可能逆轉全球主義，建構正義論本來是一種在理論上重要的方式，不過，要做到這一點必須克服幾項困難。首先，大家不清楚米勒有沒有意圖去發展出上面提到的整全性理論，他似乎只是去建構各種微觀論述。然而，相對於羅爾斯將理論重心放在分配正義及制度正義上，米勒則把這兩者統合在「社會正義」的傘子下，但實際上當中的關懷是牽涉政治及經濟正義，米勒對「社會正義」的理解跟我們的不同，我們在關於全球正義的一章會指出，他將全球正義跟社會正義作為兩個對立的概念處理忽略一些重要的正義議題。

其次，米勒沒有用結構正義來分析市場社會主義，故無法清楚凸顯結構正義的問題，他提到的需要、應得及平權三項正義原跟結構正義沒有直接關聯。任何一種社會所有制或合作社政經模式其實都是跟結構正義有關，由於米勒並不支持自由左派過度及集中地強調平等，他對平等的重視只限於平等的公民權利，即

使他相信市場社會主義可以減少不平等，但這跟結構正義格格不入。更重要的問題是，市場社會主義是否必須先在本土範圍先實施，然後才能推到全球範圍。

瓦瑟及米勒都是先發展所謂的「社會正義」論述，在踏入二十一世紀之際才開始探討全球範圍的正義考量。我們將會看到瓦瑟基本上沒有提出詳細的全球正義論，而米勒的全球正義論述破壞他的「社會正義」中多元主義及系絡主義，由於其論述支持資源再分配的程度比自由大同主義者如博格所倡議的更大，故亦衝擊到其多元主義及系絡主義。我們亦會發現他以全球最低標為基礎的全球分配正義論述偏離了社群主義立場，無法說服其它社群主義者，也造成整體理論的不融貫性。加上他在最新的論述中似乎又回到較前期的觀點，我們為他重構一套具融貫性理論的嘗試是不會成功的，但可以提出一些比較合乎左翼社群主義的看法。

第二章
程序、結果及社會正義

一、前言

　　程序與結果以致兩者之關係乃正義理論中的重要元素。具有系統的正義論都牽涉對程序正義（procedural justice）及結果正義（outcome justice）的討論，即使並無明顯提及，也或多或少隱含在各理論裡。可是，論者們在評論各正義論時大多忽略程序與後果以致兩者關係的重要性。米勒在這方面則有比較詳細的討論，其理論本身亦特別著重程序與後果的角色，這亦是本章選擇他的理論作為討論主軸的原因。

　　不同的正義論對程序與後果以致兩者的關係有不同的理解，羅爾斯曾經就跟程序及後果相關的正義觀念作出探討，並以純粹程序正義（pure procedural justice）、完美程序正義（perfect procedural justice）及不完美程序正義（imperfect procedural justice）三個觀念來闡釋程序與結果正義的關係。[1]第二節透過這三個觀念

---

[1] 羅爾斯的理論牽涉的議題甚多，當中包括公共理性（顏厥安，2004；林火旺，2004）、自由主義（曾國祥，2004；周保松，2004）、國際正義（許漢，2004；陳宜中，2004）及言論自由（張福建，2004）。雖然羅爾斯理論受到學者們的重視，但是由於涵蓋的範圍亦甚廣，以致有關「純粹程

勾劃四種正義論：全面型程序正義論（comprehensive procedural theory）、全面型結果正義論（comprehensive outcome theory）、非全面型程序正義論（non-comprehensive procedual theory）及非全面型結果正義論（non-comprehensive outcome theory）。

著重程序正義的理論乃程序正義論，典型的代表是前述諾錫克及海耶克的放任自由主義理論。著重結果正義的理論乃典型的結果正義論如激進平等主義及效益主義。[2] 至於結果正義論屬於全面型還是非全面型理論則視乎其是否接受程序正義；相對而言，程序正義論是全面型還是非全面型則視乎其是否接受結果正義。除了少數例外，大家熟悉的正義論都可以歸入上述四種正義論的其中一種。

程序正義與結果正義邏輯上的關係有三種可能：（1）程序正義邏輯上意味（logically implies）結果正義；（2）結果正義邏輯上意味程序正義；（3）程序正義與結果正義在邏輯上是獨立的。文章的第三節指出從（1）及（2）所發展出來的理論分別是全面型程序正義論及全面型結果正義論，而從（3）所發展出來的則是混合型正義論。

序正義」、「完美程序正義」及「不完美程序正義」三個概念往往受到忽視。

2　在華文世界，"Utilitarianism" 一般的翻譯是「功利主義」（逯扶東，1994：第二十章；鄒文海，1989：412-419），筆者建議以「效益主義」代之，理由有二。第一，由於「功利」一詞常被認為帶有負面的意涵，以「功利主義」稱之很有可能造成先入為主的偏見，有礙持平的探研；第二，由於「功利」本身談及的是達到目標的工具價值，只談「功利」會忽略作為追求目標的「快樂」或「益處」。「效益主義」中的「效益」意即有效於益處的追求，可同時兼顧工具及目標。

米勒的理論從前期論述中的全面型結果正義論發展至中期成為混合型正義論。為了瞭解這個發展，我們在第四節探討米勒對諾錫克的全面型程序正義論之批評，並指出米勒在程序正義論的挑戰下認同程序正義的重要性。第五節指出在認同程序正義重要性的前提下，米勒在中期的著作中提出獨立於結果考量的程序正義原則，但這亦改變了他前期論述中正義論的結構，令其成為混合型正義論。混合型正義論認定程序與結果正義在邏輯上是獨立的，這容讓程序與結果正義衝突的可能性，但米勒在處理兩者的衝突上並不完善，有進一步發展的空間。

本章的結論指出，米勒的正義論包含相當多本章不會深入討論的元素如市場社會主義、系絡主義、多元主義、制度主義、國家主義、全球正義以致社會正義方法論等。[3] 若要完善其正義論，米勒本人必須將程序正義及結果正義相關的考量與這些元素作出緊密的整合，使其理論成為具有一致性的論說。

二、正義論與程序正義觀念

（一）完美、不完美與純粹程序正義

程序正義與結果正義是正義論裡十分重要的概念分野。程序正義所牽涉的是規則，而結果正義所關注的則是結果。不同的正

---

3 關於米勒的市場社會主義與所有制及社會正義的理論關係，請參見本書第四章。至於米勒正義論的制度主義面向，請參見本書第三章。

義論對程序與結果正義兩者的關係都有不同的解讀。從理論的角度出發，我們可以發展出兩種全面型理論：全面型程序正義論及全面型結果正義論。相對於這兩種全面型理論，我們亦可設想兩種非全面型理論：非全面型程序正義論及非全面型結果正義論。

　　上述的分類包含兩個面向的分野：過程與結果正義論的差別以及全面型與非全面型理論的區分。過程與結果正義論的差別在於程序上的正義及後果上的正義之間哪一個比較優先。程序正義論是以程序上的考量為優先，而結果正義論則以後果上的考量為優先。全面型與非全面型理論之差異在於對程序及結果正義不同的看法，全面型理論認定程序正義及結果正義有直接的邏輯關係，而非全面型理論則持有否定的看法。讓我們透過研究這幾方面的分野來提出一個分析架構。

　　根據全面型程序正義論，社會整體分配的結果之正義性視乎其牽涉的程序之正義性。假如程序是正義的，那麼它所導致的後果就是正義的；相反地，假如程序是不正義的話，那麼後果亦是不正義的。全面型程序正義論既談論程序正義亦談論結果正義，但在看待兩者的方式上卻有所差別，在判斷程序正義上需要獨立的原則，但卻沒有用來判斷結果正義的獨立原則。相對而言，非全面型程序正義論只關注程序，並按照獨立原則來判斷程序的正義性；其目的是確保程序正義，談論結果正義則是不必要的。

　　全面型結果正義論關注後果，而程序的正義性則視乎其所導致的後果之正義性。假如後果是正義的，那麼導引至該後果的程序亦是正義的；相反地，假如後果是不正義的話，那麼程序也是不正義的。值得注意，全面型結果正義論既談論後果亦談論程序，只是在看待兩者的方式上有所差別，也就是判斷結果正義需

要獨立的原則，但卻沒有判斷程序正義的獨立原則。相對而言，非全面型結果正義論只關注結果，並按照獨立原則來判斷後果的正義性；其目的是確保結果正義，談論程序正義則是不必要的。在此必須強調，上述四種理論是屬於理想典型（ideal-types），實際存在的正義論不一定那麼純正。

若要更進一步瞭解程序正義及結果正義的重要性，我們參考羅爾斯對程序正義的分析。在《正義論》中，羅爾斯對程序正義的理解分為三種：完美程序正義、不完美程序正義及純程序正義，他分別以三個例子來作出說明（Rawls, 1999a[1971]: 74ff[84ff]）。接下來將依序探析，並進一步討論前述四種正義論。

羅爾斯以分蛋糕為例子來展示完美程序正義的意涵，假設將一個蛋糕分給固定數目的人，又假定平等分配是公平的方式，那麼應該用什麼樣的程序來分配才符合平等分配的要求？羅爾斯認為公平的方式是先由一個人來負責切割，然後讓其他人先選，這樣的話就可以確保他會平均分割。當然羅爾斯承認他假定了負責的人有能力平均地分割，並且抱有分得愈大份餅愈好的願望。假如我們有一簡單的器具，可以隨意調校分割的份數從而達至均分的後果，那麼只要找對負責分割的人，有用或沒有用此器具的過程似乎都是正義的，因為兩種方式都能達到應有的理想結果。[4] 可是，運用器具增加過程公正性，原因是不管誰來負責分割也可以達到應有的結果。[5] 羅爾斯忽略了一個可能，就是負責人可能抱持

---

[4] 假如再追問下去，那麼應該找誰來負責分割，又應該用什麼樣的程序來做這個決定？這好比我們如何選擇政府的前線行政人員才能確保正義的彰顯，在此所要強調的是人的因素在社會正義實踐上是不能忽視的。

[5] 值得思考的是，完美程序正義要求最少有一項必須可以引至理想結果的

利他的意願，她可能刻意將其中一分弄小，那麼結果是不符合平等分配的要求，這顯示在過程中愈少人為介入就愈公正。羅爾斯繼而指出完美程序正義的兩個特性：第一，對於何謂公平的分割由有別於將要選擇的程序之獨立標準來判定；第二，我們可以找出實際上能帶來的正義結果的可行程序（Rawls, 1999a[1971]: 74[85]）。

至於不完美程序正義，羅爾斯以法律審訊為例。任何審判的正義結果是：若然被告真的有犯罪的話，他／她確實被判有罪；若然被告真的沒有犯罪的話，他／她確實被判無罪。設計審訊程序的目標是要達到正義結果；不過，即使有最完善的程序及公正的負責人員都沒有辦法確保正義結果一定出現，亦即是說，真正有犯罪的人有可能脫罪而獲得自由，而無辜的人有機會被判刑。根據羅爾斯的看法，程序是完美還是不完美要視乎我們能否找到最少一個程序能確實地達至正義的結果（Rawls, 1999a[1971]: 74[85]）。

問題是我們找出來的可行程序是否正義？從蛋糕及審判的例子並不能清楚看出羅爾斯的想法，我們只好進一步探討完美和不完美程序正義與羅爾斯的正義論之間的關係。

羅爾斯正義論的一個重要目標是找出正義的憲法，他指出「理想地來說，一套正義的憲法會是一項**正義的程序**，其建構目的是確保正義結果。此項程序也就是憲法規定的政治過程，結

程序，假如有超過一個這樣的程序，應如何處理？這凸顯出更深層次的問題，我們似乎另外需要跟正義不直接相關的標準。運用該簡單器具及沒有運用該器具的分別在於其可靠性，若把可靠性作為標準，則我們應選擇運用該簡單器具的程序。

果則是頒布的整體法令，而**正義原則乃同時評斷程序及結果**」（Rawls, 1999a[1971]: 173[197], 作者加上粗體）。這是羅爾斯本人認為若要運用「完美程序正義」在追求憲法及政治正義上的考量。

「完美程序正義」一詞所要表達的是，我們對如何才是正義的結果有明確的體認，而同時亦找出能引至該正義結果的**可行及正義的程序**。值得注意，根據羅爾斯的完美程序正義觀念，「**正義原則乃同時評斷程序及結果**」。隱含其中的是，當完美程序正義出現時，「結果正義意味程序正義」及「程序正義意味結果正義」亦會同時出現。讓我們回到蛋糕的例子，羅爾斯認為不單正義的結果重要，可行的程序之正義性亦很重要。平等原則不單規範了結果，亦同時規範了程序，羅爾斯也是基於平等原則才認為公平的方式是先由一個人來負責切割，然後讓其他人先選。

然而，羅爾斯認定完美程序正義在憲法及政治正義中是不可能的，原因是「任何政治程序都有可能產生不正義的結果」，亦即是不正義的法令。他指出最可能達到的充其量是「不完美程序正義」（Rawls, 1999a[1971]: 173[198]）。不完美程序正義的特性是我們對於什麼是正義結果有一個明確的體認，但沒有一個**可行及正義的程序**能保證正義的結果一定會出現。不過，羅爾斯認為由於部分程序比其他程序更有可能導致不正義的法令，因此必須「在眾多**正義及可行的程序**安排中找出**最有可能達至正義及有效的法律秩序的程序**」（Rawls, 1999a[1971]: 173[198], 作者加上粗體）。回到審訊的例子，雖然羅爾斯並未說明有否獨立於結果以外的考量來判斷程序本身的正義性，但很顯然，他所談論的是正義審判，假設在過程中遵從正義的程序。

根據不完美程序正義而言，雖則正義的程序不一定導致正義

結果，審判程序的正義性由獨立的原則來作出判斷，而何謂正義的結果乃是由另外的原則作判斷。完美跟不完美程序正義都同意程序正義由獨立的原則來判斷，但（如羅爾斯所設想）前者用來判斷程序正義的原則**完全**跟用來判斷結果正義的原則是一樣，而後者則認為用來判斷程序正義的原則在一定的程度上有別於用來判斷結果正義的原則。

值得注意，完美程序正義的一個特點是我們可以確實斷定經過正義程序所產生的結果是否真的是正義的，上述關於蛋糕的例子說明我們可以確定蛋糕是否均分。即使羅爾斯沒有清楚表示，我們可以設想不完美與完美程序正義的一個最大差別在於，根據不完美程序正義而言，儘管是經過正義程序後所產生的結果，我們亦不能確實斷定其是否正義。前面有關審訊的例子說明，我們不能確實斷定審判結果是否正義，充其量只能說我們有理由相信結果是正義的。

關於不完美程序正義這一點，羅爾斯說明他的第一項關於平等自由的原則是用來確保在基本自由得到保障前提下的政治過程是一個正義程序（Rawls, 1999a[1971]: 174-5[199]）。[6] 若能讓政治過程成為一個正義程序，亦即是能體現政治正義。至於經過正義程序後能否達到正義結果（亦即正義法令）則需要第一原則及第二原則兩者來判斷。羅爾斯認為判斷一項法令是否違反第一原則（亦即侵犯基本自由）的爭議性比較少，但判斷一項法令是否違

6　原文："The first principle of equal liberty is the primary standard for the constitutional convention. Its main requirements are that the fundamental liberties of the person and liberty of conscience and freedom of thought be protected and that the political process as a whole be a just **procedure**"（作者加上粗體）。

反第二原則（亦即侵犯基本自由）的爭議性比較大，不容易有共識，原因是第二原則所關注的是社會或經濟政策，而跟這些政策相關的議題難免有爭議（*Ibid.*）。羅爾斯運用不完美程序正義觀念來建構其正義論中的政治與憲法正義面向。至於分配正義的面向，他則應用純粹程序正義觀念來構築。

完美及不完美程序正義都預設了一個理想的正義結果，但純粹程序正義卻非如此。羅爾斯以賭博為例闡述純粹程序正義，假設一定數目的人進行賭博，「在一系列的賭局以後，不管結果是什麼，它都是公平的，或至少不是不公平的」（Rawls, 1999a[1971]: 75[86]）。純粹程序正義的特性是：正義原則是用以規範程序的，而沒有獨立於程序正義以外的標準來判斷後果是否正義，後果是否正義要視乎程序是否正義，程序正義則結果正義，程序不正義則後果也不正義。

羅爾斯希望運用純粹程序正義來處理其正義論中的經濟分配面向，他認為透過兩項正義原則來規範背景制度（background institutions），就能建立正義的基本結構（just basic structure），而透過正義的基本結構所產生的分配結果是正義的（Rawls, 1999a[1971]: 242-3, 268[274-5, 304]）。根據羅爾斯的定義，「社會基本結構」是「將主要社會制度融於一個合作架構的組合」（*Ibid.*: 47[54]）。「主要社會制度」包括「憲政及主要經濟及社會組合」，而這些主要社會制度的功用是分配基本權利與義務以及決定從社會合作中得到的利益的劃分（*Ibid.*: 7[6]）。

羅爾斯意圖運用正義原則來建構基本結構，目的是要確保機會平等；而在這個前提下，任何透過正義的基本結構引伸出來的資源分配（特別是收入上的分配）都是正義的（Rawls,

1999a[1971]: 268[304]）。羅爾斯指出只有在一個「**正義基本結構**」的背景下才能認定所需的「**正義程序**」存在（Rawls, 1999a[1971]: 76[87]）。據此而論，在分配正義的考量上，程序正義意味結果正義。羅爾斯認為運用純粹程序正義的好處是大家不必處理變幻無窮的處境及個人不斷變化的狀況，只須關注基本結構（*Ibid.*）。[7]總括來說，按照羅爾斯的理論，不完美程序正義應用在憲法及政治正義的面向，而純粹程序正義則是應用在分配正義的面向，亦是因為如此，正如我們在下一節指出，羅爾斯的理論並非屬於前述四種理論中的任何一種。不過，透過分析四種理論跟純粹、完美及不完美程序正義三種觀念的理論關係，我們可以瞭解不同正義論在程序及結果正義上的立場。

（二）正義論的典範

全面型程序正義論的重點乃程序正義。如前所述，根據全面型程序正義論來說，結果之正義性視乎所牽涉的程序之正義性。純粹程序正義剛好是全面型程序正義論對程序正義的理解。全面型程序正義論者正是運用純粹程序正義來建構其正義論。另外，全面型程序正義論者不接受不完美程序正義，原因是根據不完美程序正義觀念，結果正義由獨立原則來判斷，但全面型程序正義論則堅持只有程序上的正義由獨立原則來判斷，結果的正義性則

7　原文："The practical advantage of pure procedural justice is that it is no longer necessary in meeting the demands of justice to keep track of the endless variety of circumstances and the changing relative positions of particular persons."

完全依據程序正義而論。全面型程序正義論者亦不接受完美程序正義，原因是除了程序考量外，沒有什麼原則適用於判斷結果正義。但根據完美程序正義觀念，除了要對程序正義作出判斷外，亦要對結果正義作出判斷，而用以判斷兩者的原則是一樣的。

關於全面型結果正義論，我們提出一個與純粹程序正義對立的觀念：純粹結果正義，而全面型結果正義論就是建基在純粹結果正義上。純粹結果正義的特性是：正義原則用以規範後果，而沒有獨立於結果以外的標準來判斷程序之正義性，程序的正義性視乎後果的正義性，後果若是正義則程序也正義，後果若是不正義則程序也不正義。全面型結果正義論者既然運用純粹結果正義這個觀念來建構其正義論，當然不會接受純粹程序正義。相對地，全面型程序正義論者當然亦不會接受純粹結果正義。

至於全面型結果正義論跟完美及不完美程序正義的關係，我們必須意識到，對於全面型結果正義論者而言，最重要的考量是結果能夠滿足正義的要求，程序正義沒有獨立原則來作判斷，而是要仰賴結果；亦即是說，若後果是正義的，引至該結果的程序也是正義的。因此，全面型結果正義論者拒絕用完美程序正義來建構其正義論。另外，全面型結果正義論亦不接受將不完美程序正義應用在建構社會正義論上，原因是不管有否找到可行的程序，最重要的是結果正義須要由獨立於程序以外的原則來作出判斷，而程序上是否正義則沒有獨立於結果以外的原則來作判斷。

非全面型結果正義論的唯一考量是結果能夠滿足正義的要求，不管所採用的是什麼程序，都反對談論程序正義，認為談論程序正義是不必要及不重要的。由於純粹、完美及不完美程序正義都牽涉對程序正義的判斷，這三個觀念與非全面型結果正義論

並不一致。另外，純粹結果正義認為談論程序正義是重要的，因而與非全面型結果正義論也是不一致的。

　　至於非全面型程序正義論方面，它的唯一考量是程序能夠滿足正義的要求；不管結果如何，都反對談論結果正義。完美或不完美程序正義都預設正義結果，而純粹程序正義則不反對談論結果正義，並認為程序正義意味結果正義，這三個程序正義觀念與非全面型程序正義論並不一致。因此，非全面型程序正義論者並不會運用純粹、完美或不完美程序正義來建構其正義論。另外，純粹結果正義認為結果正義是十分重要的考量，但非全面型程序正義論認定根本就不必談社會整體的結果正義，只要程序正義就已足夠。因此，非全面型程序正義論者並不會接受純粹結果正義。以上是對四種正義論的分析，透過探討它們對程序正義及結果正義的理解來瞭解純粹結果正義以致純粹、完美及不完美程序正義等觀念。為了清晰起見，我們將分析綜合為下表（見表一）。

　　值得注意，羅爾斯所說的三種程序正義觀念在日常生活中都可以找到實例，我們下一節的討論指出，純粹結果正義雖罕見，但也可在現實中找到例子。不過，我們更關注這些正義觀念能否及如何運用在建構社會正義論上，以及上述的四種正義論的具體典範。

　　讓我們先指出羅爾斯的理論並不屬於上述四種正義論中的任何一種。整體來說，羅爾斯的理論很顯然並不屬於非全面型的過程或結果正義論，原因是羅爾斯不反對談論程序或結果正義，只是談論的場境不同。如前所述，分配正義與憲法（及政治）正義兩種面向分別運用不完美程序正義及純粹程序正義來建構。由於羅爾斯的理論不單包含純粹程序正義，還包括不完美程序正義，

表一　（作者自行分析及整理）

正義觀念 X 正義論 Y	純粹程序正義（程序正義意味結果正義）		純粹結果正義（結果正義意味程序正義）		完美程序正義（程序正義與結果正義以相同的原則來判斷）		不完美程序正義（程序正義與結果正義以互相獨立的原則來判斷）	
	Y運用X建構正義論？	原因：Y理論的立場是	Y運用X建構正義論？	原因：Y理論的立場是	Y運用X建構正義論？	原因：Y理論的立場是	Y運用X建構正義論？	原因：Y理論的立場是
全面型結果正義論	不接受	結果正義與否決定程序正義	接受	結果正義與否決定程序正義	不接受	結果正義與否決定程序正義	不接受	結果正義與否決定程序正義
非全面型結果正義論	不接受	不談程序正義	不接受	不談程序正義	不接受	不談程序正義	不接受	不談程序正義
全面型程序正義論	接受	程序正義與否決定結果正義	不接受	程序正義與否決定結果正義	不接受	程序正義與否決定結果正義	不接受	程序正義與否決定結果正義
非全面型程序正義論	不接受	不談結果正義	不接受	不談結果正義	不接受	不談結果正義	不接受	不談結果正義

因此不屬於全面型程序正義論；另外，它亦不接受純粹結果正義，故而不可能是全面型結果正義論。

　　除了羅爾斯的正義論外，其它正義論亦牽涉對程序及結果正義的討論，即使並沒有直接明言，也或多或少隱含在其中。最典型的程序正義論是放任自由主義，當中最具代表性的要算是前述的諾錫克及海耶克的理論。至於最典型的結果正義論則是激進平等主義及效益主義。由於這些理論所牽涉的範圍實在太廣泛，加上本章的重點是米勒的正義論，在此我們不必也不會深入討論這些理論。我們會集中討論程序及結果正義在這些理論中的地位，從而促進對米勒的正義論的理解。

　　與羅爾斯的理論相比，大部分其他的正義論都顯得相對簡

單，最重要的原因是這些理論所關注的是分配正義，並沒有如羅爾斯一樣將憲法及政治正義納入社會正義的討論範圍。另外一個相關的原因是這些理論提出單一的正義原則，而非多重或多元的正義原則。羅爾斯的兩項原則屬於多重原則，當中不同的部分主導不同面向的社會正義考量。正如我們稍後指出，米勒的理論是多元性的，意即包含多項不能相互化約的正義原則，這亦間接導致其不能被歸入上述四種理論的原因。

不同正義論中的原則之性質與這些理論各自對程序及結果正義的看法有一定的關係。若要理解這一點，我們可以參考諾錫克如何分析分配正義原則的性質。諾錫克認為正義原則的性質具有兩方面的分野：（1）型態化原則（patterned principles）與非型態化原則（unpatterned principles）的對比；（2）歷史性原則（historical principles）與非歷史性原則（ahistorical principles）的區別。

型態化正義原則是按照個人在某一項特徵上的差異作出分配（Nozick, 1974: 156）。假如相關的特徵包涵歷史行為的面向（如工作的時數），型態化原則同時會是歷史性的原則，最明顯的例子是「按經濟應得分配」。假若相關的特徵不包涵歷史行為的面向（如性別、種族及天賦能力），型態化原則會同時是非歷史性的原則，最明顯的例子是「按需要分配」。應得及需要原則是米勒理論中的重要原則，第五節會更深入討論米勒的想法。

相對於型態化原則而言，非型態化正義原則並不會按照個人在特徵上的差異作出分配，這種原則不會指定某個別人士該得到什麼。非型態化正義原則可以是歷史性的，也可以是非歷史性的。非型態化而同時也是非歷史性的原則，諾錫克稱之為

最後結果原則（end-result principle）或最後狀態原則（end-state principle），此原則只關心整體的結果。

除了正義原則的性質外，我們不能忽略正義原則的功能。簡單來說，正義原則有兩項功能：（1）評斷性（evaluative）及（2）導引性（directive）。[8] 這兩種功能的差別在於評斷功能單單在乎展現正義的狀況應該是如何，所牽涉的純粹是評估與判斷，而並沒有牽涉行動或政策；而導引功能必然地牽涉具體行動及措施。導引功能則是前瞻性（forward-looking），用以指引正義的分配。正義原則的導引功能可以分別用兩種措施去實現：指令式措施（prescriptive）及規管式措施（regulative）。指令式措施提出明確的指示以直接改變結果，而規管式措施則間接透過規範程序來調整結果。

諾錫克本人所提出的所得論（entitlement theory of justice）屬於全面型程序正義論，他清楚表明任何一個從正義狀態生發出來的狀態，只要是經過正義的步驟而來的都是正義的（Nozick, 1974: 151, 207）。[9] 他反對任何的最後結果原則（end-result principles）及型態化原則（patterned principles）。諾錫克提出的所得正義原則（entitlement principles of justice）共有三項：（a）取得原則——指定物件如何成為財產，（b）轉移原則——指定物件

8　嚴格來說，除了導引性功能外，還必須有糾正性的（corrective）功能，糾正性的功能是追溯性的（backward-looking），用以調整及改正過去的不正義。可是，為了方便討論起見，我們只集中評斷性及導引性功能。

9　原文："for an entitlement theorist any set of holdings that emerges from a legitimate process … is just … whatever comes out is to be accepted because of its pedigree, its history."

如何從一個人轉移到另外一個人，（c）糾正原則──指定如何改正任何對經過（a）跟（b）所得到的正當財產權的侵犯（Nozick, 1974: 151）。這些原則只有規管式功能，目的是透過規範程序而影響結果。

在此我們不必詳細討論諾錫克的理論，只要知道諾錫克不單反對型態化原則亦同時反對最後結果原則，原因是按照型態化原則來作分配必然尋犯自由，而否定最後結果原則的原因是其忽略個人的獨特性（Goldman, 1976; Exdell, 1977）。諾錫克本人所提出來的原則屬於非型態化及歷史性原則，他最基本的立場是，從一個正義的分配狀態透過自願交易而達至的另外一個分配狀態是正義的。下面第四節將進一步討論諾錫克的理論及米勒的批評，在此先以表列方式總結上述關於分配正義原則的分類（見表二），接著將討論不同正義論的屬性。

表二 （作者自行分析及整理）

	型態化	非型態化
歷史性	應得	諾錫克的所得原則
非歷史性	需要	平等

海耶克所提出的理論屬於非全面型程序正義論，他反對談論社會正義或分配正義，主要是因為只有具目的之行為所帶來的結果才稱得上正義或不正義（Hayek, 1976: 31）。他的想法是資源分配的結果並非某人或某一群人有意造成的，而是綜合眾人各自的行為所展示出來的無意圖後果，因此，我們不能稱某一個分配狀

態為正義或不正義（Hayek, 1976: 33）。據此而論，談論社會整體的結果正義是多餘的（Cragg, 1983; Gray, 1989; Johnston, 1997）。這並不是說我們不能談正義，正義要求每一個人有正義的行為，而非要求政府按照某社會正義原則作出資源的分配。

從海耶克的立場出發，根本就沒有所謂的社會正義原則，只有「正義行為的原則（rules of just conduct）」。由於海耶克認為不應該談論社會正義，故此他並不會接受將羅爾斯的純粹程序正義觀念運用在社會正義論的建構上。很顯然，他亦不會接受將完美程序正義及不完美程序正義兩個觀念運用在正義論的建構上，原因是在社會整體層面上，根本就不能也不必談結果正義。諾錫克與海耶克不同的地方在於他沒有像海耶克一樣反對談論分配正義以致結果正義。不過，根據諾錫克的理論，結果是否正義完全視乎引至結果的過程是否正義（Nozick, 1974: 151）。[10] 諾錫克實際上就是用羅爾斯所說的純粹程序正義來建構其正義論。

諾錫克與海耶克的立場相若的地方在於他們都不會接受將完美程序正義及不完美程序正義兩個觀念應用在社會正義論的建構上，然而，原因卻是不同。根據諾錫克的理論，只要程序是正義的，結果便是正義的，而沒有獨立於程序以外的考量來判斷結果是否正義；但根據海耶克的理論，只須討論程序正義，談論結果正義則是多餘的。

以上是兩種程序正義論，接下來讓我們談一談結果正義論。激進平等主義及效益主義都是屬於結果正義論。拿爾遜的激進

---

10 原文：“A distribution is just if it arises from another just distribution by legitimate means.”

平等主義正義論是屬於全面型結果正義論，他提倡「正義即平等（justice as equality）」的看法，認為社會整體的正義應該被理解為每一個成員之間在整體利益與負擔上的完全平等（Nielsen, 1985: ch.4）。結果是否正義要看它是否符合平等原則，但這並不是說程序不重要，拿爾遜明確表示，這需要透過對制度的結構化來達成，因此，過程是否正義視乎透過制度的運作所產生的結果是否合乎「正義即平等」的要求。

效益主義提出「最大多數人的最大快樂」原則（或稱效益原則），由於效益原則只關心整體的結果，故而乃非型態化及非歷史性原則，也即是諾錫克所說的最後結果原則（Nozick, 1974: 155）。根據效益原則，只要能夠達到社會整體的最大快樂的結果都是正義的。受限於客觀的現實環境，很多不同的分配方式都可以達到社會整體中可能出現的最大快樂，因此，不管個別人士得到什麼，不同的整體分配狀態都有可能是正義的。[11]

效益主義傾向只談論後果而忽略過程，這亦是我們所瞭解一般對效益主義的批評，由於這些都是耳熟能詳的批評，在此不必深究，但必須強調，大部分的批評都是針對所謂的行為效益主義（act-utilitarianism）（Bales, 1971; Sen and Williams, 1982）。行為效益主義只談論結果正義，而不談論程序正義，故而在社會整體的

---

11 舉例來說，假設社會整體中可能出現的最大快樂值是 10000 單元，任何達到 10000 單元的分配狀態都是正義的。在 D_1 分配狀態中，快樂值合共是 10000 單元，而 X 君擁有 1 個單元，Y 君擁有 2 個單元。現在從 D_1 狀態轉到 D_2 狀態，在 D_2 分配狀態中，快樂值合共同樣是 10000 單元，而 X 君現在擁有 2 個單元，Y 君則只擁有 1 個單元。以效益原則作判斷，D_1 及 D_2 都是正義的。

正義考量上是屬於非全面型結果正義論。可是，除了行為效益主義，規則效益主義（rule-utilitarianism）是另外一種效益主義，它十分強調透過規則及程序以達至效益主義的正義結果（Harsanyi, 1977, 1985）。[12] 當然，程序是否正義視乎結果是否滿足效益原則，因此，規則效益主義是全面型結果正義論。有關兩種效益主義的討論十分多，在此不能詳加討論，我們只須明白兩者對程序的重視程度有很大的差別。效益原則及激進平等原則主要是針對結果，具備評斷及指令功能，但對程序亦不至於完全忽略，而是有著規管功能，透過結果正義原則調整程序從而改善結果，若後果不完全符合正義原則的要求，程序必須有所調整。

在此必須強調，上述有關四種正義論的分類是以正義原則的評斷功能為基礎。在全面型或非全面型結果正義論中，正義原則的評斷功能純然是針對後果，而在全面型或非全面型程序正義論中，正義原則的評斷功能純然是針對程序。在混合型正義論中，所謂「程序正義與結果正義在邏輯上是獨立的」是指，對結果正義的評斷獨立於對程序正義的評斷，這並非表示結果正義原則不能影響程序，在此不妨留待第五節再進一步討論這一點。上述的四種正義論提供一個較為明晰的分析架構去理解當代正義論，我們亦嘗試將為人熟悉的理論進行歸類。不過，這並不是說，所有當代正義論都可以被歸入其中一項。由於羅爾斯的理論同時運用

---

12 賴恩斯（Lyons, 1965）曾經指出行為效益主義與規則效益主義在應用上都是指向同一個結果，實質上兩者沒有太大的分別。在個人倫理層面，這也許是對的。不過，有關正義論的討論所談及的效益主義是在公共領域應用上的論說，因此，效益主義亦即是古迪所說的是一種公共哲學（public philosophy）（Goodin, 1995）。

不完美正義及純粹程序正義觀念，故不能被輕易地歸類為其中的任何一種。我們稍後會指出，除了以上四種正義論外，還有混合型正義論，而米勒中期的正義論正是屬於此種理論。

為了釐清米勒的想法，我們必須區分結果正義與程序正義在概念上的三種關係：（1）程序正義邏輯上意味結果正義；（2）結果正義邏輯上意味程序正義；（3）程序正義與結果正義在邏輯上是獨立的。（1）跟（2）都假設程序正義與結果正義的其中一方決定另外一方而（3）則假定程序正義與結果正義是互相獨立的。我們在下一節的討論將會顯示（1）跟（2）分別是全面型程序正義論及全面型結果正義論所持的想法。另外，我們亦提出（3）則是所謂混合型正義論所持的想法。下一節深入討論全面型正義義與混合型正義論。

三、全面型正義論與混合型正義論

（一）純粹程序正義及「程序正義意味結果正義」

米勒在《社會正義原則》中認為只有在某些極端的情況下才可以接受「程序正義意味結果正義」（Miller, 1999a: 96-97）。這是當分配不可分割的資源時，沒有特別的理由要指定給予某人。以彩票為例，單純從結果的角度出發，假如 A 君中獎，我們不能說她不應得獎。我們只能說，若抽獎過程符合公開及公平等要求，不管是 A 君或者是其他人得獎，結果都是正義的。在這種情形下，除了過程外，我們似乎沒有其他方式決定結果是否

正義。

　　談到程序正義的觀念，我們必須區分兩個層次的議題，第一個層次是目前一直正在討論的層次，也就是找出採用什麼程序會導引至什麼樣的分配狀態，而這些分配程序或分配結果的正義性是根據什麼原則來作出判斷。第二個層次是關乎方法論的問題，亦即是用什麼方式找出用來判斷分配程序或分配結果的正義性的原則。這兩個層次容易使人混淆，羅爾斯在談論「純粹程序正義」時，所關切的是第一個層次的問題，而他的「原初狀態」或「無知之幕」才是他的契約主義方法論中所運用的概念。

　　米勒實際上是在談論羅爾斯的純粹程序正義觀念。[13] 羅爾斯的純粹程序正義觀念甚少得到重視，米勒是少數曾經作出討論的學者。在其前期的著作《社會正義》中，米勒質疑純粹程序正義這個觀念，他引用羅爾斯本人（在前引文中）所提出的「至少不是不公平的」來強化其觀點，並指出「我們比較樂意稱一個不正直的遊戲的結果不公平，而不會稱一個公平的遊戲的結果公平」（Miller, 1976: 44）。

　　根據羅爾斯的想法，公平的（或正義的）程序將程序上的「公平（或正義）轉至結果上（transfer its fairness to the outcome）」（Rawls, 1999a[1971]: 75[86]）。若然正如米勒所說，一個遊戲的結果之所以是不公平的原因是其過程設計不正直（或不公平）的話，那麼他就應該認為不公平的（或不正直的）程序可以將其不公平性「轉至」到結果上，從而使其不公平。這樣的話，他沒有

---

13 尼爾遜提出相當多關於純粹程序正義觀念的有趣議題（Nelson, 1979-80），在此我們不能深入討論，只能關心米勒的詮釋。

理由反對（如羅爾斯所說）公平程序將其公平性轉至其結果，從而使其公平（*Ibid.*）。我們應如何理解「轉至」？羅爾斯自己並沒有解釋。不過，不管我們對「轉至」的理解如何都不會影響我們對米勒的觀點的批評，原因是不管「轉至」是什麼意思，米勒不能在沒有明確解釋的情況下，一方面認定程序的不公平可以「轉至」為結果的不公平，卻在另一方面反對程序的公平可以「轉至」為成結果的公平。

論斷遊戲不正直需要標準；同樣地，論斷遊戲公平也需要標準。若然我們可以稱不公平遊戲的結果為不公平，那麼我們應該亦可以稱公平遊戲的結果為公平，至少米勒沒有解釋為何不可以。若反對純粹程序正義存在的可能性，米勒必須論證程序的公平性與結果的公平性沒有邏輯上的關係，然而，這似乎不是他在《社會正義》的立場。不過，正如以下的討論指出，這卻是他中期的想法。

米勒在《社會正義原則》中回到純粹程序正義的討論上，他在博彩結果公平性的立場上似乎有點軟化，但他仍然指出，博彩結果「至少不是不公平的」，任何參與其中的人不能以結果不公平為由提出投訴（Miller, 1999a: 293-4 n.7）。不過，即使博彩不能成為闡明純粹程序正義的好例子，亦不能否定純粹程序正義這個觀念，這一點是米勒在前期的《社會正義》中所忽略的。

米勒在《社會正義原則》中嘗試運用另外一個例子：拍賣（Miller, 1999a: 97）。毋庸置疑，拍賣是一個分配物件的程序。一般來說，只要拍賣過程公平地進行，參與競爭的人對將要被拍賣的物件有充分的瞭解，且用合法資源進行競投，那麼最後的分配就是正義的，這單純是程序使然，並不用另行對結果作出評斷。

米勒雖承認在一定程度上純粹程序正義有可能出現，但他認為這是非常罕見的例子。

　　米勒指出即使是拍賣，對正義結果的理解可以幫助我們對正義程序有更確切的掌握。他指出：「當參與一場拍賣的人有相同的購買能力，這場拍賣傾向產生的最後的資源分配會是一個平等的分配，平等的意思是沒有人會妒忌其他人所得到的，這樣的平等分配在一定的狀況下被視為正義的分配」（Miller, 1999a: 97）。米勒引用的是德沃金的所謂「妒忌測試（envy test）」（Dworkin, 2000: ch.2）[14]，但米勒沒有解釋在什麼狀況下平等的分配才算是正義，而為何上述的這種所謂平等就是正義。值得注意，米勒本人根本並不認為平等原則是分配經濟資源的原則（Miller, 1999a: 30），我們稍後會回到這一點。

　　談到德沃金的自由平等主義，到底其正義論在我們的分析架構中是屬於那一種理論？一般而言，既然平等原則乃非型態化及非歷史性原則，那麼以平等原則為基礎的正義論應該是像拿爾遜的激進平等主義一樣屬於全面型結果正義論。可以，德沃金的平等主義並不必然是全面型結果正義論，原因是他不同意以簡單平等觀念去處理分配問題，以「妒忌測試」發展出來的拍賣機制作出分配的結果大致上就可以稱為平等（Dworkin, 2000）。據此，德沃金的平等主義似乎更接近程序正義論。

　　米勒應該反對的是全面型程序正義論，也就是說，他應該反

---

14 關於德沃金的平等主義，英文文獻請參閱（Narveson, 1983）、（Arneson, 1989）；中文文獻則見（石元康，1991）、（謝世民，1999）及（錢永祥，2001a）。在此沒有辦法做出仔細的探究，只好留待日後更深入的討論。

對以純粹程序正義所建構的社會正義論。諾錫克的正義論實際上是以純粹程序正義所建構的，我們會在第四節更詳細地探討米勒對諾錫克的批評。在此只須瞭解，在諾錫克的全面型程序正義論中，程序正義考量擁有優先性，結果正義則是次要的，而後果的正義性沒有獨立於程序正義以外的考量作判斷。

相對之下，在全面型結果正義論中，結果正義擁有優先性，而程序正義則是次要的，而程序的正義性沒有獨立於結果正義以外的考量。米勒反對用純粹程序正義建構社會正義論，亦即是反對全面型程序正義論。另外，如我們即將指出，他的理論亦同時反對用純粹結果正義來建構正義論。

（二）純粹結果正義及「結果正義意味程序正義」

「結果正義意味程序正義」是純粹結果正義中的一個重要意涵。米勒認為在極少數的情況下，結果正義意味程序正義。純粹結果正義假設結果是否正義是可以被判斷的，也即是假定了用以判斷結果是否正義的原則。雖然米勒沒有運用「純粹結果正義」這個觀念，但是他所舉的一個例子實質上表達相同的觀念。在這個例子中，米勒假設我們在一艘正在下沉的船上，而船上有足夠的救生衣。正義的考量要求我們應該每人有一件救生衣，程序上的考量只是如何有效地分發救生衣。在這個例子中，各取所需是當中的正義原則，正義的結果是每人得到一件所需的救生衣。

米勒用沉船的例子來表達在某些情況下，我們只需要考慮結果正義，而不用太在意程序，任何能達至結果正義的程序都是正義的。不過，米勒認為這種狀況並不常見，特別是當我們將範圍

擴大至整個人口,他指出也許在受毒氣威脅下將防毒面具分發給所有民眾是極少數的例外。米勒認為只有在這種極端的情況下方能接受後果乃唯一考量的說法。

全面型結果正義理論者質疑為何只有在這種極端的情況下方能接受只有結果才是唯一考量。在上述的例子中,主導結果正義的是需要原則。米勒表明在三個條件下才能接受只有結果才是唯一考量(Miller, 1999a: 96)。第一,所要分配的物件是「可分離的及有限的(discrete and finite)」,第二,該物件是「不可或缺的(essential)」,第三,用以分配該物件的原則是「不富有爭議性的」。

在上述的三個條件中,第一個條件跟資源的種類及性質有關,爭議性不大。但第二個條件中何謂「不可或缺的」顯得有點含糊,若說某物件是「不可或缺的」似乎意味缺少該物件則生命將受到威脅。防毒面具在受到恐怖攻擊的威脅下確實是「不可或缺的」,不過,有論者會認為最低收入也是「不可或缺的」。米勒所忽略的是如果我們將「不可或缺的」定義為「若缺少就有生命的威脅的話」,最低收入也應該是「不可或缺的」。至於第三個條件,分配該物件的原則必須是「不富有爭議性的」,就分配防毒面具而言,需要原則的爭議性確實不高,那麼也會有論者認為,在最低收入的分配上,需要原則的爭議性亦不高。

弔詭的是,米勒自己亦同意最低收入、失業救濟及退休保障等應該按需要原則來分配(Miller, 1999a: ch.10, 247),可是,米勒認為需要原則不能用作分配所有具有社會價值的東面。米勒認定雖則需要原則是社會正義的原則,但卻不是唯一的原則。防毒面具的例子旨在強調只有在極少數的情況下,我們才只須單單考

慮結果正義，而在判斷程序正義上，只要能夠引至正義結果的程序就是正義的。米勒實質上反對用純粹結果正義來建構社會正義論，亦即是反對全面型結果正義論。總括而言，米勒認為純粹程序正義及純粹結果正義都不適用於建構社會正義論。

程序正義跟結果正義有什麼邏輯關係是最重要的考慮。除了「結果正義意味程序正義」及「程序正義意味結果正義」外，我們必須瞭解程序正義與結果正義的另一種關係：程序正義與結果正義在邏輯上是獨立的。這種關係衍生出兩種情況：第一，不管結果是否真的是正義，都能對程序正義作出確切評斷；第二、不管程序是否真的是正義，都能對結果正義作出確切評斷。

（三）不完美正義與混合型正義論

如前所述，根據不完美程序正義而言，程序正義有獨立於結果以外的原則作判斷。按照我們前面的分析，不完美程序正義想要表達的是，我們知道結果正義應該是怎麼樣，亦即是結果有獨立於程序以外的正義原則作出判斷，但是即使程序是正義的，卻**不能確定正義結果的出現**。值得注意，所謂「不能確定正義結果的出現」有兩個意思：第一，在考慮運用某一個程序時，結果還沒有出現，故不能確定採納該程序之後正義的結果會否出現；第二，經過一個過程後，結果已經出現，我們不可確定該結果是否滿足結果正義原則的要求。按照前面第二節的分析，羅爾斯所運用的公平審判例子所表達的想法包括這兩個意思。第一個意思實際上是說，按照歸納方式得出的結論不能百分之百準確知道過去發生的事情將來必然出現，這一點爭議性不大。我們集中討論第

二個意思。

　　不完美程序正義所談的不單包括結果正義，亦涵蓋程序正義。透過我們前面第二節的重構，不完美程序正義假設程序的正義性由獨立於結果以外的原則來評斷，亦假定不管結果是否真的是正義的，我們對程序正義能夠作出確切的評斷。相對於不完美程序正義，我們可以設想所謂的不完美結果正義（imperfect outcome justice）。與不完美程序正義相似的地方是，不完美結果正義亦認定程序正義有獨立於結果以外的原則作判斷，而結果正義有獨立於程序以外的原則作判斷。換句話說，程序正義與結果正義在邏輯上是獨立的。

　　根據不完美結果正義而言，我們雖然知道程序正義應該是怎麼樣（亦即是根據獨立於結果以外的正義原則對程序所作出的判斷），但是即使結果是正義的，卻**不能確定正義程序的出現**。所謂「不能確定正義程序的出現」有兩個意思：第一，在考慮決定運用某一個程序時，結果還沒有出現前，我們不能確定所採納的程序本身是否真的是正義的；第二，經過一個過程後，正義結果已經出現，我們不可確定該過程是否滿足程序正義原則的要求。與不完美程序正義相似，不完美結果正義不單談結果正義，也談程序正義。不完美結果正義假設結果正義由獨立於程序以外的原則來評斷，更重要的是，不完美結果正義假設不管程序是否真的是正義的，我們對結果正義能夠作出確切的評斷，這也是不完美結果正義與不完美程序正義之間最大的差別。

　　不完美程序正義的精髓是，在眾多正義程序中，找不到最少一個可確定滿足結果正義的程序。另外，不完美結果正義的精髓是經過一個過程後，正義結果已經出現，我們卻不可以確定該過

程滿足程序正義原則的要求，這是為何兩者稱為「不完美」的重要原因。問題是我們是否真的可以區分不完美程序正義及不完美結果正義？

讓我們先行討論不完美程序正義。前面提到，找不到最少一個可確定滿足結果正義的程序的原因並不是沒有正義的程序，而是對於經過正義程序後所產生的後果，我們不確定其是否滿足結果正義原則的要求。可是，為何不可確定其是否滿足結果正義原則的要求？當中有兩種可能：**原則上不可能**及**實際上不可成**。回到羅爾斯引用的審訊例子，即使經過正義的程序，也不可能確定嫌犯是有罪還是無辜，這個不可能是原則上的不可能。至於所謂實際上的不可成是由於太繁瑣或技術上的困難所造成，但在原則上是可以克服的。

我們的質疑是，若是原則上的不可能，那麼用以評斷結果正義的原則就變成多餘的，原因是有否結果正義的原則根本就不相干，而不完美程序正義則可以化約成純粹程序正義，也就是，只要程序是正義的，我們就有理由說結果就是正義的。不過，回到羅爾斯在談論憲法或政治正義時所運用的不完美程序正義，它並非意味原則上的不可能，而是實際上的不可成。要判斷經過正義的政治過程所達至的後果是否正義在原則上是可能的，只是因為太繁瑣或技術上的困難而造成實際上的不可成。據此而論，不完美程序正義的意涵是經過一個正義過程後，後果已經出現，而我們**原則上可以但實際上不可以**確定後果滿足結果正義原則的要求。相對而言，我們可以將不完美結果正義的意涵理解為：經過一個過程後，正義結果已經出現，而我們**原則上可以但實際上不可以**確定所經歷的過程滿足程序正義原則的要求。

　　值得注意，不完美程序正義假設我們**原則上及實際上**可以確切判斷程序是否正義，而不完美結果正義假設我們**原則上及實際上可以**確切判斷結果是否正義。可是，在真實社會中能否可以那麼確切地判斷程序正義及結果正義是十分值得懷疑的。若果認為實際上不可以確切地判斷程序正義及結果正義，那麼不完美程序正義及不完美結果正義兩者之間就沒有差別。換句話說，經過一個過程後，後果已經出現，而我們**原則上可以但實際上不可以**確定該過程滿足程序正義原則的要求，亦在**原則上可以但實際上不可以**確定後果滿足結果正義原則的要求。我們大可以用**不完美正義**來表達這個意念；另外，以不完美正義觀念建構的正義論，我們可以稱之為混合型正義論。我們在第五節會進一步討論不完美正義，並論證米勒的正義論屬於混合型正義論。

　　在此必須注意，全面型或非全面型程序正義論不必假設**原則上及實際上**都可以確定過程滿足程序正義原則的要求，只要假設**原則上可以**就已經足夠。同樣地，全面型或非全面型結果正義論亦不必假設**原則上及實際上都**可以確定後果滿足結果正義原則的要求，只須假設**原則上可以**就已經足夠。值得注意，羅爾斯的完美程序正義觀念似乎假設，經過一個過程後，後果已經出現，而我們**原則上及實際上都**可以確定該過程滿足程序正義原則的要求，亦在**原則上及實際上都**可以確定後果滿足結果正義原則的要求。我們應該用「完美正義」而不是「完美程序正義」來表達這個意念。為了清晰起見，我們將完美與不完美正義跟不完美程序及結果正義的分野綜合如下（見表三）：

表三 （作者自行分析及整理）

	原則上及實際上都可以確定過程滿足程序正義原則	原則上可以但實際上不可以確定過程滿足程序正義原則
原則上及實際上都可以確定後果滿足結果正義原則	完美正義	不完美結果正義
原則上可以但實際上不可以確定後果滿足結果正義原則	不完美程序正義	不完美正義

　　米勒在《社會正義原則》中明確地指出獨立於結果考量的程序正義確實成立，而獨立於結果考量的程序正義也確實可以成立（Miller, 1999a: 94）。在這個大前提下，米勒意圖建構的正義論是屬於混合型正義論。從米勒的角度出發，要認真對待程序正義並不意味必須建構程序正義論。

　　面對來自海耶克的非全面型程序正義論的挑戰，米勒在《市場、國家與社群》中反駁海耶克認為沒有正義原則可以評斷市場所造成的分配型態的看法，並認為應得原則可以用來評斷市場所導致的分配型態的正義性（Miller, 1989a: 162ff），我們會在第三及四章進行討論。來自海耶克的最重要挑戰是他對談論社會正義本身的意義之質疑。米勒在《社會正義原則》中為社會正義本身的價值作出辯護，以回應海耶克的挑戰（Miller, 1999a: 107ff）。由於全面型程序正義論比非全面型程序正義論更接近混合型正義論，若要瞭解米勒的混合型正義論，我們必須釐清他對全面型程序正義論的質疑，而接下來的討論集中在米勒對諾錫克之批評。

四、諾錫克程序正義論的缺陷

（一）洛克式的所得正義論

　　諾錫克的所得正義論（entitlement theory of justice）屬於典型的全面型程序正義論，所牽涉的層面相當廣泛，我們關注的重點是其整套理論的結構以及米勒的批評。諾錫克提出三個關乎正義的基本原則：（a）取得原則——指定物件如何成為財產，（b）轉移原則——指定物件如何從一個人轉移到另外一個人，（c）糾正原則——指定如何改正任何對經過（a）跟（b）所得到的正當財產的侵犯（Nozick, 1974: 151）。

　　一般的討論都集中在諾錫克對最後結果原則及型態化原則的批評。綜合米勒不同時期的著作，他主要從兩個方面質疑所得正義論的整體合理性。第一，諾錫克的理論屬於全面型程序正義論，而它的一個重要立論是結果正義沒有獨立於程序正義以外的原則來作評斷。在《市場、國家與社群》中，米勒質疑這個可能性，他的批評與諾錫克的取得原則有緊密的關係。第二，全面型程序正義論的另外一個重要立論是程序正義有獨立於結果以外的原則來作評斷。諾錫克的理論以自由交易作為判斷程序正義的原則，米勒在《社會正義原則》中質疑這個論點，他的批評與諾錫克的轉移原則有密切的關係。讓我們對這兩點的批評作出深入的討論。

　　諾錫克的所得論最嚴重的問題是沒有提出三個所得原則的具體內容，米勒亦注意到這個問題，並就所得論中的取得原則作出

討論（Miller, 1989a: 49）。由於米勒認定所得論是洛克式的，故此，他嘗試為諾錫克重構洛克的財產論。洛克對於如何合理地取得財產提出勞力揉合論，簡單來說，人擁有自己的身體，亦因此擁有其勞動力，從而擁有透過揉合勞力所獲得的物件。不過，各人的所得受到兩個限制：不能擷取超過自己所能利用的，亦必須確保有足夠良好的東西留給其他人，這兩方面的限制亦是所謂的「洛克附帶條件（Locke's proviso）」（Locke, 1967: sec.36: 292-3）。米勒指出洛克的想法是：當我擁有 X，將 X 與 Y 揉合起來（Y 並沒有人擁有），我因此而擁有 Y。他認為這論證並不具有說服力，並引用諾錫克對洛克的質疑，假如我擁有一瓶蕃茄汁，把它倒進海裡，我們是失去蕃茄汁而不是擁有海洋（Miller, 1989a: 54; Nozick, 1974: 174-5）。不過，從洛克的角度看，若然我聲稱擁有海洋，就是擷取超過自己所能利用的，並排除其他人使用我用不著的資源，那麼我就是違反了洛克附帶條件。因此，這個例子對洛克理論的殺傷力其實不大。

米勒另外引用瓦特朗（J. Waldron）對洛克的批評。根據瓦特朗的想法，勞力在洛克的理論中似乎以兩種型態出現，揉合的活動（activity of mixing）及被用以揉合的東西（the thing that is mixed）。但瓦特朗認為這是不可能的，原因是假如我們視勞力為被用以揉合的東西，那麼我們就只能有被用以揉合的東西及最後的合成品兩個元素，而沒有揉合的活動；假如我們視勞力為揉合的活動，那麼我們就只能有揉合的活動及最後的合成品兩個元素，而沒有被用以揉合的東西。米勒斷定揉合比喻（mixing metaphor）確實只是一個比喻而已，它並不能給予我們一個有力的論證，證明勞動者應該擁有被他／她的勞力所加諸的物件。

　　米勒認為他反而可以用應得概念去重構洛克的財產取得論，並引用洛克提出的想法來支持其論點。上帝將世界給予「勤奮及理性」的人，而勞力帶來的痛苦，亦因為勞力讓價值加諸於各種製品。據此而論，米勒認為各人應該得到由其勞力所生產的，因為這些產品是勞力的合理酬勞，也是取得財產的論據。米勒指出若然他的重構比較合理，諾錫克的所得正義論就會受到嚴重的破壞。首先，若要建立取得原則必須引用應得這意念；其次，既然應得原則可以用來判斷原始取得中的分配正義，那麼諾錫克就沒有理由反對應得意念可以用來判斷資源轉移的分配正義，換句話說，要建立轉移原則也必須引用應得意念（Miller, 1989a: 59ff）。米勒的想法是一旦應得原則成為判斷正義的原則，我們沒有理由反對應得可以作為評斷整體分配型態的正義原則。若接受米勒的論點，諾錫克式的全面型程序正義論是很難成立的。然而，我們可以提出有力的反駁。

　　瓦特朗及米勒假設揉合比喻若要成立，就必須要視勞力同時為揉合的活動及被用以揉合的東西，這是值得商榷的。勞力與蕃茄汁不同，並非有形的物質。上述的「當我擁有 X，將 X 與 Y 揉合起來（Y 沒有被擁有過），我因此而擁有 Y」應改為「當我擁有 X，將 X 與 Y 揉合起來（Y 沒有被擁有過）成為 Z，我因此而擁有 Z」，原因是 Y 已經改變，不再是 Y。Z 與「X 加上 Y」是不一樣的，不一樣的地方就是勞力的貢獻，勞力並非揉合的活動而是透過揉合的活動所加諸於被改造的東西的一項元素。

　　即使我們對瓦特朗及米勒的反駁並不完善，在此我們不須就這一點再作討論，原因是洛克式的財產取得論最大的問題是我們為何可以利用 Y？換句話說，我們為何能假定 Y 沒有被擁有

過，而不是假定 Y 是全人類共有的？米勒的重構亦沒有處理這一個問題。這反而是全面型程序正義論所面對的最大挑戰，可是諾錫克的理論也沒有提出明確的解釋。米勒對諾錫克的理論的另外一個批評是諾錫克在不具批判性思考的情況下假設資本主義下的私人所有制的合理性，並認為這削弱他的正義論之說服力（Miller, 1989a: 53-54）。不過，十分有趣的是，諾錫克似乎並不排除公有制，他認為不管是鼓吹私有財產者還是鼓吹集體財產者都需要提出有關財產起源的論說（Nozick, 1974: 178）。

另外，米勒認為因為他的重構能處理弔詭的狀況，所以要比洛克原初的想法優勝。他並舉出一個例子作出說明：有一個人 A 砍了一棵樹，另外的一個人 B 經過，並把這棵樹製成一首木伐（Miller, 1989a: 55-56）。米勒認為洛克原初的理論沒有辦法處理這個狀況，因為 A 跟 B 對那棵樹都有絕對的擁有權，故而無法斷定是 A 還是 B 擁有木伐。米勒認為若引用他的重構則沒有問題，因為 A 跟 B 的所得應按其分別的貢獻來決定。不過，從洛克的角度看，我們很難認同米勒的想法。

假設 A 在沒有違反洛克限制條件下運用勞力砍下那棵樹，那棵樹就是她的，B 在沒有 A 的同意下改變了樹是侵犯了 A 的財產權。[15] 米勒的重構並不見得比洛克的想法優勝。當然假如 A 事先同意與 B 合作製造木伐並將其所得按協議分配，那麼應得也許有其扮演的角色，但亦只是在協議的規範內。這反而顯示自

---

[15] 正如一個釣客從海裡釣到一條小石斑後跑去上洗手間，在旁邊燒烤的高中生將魚拿走並把它烤熟，釣客回來後與他們發生爭執，我相信大部分人會認為魚是屬於釣客的。當然，在砍樹的例子中，被砍的樹若是被認定為遭遺棄則另作別論。

由約定的重要性，而自由約定是洛克式理論的主旨，也是諾錫克理論的精髓。

（二）自由約定與轉移原則

自由是諾錫克式全面型程序正義論的基礎，亦是轉移原則中隱含的核心元素。簡單來說，對諾錫克而言，只要整個過程按照自由約定完成，程序就是正義的，故而結果亦是正義的。米勒在《市場、國家與社群》中沒有討論這方面的議題，但在《社會正義原則》中則深入討論自由約定（free agreement）或自願同意（voluntary consent）能否成為程序正義的原則。

米勒正確地指出，自由約定在兩個情況下有可能被確立為程序正義的原則（Miller, 1999a: 103）。第一，自由約定本身就是一個程序，個人在市場上的交易，只要交易是自由的，程序亦就是正義，故而結果也是正義。第二，我們可以透過自由約定去訂立一個程序去處理事情，自由約定本身並不是程序。經過自由約定所訂立的程序卻是正義的，而經過這個程序所得到的後果就是正義的。

米勒所批評的是我們可以自由地同意一些違反程序正義及／或實質正義的過程。他列舉兩個理由，第一是缺乏資訊，在賣方不提供足夠資訊的情況下，即使買方自願進行交易，該交易也是不正義的，這個論點的爭議性不大。第二個理由是不平等的討價還價能力，這與剝削觀念有關。剝削出現在不正義但雙方自願的交易中，米勒認為，假如其中一方亟需某一些物件，因而同意以較高的價格去跟另外一方購買，這就造成剝削。

　　米勒認為若要認定某一交易是否牽涉剝削，我們要釐清當中是否同時滿足兩個本質上的條件：第一，交易條件偏離競爭平衡時會出現，對交易的其中一方（亦即是剝削者）有利的情形；第二，交易條件的偏離是由於交易的其中一方（亦即是剝削者）原來就擁有的優勢，這個優勢可能與資訊或討價還價的能力有關（Miller, 1989a: 193）。為什麼這個狀況構成不正義？程序正義論者會認為在不平等討價還價的能力下所作出的交易，根本就不是真正自願的交易。米勒意識到這是一個有可能的回應，並認為雖然在某些情況下這是可以接受的，但是這會造成何謂自由約定將由何謂正義結果來決定（Miller, 1999a: 104）。程序正義論者不會同意米勒的看法，並會指出何謂正義結果應由何謂自由約定來決定。米勒必須提出正面的論據以支持剝削乃不正義。下一節將會指出米勒將剝削與應得原則連結在一起，而在剝削的情況下，我們得不到應得的，因此是不正義的。

　　米勒的立場是自由約定在判斷程序正義上只扮演次要的角色，他指出：

> 舉例來說，假設我們按照**正義的要求**將一系列的資源作出了分配。如果人們決定在互相同意下將該等物件交換，從自由的角度（人們應該有自由以她們喜歡的方式運用透過正義方式分配給她們的東面）及效率的角度（人們可以將一些對自己不太有用的東西去交換一些對自己比較有用的東西），這是合理的。這些在互相同意下交換所展示的好處超過偏離正義的些微差別，正面來說，新的結果談不上是公平的〔或正義的〕，**但由於**

過程中的自願性，不公平的地方是可以被抵消（Miller,
1999a: 104-5；作者加上粗體）。

　　從引文中可以看出米勒並沒有將自由約定完全與正義脫鉤。
米勒意圖論證，在理解什麼是正義程序上，自由只能扮演次要
的角色（Miller, 1999a: 105）。問題是假如自由只能扮演次要的角
色，為何自由可以如引文中所說「抵消」不正義？米勒沒有進一
步解釋。不過，他的一個重要想法是從「正義的要求」引伸出來
的結果正義考量限制了自由的程度，因為較大幅度地偏離正義是
不能接受而必須糾正的。全面型程序正義論者反對這種說法，並
認為假設原初正義已確立，單靠自由約定為標準就能決定其後的
轉移是否正義。米勒必須提出什麼是「正義的要求」，亦即是說
什麼是判斷結果的正義原則，並證明這些原則能對一個分配型態
是否正義作出確切的判斷。

　　值得注意，米勒跟放任自由主義者的分歧似乎是平等與自由
之間的衝突，其實不然。在米勒的理論中，平等並不是用來分配
經濟資源的原則，而是確保每個公民有平等的政治與公民權利的
原則（Miller, 1999a: 30）。從米勒的角度出發，需要原則及應得
原則是分配經濟資源的原則。我們稍後在下一節指出應得原則實
際上不能對結果正義作出確切判斷。假設我們這個批評具有說服
力，那麼按照合理的推敲，所謂「較大幅度地偏離正義」並不能
以應得原則作出確切的判斷。因此，用以限制自由的原則應該是
需要原則而非應得原則，亦即是說，在基本需要得到滿足的前提
下，市場自由運作是可以容許的。米勒反對自由約定乃程序正義
的原則，但是由於應得原則無法對市場運作下的結果正義作出確

切的判斷，他必須提出對程序正義的看法。面對程序正義論的挑戰，他同意我們必須認真地對待程序正義。下一節第一部分將論證米勒的理論從全面型結果正義論演化成混合型正義論。

　　混合型正義論的最嚴重的問題是既然程序與結果正義在邏輯上是獨立的，那麼應如何釐清程序與結果孰先孰後，到底是程序還是結果主導？另外一個問題是當程序與結果正義相衝突的時候，將如何解決？相對來說，在全面型程序正義論中，由於程序與結果正義在邏輯上並不是獨立的，這兩個問題似乎都不是難題。若要確立其正義論的優越性，米勒必須能妥善處理這兩個問題，下一節的第二及第三部分會分別探討米勒的理論在處理這兩個問題上的困難。

五、米勒的混合型正義論

（一）結果正義與程序正義原則

　　在前期著作《社會正義》中，米勒指出社會正義關注利益與負擔的分配結果（Miller, 1976: 22），並強調在一個正義的狀態中每個人都得到應該屬於他的利益與負擔（Miller, 1976: 20）。當時米勒所建構的是結果正義論，社會正義的目的是要達至正義狀態，而大家之所以獲得那些利益與負擔是由於個人的不同特性及環境（Miller, 1976: 20）。社會正義論的目標是找到用以判斷正義狀態是否出現的原則。基本上，他當時沒有談論程序本身的正義性。然而，對米勒前期的正義論而言，諾錫克的程序正義論無疑

是一個挑戰，亦間接令他不得不在稍後的著作中認真地對待程序正義。不過，認真對待程序正義並不等於要接受程序正義論。

在較《市場、國家與社群》中，米勒仍然反對程序正義能獨立於結果正義的看法。他的意思是關於程序正義的討論必須包括在社會正義的討論裡。全面型程序正義論者不一定會反對這個看法，只是認為程序正義就是社會正義，而大家在考慮社會正義時只要考慮程序正義。這個想法意味某些程序或過程有內在正義性，可是，米勒當時不贊成這個想法（Miller, 1989a: 70-71）。

一方面，米勒同意程序也許有一些與結果無關的內在特質是值得稱許的，因此我們不能將程序正義完全化約成結果正義（Miller, 1989a: 70 n.34）。但另一方面，我們要按結果來考慮如何安排及設置程序。米勒的看法是就程序正義的判斷而言，不能單單討論程序本身的特質，更要觀乎其帶來的結果。據此而論，若要對程序的正義性作出判斷，結果正義跟程序特質都是必要考慮的元素。

在中期的《社會正義原則》中，米勒重申程序正義不能化約成結果正義這一點，並明確指出程序正義有其自身的價值（Miller, 1999a: 15），他更進一步指出，程序是否正義完全依靠用以評斷程序的獨立原則來斷定，不須考慮結果是否正義。很顯然，這個立場與《市場、國家與社群》中的想法不盡相同。米勒認定獨立於結果以外的程序正義考量確實存在（Miller, 1999a, 94）。[16] 不單結果有獨立的評斷原則，程序也有獨立的評斷原則，

---

16 原文：“there is indeed a justice of procedures that can be identified independent of the outcomes to which these procedures lead.”

亦即是說，他所提倡的是混合型正義論。若要更瞭解為何程序正義完全依靠用以評斷程序的獨立原則來斷定，我們必須先要瞭解用以分別評斷結果及程序正義的原則。

在《社會正義原則》中，他仍然強調正義論所關注的重點是分配結果，亦即是「不同個人在任何時間享受各種資源、益品、機會或所得的一個狀態」（Miller, 1999a: 93）。米勒對分配結果的理解相當廣泛，當中可以涉及國家層面的分配，如某一個國家中在任何時間裡財富的整體分配，亦可以是範圍較窄的資源分配，如某地方的某種病患者所接受的治療種類及次數的分配，也可以是在非常具體的範圍及時間中的分配，如牛津大學在 1998 年頒授的學位所附帶的榮譽之分配（*Ibid.*）。根據米勒的理解，需要、應得及平等原則是用來評斷結果正義的標準。

米勒認為正義論必須妥善處理日常性的正義意念（ordinary ideas of justice）如：需要、應得及平等。另外，民眾採用什麼正義原則依賴於他們如何理解他們各人間的關係，故此，不同的原則運用在不同的系絡（context）（Miller, 1999a: 25ff）。這些都是米勒的理論中的重要意涵，反映米勒對真實生活的關注，我們會在第三及第五章深入討論之。

至於評斷程序正義的獨立原則，米勒提出四項：〔形式〕平等對待（[formal] equal treatment）、資訊準確（accuracy）、過程公開（publicity）及慎保尊嚴（dignity）（Miller, 1999a: 99-101）。支持以上四個程序原則背後有一個非常重要的道德考量，亦即是「對人的尊重（respect for persons）」（Miller, 1999a: 102），但米勒並沒有深入地討論這個道德理想，我們在此亦不必對此理想作出深究。與我們的討論相關的議題是基於需要、應得及平等的結果

原則以及基於平等對待、資訊準確、過程公開及慎保尊嚴等的程序原則兩方面之間的關係。

在中期的《社會正義原則》中，米勒提出程序正義不單只有工具上的價值，而這個想法得到實證上的確認，也即是說民眾在現實中對分配正義的看法受到程序的影響比受到結果的影響為大（Miller, 1999a: 102）。此立場跟他在前期的《社會正義》中的想法剛好相反，當時他認為當民眾討論分配正義時，所關注的是展示每人所得的分配結果而不是過程（Miller, 1976: 45）。米勒的想法之所以不一樣是因為他前期論述中的立場只是臆測，而中期的立場則有實證研究的支持（Lind and Tyler, 1988; Miller, 1999a: 102）。

米勒指出程序正義的價值處於一個比它所帶來的正義結果更高的位置（Miller, 1999a: 102）。[17] 據此而論，判斷程序是否正義不必考慮它會否導致結果正義。米勒認為，遵守前述四個程序原則會趨向去改善結果正義，但他對此沒有作進一步解釋（Miller, 1999a: 102）。不過，米勒認為滿足以上四個原則的程序就是正義的程序。這似乎意味程序的考量是首要的，結果則是次要的。然而，米勒卻又明確指出其理論的重心在於結果：「最後分發給個人的資源所呈現的分配狀態是優先的考量，達至該分配狀態的機制卻是次要的考量」（Miller, 1999a: 105）。在結果與程序孰先孰後的議題上，米勒的想法似乎是不一致的。下面的討論探析米勒可以如何化解這不一致性。

---

17 原文：“procedural justice is a value standing over and above the justice of the results it achieves.”

（二）混合型正義論

按照前面的分析，若要建構混合型正義論，必須運用不完美正義觀念：（1）程序正義與結果正義在邏輯上是獨立，（2）經過一個過程後，後果已經出現，而我們（i）在原則上可以但實際上不可以確定該過程滿足程序正義原則的要求，亦（ii）在原則上可以但實際上不可以確定後果滿足結果正義原則的要求。這兩點是混合型正義論成立的必要條件。我們剛剛探討了第（1）點，若要理解米勒理論之獨特性，必須進一步探討第（2）點。

讓我們先逐一瞭解前述的四項程序正義原則。第一，平等對待原則認定一個公平的程序要求每位有資格獲益的人受到形式的平等對待。米勒認為這意味形式平等（formal equality），並展示對個人訴求的尊重，讓其免受程序執行者的偏好或偏見所影響，這亦反映出程序正義對遵行規則的重視（Miller, 1999a: 99）。在最理想的情景下，執行者都兼公辦理，不偏私亦不歧視。然而，一般而言，在真實的社會環境下，在經過一個過程後，當後果已經出現，我們都不能確定執行者有否兼公辦理，因而不能確定整個程序在實際運作上有否符合平等對待原則。

第二，資訊準確原則認定一個公平的程序必須準確地呈現及運用所有跟分配有關的資訊。米勒認為漠視準確資訊的捷徑措施都是不公平的，原因是這些措施忽視個別人士真正的訴求。他強調大家不單希望有正確的結果，亦冀盼結果是由正確的方式產生，過程當中必須考慮所有相關事實（all the relevant facts）（Miller, 1999a: 100）。按照米勒的想法，這似乎不單牽涉資訊的準確性，還有其充分性。然而，資訊的準確性及充分性是按程度

而言，在一般的情況下，我們無法完全確定資訊的準確性，另外，由於時間的限制，往往在無法確定資訊的充分性下就必須執行程序。

第三，過程公開原則認定公平的程序必須是公開的，當中所使用的原則及標準以致其背後的理念都應該公開宣示，讓所有相關人士知悉及瞭解。在這個前提下，利害相關者也許不樂見負面結果，但會同意即使他們自己是程序執行者，結果也會是一樣（Miller, 1999a: 101）。要獲取相關資料依賴接收資訊的工具，每位利害相關者能否確切得到所需資料是一個很大的疑問。即使得到所需資料，能否正確理解該等資料也是一個疑問。因此，要確定程序滿足過程公開原則實際上有很大的困難。

第四，慎保尊嚴原則認定公平的程序是不會讓民眾受到侮辱或要求其進行沒有尊嚴的行為。米勒認為最典型的情形是民眾需要透露其私人資料方能獲取指定的利益（Miller, 1999a: 101）。個人尊嚴固然是十分重要的價值，可是，在程序執行的過程中，要實際上辨別尊嚴有否被侵犯是相當困難的，最重要的原因是任何有關尊嚴被侵犯的判斷都難有十分客觀的標準，必然是具有爭議性的。

綜合上述關於四項程序正義原則的討論，經過一個過程後，後果已經出現，雖然在**原則上可以**確定該過程同時滿足四項程序正義原則的要求，但是**實際上是不可能**。接下來，讓我們討論結果正義原則。

米勒認定需要、應得及平等是應用在結果上的原則（applies to outcomes），他強調當詢問到底民眾有否得到所應得的、所需要的以及平等權利時，大眾所關注的是分配結果（Miller, 1999a:

93-4）。[18] 在米勒的理論裡，需要、應得及平等三項原則具有評斷功能。那麼到底在什麼意義上是「原則上可以但實際上不可以」確定後果滿足結果正義原則的要求？這要按照諾錫克的架構去逐一理解，需要、平等及應得三項原則在米勒理論中的性質。需要原則乃型態化原則，如何應用此原則視乎個人狀況。米勒首先認定人在生理上有其基本所需，繼而指出生理上的基本所需以外的一些個人訴求能讓大家享有「最低程度上得體的生活」（minimally decent life）（Miller, 1999a: 207ff）。米勒明確地指出需要這個概念的客觀性與科學概念的客觀性並不相同，在不同的政治社群中，大家總是可以找到「跨越個人的合理根據（interpersonally valid reasons）」來支持部分的要求乃真實的需要，這提供了足夠的客觀程度（Miller, 1999a: 212）。需要原則同時是非歷史性原則，原因是在運用需要原則時，我們不是考慮某人過去的行為而是他作為一個獨特的人的需要。

值得注意，什麼是最低程度上得體的生活則視乎不同的人而定，而米勒承認個人的具體需要都與別人不同，如教育資源，各人的所需有一定的差異（Miller, 1999a: 211）。既然如此，我們原則上可以但實際上不可能確認不同人的需要，即使實際上可以確認不同人的需要，亦無法追蹤其不時的變化。故此，我們實際上也無法判斷分配情態是否滿足需要原則。

---

18 原文："it is evident that the three criteria of social justice… [need, desert, and equality] applies to outcomes. When we ask whether people have what they deserve, or what they need, or have equal rights, we are looking at a final result or end-state in which people securely enjoy certain material or nonmaterial benefits."

　　平等原則是非型態化也是非歷史性的原則，米勒所運用的平等原則是用以分配公民權利與自由。每個人都屬於政治社會的一份子，任何公民都有一系列的權利和義務。由於每個人都擁有相同公民的身分，故此應該得到相同的公民自由與權利以及享用政治社群所提供的各種服務，任何人的公民自由及權利若被侵略或剝奪將淪為二等公民（Miller, 1999a: 30）。

　　米勒的想法是平等不能直接主導如何分配物質資源。他提出在兩個罕有的情況下，我們才可以考慮平等分配物質資源（Miller, 1999a: 236）。第一，在跟分配相關的特徵上，當接受利益的人之間沒有不一樣的地方時，我們應該以平等為分配原則；例如，上天掉下來的食物（manna from heaven）。第二，當我們沒有足夠的資訊或證據或計算技術，無法決定如何分配時，平等分配是最接近正義的要求；例如，群體合作下的成果。對米勒而言，這兩種情況有別於市場的狀況，原因是在市場中，一方面，每個人的貢獻可以清楚確定，另方面，大家都有足夠的資訊或證據或計算技術來決定如何分配，因此，平等原則並不是應用於評斷的資源分配的原則，應用在市場交易的是應得原則。

　　根據米勒在《社會正義原則》中的想法，平等原則是用以分配公民權而不是用來評斷物質分配的正義性；另外，需要原則充其量只是一個作為對市場運作的限制的前提。因此，在評斷物質分配的結果上，最重要的是應得原則。

　　應得原則是米勒十分重視的正義原則，他強調：「正義要求很多的社會資源基於應得原則來作個人的分配」（Miller, 1999a: 248）。米勒所倡議的應得原則是型態化原則，而關乎應得的判斷都有一定的形式：某行動者 Q 基於活動或表現 P 應得某報酬

R。應得原則也是歷史性原則，因為在運用應得原則時必須考慮某人過去的行為。關於應得的討論範圍甚廣，米勒的討論焦點放在經濟應得上。經濟資源的分配是最具有爭議性的，米勒提出社會正義的重要議題是經濟應得（economic desert），亦即是因生產所應得的報酬（Miller, 1999a: 248）。

　　米勒的想法是一個人的應得與她所付出的對社會的價值（value of a person's contribution to society）有直接的關係，而這價值是以其生產的產品的市場價值來判斷，並以競爭平衡時的價格來作為參考標準。個人付出對社會的價值就是在趨於競爭平衡時的價值，趨於競爭平衡時的收入則成為判斷個人應得的標準。回到前述米勒對剝削乃不正義的看法，我們現在可以更瞭解米勒的想法。交易者若是在均衡價格進行交易，她們之間就沒有剝削存在（Miller, 1987: 161-2）。在這個情況下，正義結果就會出現，原因是每個人在交易中的所得就是其應得的。米勒實際上將應得、剝削及均衡價格綁在一起。然而，我們可以用應得來判定正義的結果真的已經出現嗎？

　　讓我們看看米勒自己提出來的一個例子：一個計算機生產商因其他生產商加入生產的行列，他所賣的產品價格變得愈來愈低（Miller, 1989a: 166）。從一個競爭平衡的價格跌至另一個競爭平衡的價格，因此，他的應得亦隨之減少。可是，我們沒有辦法基於應得的考量來評估社會上的分配狀況是否正義，因為市場在現實中無法達到競爭平衡。即使某一種產品可以達到競爭平衡，我們也無法知道是什麼時候。更嚴重的是，就算一類產品的價格達到平衡，另一類產品的價格不一定在價格平衡的狀態中。從整個社會的層面看，我們實際上沒有辦法基於應得的考量來評估社會

上的整體分配狀況是否正義。據此而論，在米勒的例子中，我們無法判斷生產商的收入是否其應得。更重要的是，我們對其員工所得是否其應得亦難以判定。

　　儘管我們將情況簡化，只關注自僱者，如私人執業的醫生及水管工匠，也難以對他們的所得是否應得作出定奪。尤其要注意的是，米勒自己同意在應得的判斷上是沒有辦法作出特定的（specific）及非比較性的（non-comparative）判斷（Miller, 1999a: 154），他舉例說：「我們關於應得的直覺的強度不足夠讓我們為醫生或水管工匠的應得給予確切的數字（Miller, 1999a: 249）。」米勒的想法是當我們聲稱 A 基於 P 而應得 B，我們很難在不比較其他有相同特性的人在類似的環境下的所得而作出以上的判斷。簡單來說，這是同工同酬的想法，但這只是一個形式平等的想法。假如 C 基於 P 得到 B，A 基於 P 亦應得到 B，但為什麼 C 基於 P 應得 B？這個想法意味著我們仍然無法判斷 A 或 C 是否應得 B。

　　另外，米勒承認行業之間的相對收入比例亦很難從應得概念作出推敲（Miller, 1999a: 153-4），例如在一個社會中的醫生收入是工廠工人收入的五倍，而在另一個社會中則是三倍。米勒承認在這個情況下，我們很難判斷哪一個收入差是比較正義的。既然是這樣，若要作出特定的及非比較性的判斷，我們實在無法評估市場運作所帶來的分配結果是合乎正義。當然，原則上來說，對工資作出比較性的判斷是可行的，但若然只將應得原則局限在比較性的判斷，那麼應得原則無異於同工同酬原則。即使接受應得原則乃比較性原則，要對各人是否得到其應得作出確切的判斷，實際上還是十分困難的。我們必須瞭解每個人的工作性質，

亦要知道各人實質的付出才能作出比較。以上述諾錫克的分析架構來看待米勒的正義論會出現一個有趣的結果，就是無法概括地說他的理論是型態化還是非型態化理論，又或者是歷史性理論還是非歷史性理論，原因是應得、需要及平等三項原則分別有不同的特性。不過，假如單單就物質資源的分配來說，只有應得及需要兩項原則比較具有相關性。這兩項原則都是型態化原則，雖原則上能確切判斷個人所得是否其該得，但實際上則是不可能的。

如前所述，在分配正義的考量上，羅爾斯認為運用純粹程序正義的好處是大家不必處理變幻無窮的處境及個人不斷變化的狀況，而只須關注基本結構（Rawls, 1999a[1971]: 76[87-8]）。米勒同意「什麼是正義分配並不是靜態的：民眾所得、應得及需要隨時變動，而正義分配的模樣亦會隨之變動」（Miller, 1999a: 94）。羅爾斯運用純粹程序正義的背後假設就是，即使我們能找到評斷結果的正義原則，也不能對結果作出確切而不具有爭議性的判斷。米勒不能忽略這一點，當他提及「正義分配的模樣」時，似乎並非指涉鉅細靡遺的個人所得狀況，而是大概的模樣。

有論者可能會從羅爾斯的觀點出發去質疑混合型正義論，假如**實際上不可以**確定後果滿足結果正義原則的要求，那麼社會正義論的功用則大打折扣。不過，社會真實環境並非理想，在這種環境下，我們只能冀盼趨向正義的狀態而不是完美的狀態。我們不可忽略羅爾斯本人在運用純粹程序正義觀念時，亦不能貿然假設**不單在原則上可以，甚至在實際上亦可以**確定該過程滿足程序正義原則的要求，羅爾斯並沒有深入討論這一點。可是，假如接受上述對程序正義原則的分析，那麼就很難想像在真實情況下，他可以確定過程滿足程序正義原則的要求。當然，若沒有民眾就

程序正義作出申訴的話，我們是有理由假定過程大致上滿足程序正義原則的要求。

　　米勒不必假定我們實際上可以對分配狀態的正義性或過程的正義性作出確切之判斷。事實上，米勒並不冀盼最理想的狀態，他指出我們的目標是認定正義的資源分配狀態大概是如何，然後找出一項最有可能達到最接近該狀態的程序（Miller, 1999a: 107）。[19]正義論的關注點是透過各種原則規管資源的分配（Miller, 1999a: 14）。應得用以指引如何設計分配機制或對已有的分配機制作出恰當的調整（Miller, 1999a: 140），而需要原則亦可用以導引分配機制（Miller 1999a: 205）。我們運用應得與需要原則在眾多合乎程序正義的程序中選擇對結果正義最有幫助的程序。

　　面對程序與結果孰先孰後的問題，現在我們可以理解為何在米勒的理論中，資源的分配狀態是優先的，而分配機制卻是次要的。米勒的意思是，決定選擇什麼程序的時候，我們不得不考慮所追求的結果。雖然程序正義是獨立於結果正義，但是這並不代表我們可以隨意地選擇正義的程序，而是要找一些最有可能引至正義結果的程序（Miller, 1999a: 94）。同時，假使我們嘗試透過直接扭曲程序而尋求社會正義，最後很有可能造成更多的不正義（Miller, 1999a: 106-7）。米勒舉出一個例子，一所學校的一位入學考官，為了補償貧窮學生的不利背景而多加分數，這樣對其他考生不公平。除非是學校的整體政策，否則這種做法是不當的。

---

[19] 原文：" our aim would be to identify what a just distribution of the good in question would look like, and then discover the procedure that is likely to get us closest to that outcome."

簡單來說，選擇程序不能不考慮結果正義，而在追求結果正義中不能顧及有否違反程序正義。關鍵在於即使對改善結果正義沒有幫助，所有的程序都應該要滿足四個程序原則之要求。

　　總結上述之分析，米勒所提出的正義論屬於混合型正義論。我們先運用應得、需要及平等三項正義原則來勾劃正義的分配型態，繼而透過主導分配機制的設計及改善，從而導引分配型態的變化趨向正義的要求，在追求結果正義的同時不能違反程序正義。問題是假如違反程序正義能有助於達至結果正義，又或者在追求結果正義時不得不違反程序正義，那會如何？混合型正義論認定程序正義與結果正義在邏輯上是獨立的，這正是它的特色，但亦因此而容許程序正義與結果正義衝突的可能性。

（三）程序正義與結果正義的衝突

　　米勒指出在某些情況下，程序正義與結果正義確實會互相衝突，並要視乎狀況判斷應該成全那一方，但這並不代表正義論必須選擇其中一方而排除另一方，而他隨即提出三種狀況（Miller, 1999a: 94-5）。他認為在這三種狀況下，正義或公平的程序不會帶來正義結果。

　　第一種狀況是認知上的錯誤（cognitive fallibility），程序的運作需要負責執行程序的人對申請人作出判斷，由於判斷必然帶有不確定性，因此，該程序不能引至它原來設計的應有結果。可是，米勒沒有說明什麼是原來設計的應有結果。假如在判斷上的不確定性是源於判斷的主觀性，那麼我們原則上就不可能知道應有結果有否出現，而只能依靠對程序正義的判斷。這是純粹程序

正義所要處理的狀況，而並不是所謂判斷上可不可能犯錯的問題。米勒自己所舉的例子更能印證我們的批評之合理性，在該例子中，假設大學入學考試並不是純粹技術性的或機械式的，而是需要考官對不同應試者的作品做出比較性的評估，由於考官不一定一直都作出正確的判斷，學校所接受的學生並不是最有能力的。我們的質疑是，如何評估考官有否作出正確的判斷？如果考題必然牽涉主觀的判斷，那麼我們無從評估，而只能查證考官是否按程序辦事；如果考題牽涉客觀的判斷，而考官違反了客觀標準，那麼不管她有否按程序辦事，她是違反了結果正義。不管是前者或後者，都並沒有程序正義違反結果正義的問題。

第二種狀況是當程序以外的背景條件對最後結果產生影響。米勒舉例說明：一位醫生按病人需要分發藥物，讓每個病情相若的人有同樣的機會痊癒；不過，痊癒率受環境影境，如病人的飲食習慣及居住環境等，這些是醫生不知悉的背景條件，因此，公平的程序不能產生原定的正義結果。米勒的意思是，不同的人有不同的痊癒程度，因而是不正義的結果。我們的質疑是，分配正義的目的並不是確保每位病人最後都一樣健康，而是確保能公平地分配藥物或治療。弔詭的是，米勒本人在另外的段落中認為正義論所要關注的並不是福祉或快樂本身，而是有助獲得福祉的媒介（Miller, 1999a: 7）。[20] 就上述例子而言，正義論所應該關注的是，病人有否獲得需要的藥物或治療，而不是他們的痊癒速度是否相同，只要病人都獲得所需藥物或治療，正義就得到彰顯，並

---

20 原文："Social justice has to do with the means of obtaining welfare, not with welfare itself."

沒有程序正義違反結果正義的問題。

　　另外，米勒指出若一個程序針對個人層面上無關的特徵，那就會造成結果上的偏差。他認為假如（英國或美國的）大學使用英語測驗作為入學考試的一部分，這對以英文作為第二語言的少數族裔學生不公平。可是，公平與否要視乎如何安排，假如大學只要求一個最低標準作為門檻，這似乎無可厚非，原因是英美大學乃英語授課。

　　第三種狀況是當結果是由兩項或更多的個別程序所共同產生的。米勒用了兩個例子來說明，第一個例子是：兩所鄰近的醫院採用同樣的標準選擇輪候某種手術的病人，由於兩所醫院的處理數量及速度不同，因此病人輪候的時間不一。米勒認為，雖然從個別醫院的角度看，結果（即輪候的時間）是正義的，但是從整體地區的角度看，這會對其中一所醫院的輪候的病人不公平。這是一則關於排隊輪候的典型例子，面對兩條人龍，一般人的做法是選擇比較短的一條，假定處理的速度相若，兩者長度趨向一樣，但若處理的速度有差距，則排隊的人會自行決定是否轉換。為何輪候時間上的差異會構成不正義？米勒的想法應該是先到先得的考量。然而，即使這是正義的問題，亦可透過改善整體程序來解決。例如，在眾多需要輪候的場合，輪候的人現在都是先掛號以確保先到先得。至於上述例子中的不公，只要改善整體程序就能解決，例如找出一個機制共同處理兩所醫院的輪候病人便可有效確保先到先得，而不會產生程序正義違反結果正義的問題。

　　米勒的第二例子是，有一對失業的雙胞胎兄弟，依靠政府援助過活，其中一人後來找到工作，因而失去部分政府援助，而他的每月所得與沒有任何工作的那位兄弟的所得相若。即使僱主與

政府機構都運用公平的程序，米勒認為比較兩人的狀況，大家會認為結果是不正義的。當然我們會同意有工作跟沒有工作的人擁有相若的所得是不正義的，不過，我們所質疑的是，僱主或政府對此狀況似乎必須負上責任，不是僱主給的工資太低，就是政府給的援助太高。從米勒本人的理論看，我們要先設想正義的結果是如何，然後再運用最恰當的程序。可是，假如政府所設想的是上述例子中的情況，選擇什麼程序或機制都會違反分配正義。假如這狀況根本不是政府所設想的，那麼就應該先找出什麼才是，然後尋找最恰當的程序。這樣的話，就不會有程序正義違反結果正義的問題了。

綜合以上的討論，我們並非反對米勒認為有可能出現按公平程序做事不會帶來正義結果的說法，只是在上述第一和第二種狀況的例子中，我們看不出來。即使在第三種狀況的例子中出現按公平程序做事不會帶來正義結果，這亦並不如米勒想像會出現程序與結果正義之間的真正衝突。從米勒自己的角度看，這是可以透過改變整體程序來解決。如前所述，結果正義原則的其中一項作用是規管程序，透過改善程序而讓其促進正義的結果。

程序正義與結果正義之間的真正衝突在於，當我們追求程序正義時必然損害結果正義，或者是當追求結果正義時必然損害程序正義。前述的例子都不屬於真正衝突。當真正的衝突出現時，我們會陷入進退維谷的狀態。米勒似乎非常清楚陷入進退維谷的可能。由於程序正義與結果正義是獨立的，其中一方不能引伸自另外一方，故此出現不清楚應該伸張程序正義還是結果正義的進退維谷狀況，米勒並提出兩個例子加以說明（Miller, 1999a: 97-8）。

117

　　第一個例子引用電影《被告》的內容，一名女子被三名男子強暴，但除了受害人外，沒有其他人願意作證，控方律師在沒有獲得受害人的同意下跟被告在還沒有出庭前私下談判，要求三名被告承認襲擊傷人，結果是三人同意承認襲擊傷人，其刑期等同犯強姦罪的刑期，審訊亦因此結束。米勒認為，雖然以最終的刑期來看，由於最後的判刑等同犯強姦罪的判刑，結果是正義的，但是控方律師在沒有得到受害人的同意下與被告達成協議是侵犯了受害人的尊嚴，雖則三名被告受到應得的懲罰，但卻違反程序正義。在仔細的思考下，我們會質疑結果正義並未有出現，因為三名被告所得的罪名是襲擊傷人而不是強姦，雖然刑期一樣，但是判刑的原因差別太大，真相根本沒有大白，將這狀況說成乃結果正義是值得商榷。不過，這個例子反映程序及結果在法律正義與分配正義的討論中引起不同考量。米勒認為這是程序正義與結果正義的衝突。不過，若要論證這是真正的衝突，米勒必須指出，按照正義程序必然導致不正義結果，或追求正義結果必然破壞程序正義。

　　在上述的例子，米勒指出經過正義的程序不一定保證有最大的機會出現正義的結果，原因是由於缺少證人作證，三名被告可能會獲判無罪（Miller, 1999a: 98）。米勒忽略這一點正是此例子的盲點，只有在電影鋪陳下，我們才會確定三位被告真的有犯罪。可是，如前面討論羅爾斯的審訊例子時指出，在真實審判案例中，我們不能完全確定被告有罪，亦根本不能假定三個被告真的有罪，也不會如電影中確切知道「真相」，這亦是不完美正義的重要意涵。按照不完美正義觀念來處理，若果過程滿足程序正義原則，而法官依證據宣判有罪，那麼我們只能說有足夠理由相

信被告有罪。任何有關審訊的真實案例所展露的是不完美正義，而不是程序正義與結果正義的衝突。

在第二個例子中，米勒假設有一批共 N 個捐出來的腎臟有待移植到有需要的腎病患者，但患者的數量比腎臟的數量大。患者的年齡介乎二十至四十歲，而愈年輕的患者有愈高的移植成功率。面對供不應求的狀況，米勒認為有兩個程序可供選擇，其一是按出生日期排序，將腎臟分給 N 個最年輕的患者，其二是採取抽籤方式將腎臟分予被抽中的病患。米勒認為假如只考量結果正義，大家會選擇前者；若只考量程序正義，大家會選擇後者。

我們必須指出，這個例子並不能表達程序正義與結果正義的衝突，它所牽涉的是，到底要以純粹程序正義還是純粹結果正義來處理這個狀況。採用第一種方式實質上是接受效益主義的考量，期待總體成功率較高的狀態出現。這亦等於是接受純粹結果正義，只要結果是正義的，程序亦然。假若不能對結果正義原則有共識，大家只能選擇純粹程序正義觀念來處理，按照形式平等對待這個程序正義原則來處理（c.f. Miller, 1999a: 99），只要抽籤的程序是正義的，結果亦然。

以上是米勒試圖闡釋程序正義與結果正義衝突所提出來的兩個例子。可是，根據我們的剖析，這都不是程序正義與結果正義的衝突狀況。當然，這並不是說程序正義與結果正義之間不會有真正的衝突，只是米勒沒有提出適切的探討。值得注意，米勒的例子集中在個別場境，這種做法有利於概念上討論，可是，社會正義所關注的應該是在社會整體上。米勒若要進一步發展其理論的這個面向，就必須更仔細探討各種機制的相互影響以及它們各自對分配狀態的影響。

假如米勒同意他的理論是我們所稱呼的混合型正義論，那麼即使有表面上的衝突，也並非一定不能解決。我們不妨最後為重構下米勒的正義論在實踐上如何運作做一個概括性的陳述：首先，我們在考量正義時，先找出按照應得、平等及需要原則來說，正義的分配型態大概是如何，然後試圖找出最合適的機制（Miller, 1999a: 107）；繼而探析這個機制能否大致上滿足四個程序正義原則，若答案是肯定的，接著就是看看在使用這個機制後，與預期的結果相差大概有多大；最後，視乎相差的大小考慮如何修正所採用的機制，並重新探析修正後的機制能否滿足四個程序正義原則；在必要時，整個流程重覆進行，直至接近預期結果。

六、結論

在社會正義論中，程序與結果的角色以致兩者的關係往往被忽略或模糊帶過。在討論個別正義論時，論者們都甚少注意其重要性。米勒是少數正視這個議題的論者，這反映在他對羅爾斯所提出的純粹程序正義等觀念及諾錫克的程序正義論的討論上。為了勾劃在不同的正義論中程序與結果的角色以致兩者之間的關係，我們以羅爾斯純粹程序正義等觀念為基礎，發展出一套分析架構，將正義論分為結果正義論、程序正義論及混合型正義論三大類別（見表四）。

表四　（作者自行分析及整理）

理論類別	型態	所接受觀念	程序與後果的關係	典範
結果正義論	全面型	純粹結果正義	結果正義與否決定程序正義	規則效益主義，拿爾遜的激進平等主義
	非全面型	不談程序正義	只要求滿足後果正義	行為效益主義
程序正義論	全面型	純粹程序正義	程序正義與否決定結果正義	諾錫克的所得論
	非全面型	不談結果正義	只要求滿足程序正義	海耶克的行為規則論
混合型正義論	不完美正義		程序正義與後果正義在邏輯上獨立	米勒的多元論

上面的列表並不一定是最完備的，原因是我們可以設想其他的分類方式。事實上，不是所有的正義論都可以被歸入以上的類別，羅爾斯的理論就是其中一個例子。不過，我們將大家較為熟悉的正義論歸類，並為更深入探討及比較這些正義論提供一個分析框架。更重要的是，此分類有助於研究米勒的正義論的發展，讓我們發現米勒正義論之獨特性。

透過以上的分析架構發現米勒的理論從前期發展至中期的過程中有明顯的轉變。自前期的《社會正義》始直至其後的《市場、國家與社群》都是屬於結果正義論。在《社會正義》中，程序的正義性完全視乎結果正義。在程序正義論以及實證研究結果的影響下，米勒不能不正視獨立於結果以外的考量下，他在中期的《社會正義原則》中提出獨立的程序正義原則，米勒的理論遂發展為混合型正義論。

　　另外，與其它理論相比，米勒的理論別樹一幟。混合型正義論建基在不完美正義觀念上，需要、平等及應得三項結果正義原則雖在原則上可以但在實際上卻無法讓我們確定正義結果真的出現，而涵蓋資訊準確等程序正義原則雖在原則上可以但在實際上亦無法讓我們確定過程是正義的。

　　儘管混合型正義論有待更進一步的發展，特別是在如何程序與結果正義的衝突上，然而它對社會正義論的發展有重要的意義。米勒的正義論有很多值得深入探討的地方，當中的系絡主義、多元主義、制度主義、國家主義以致社會正義方法論等相關議題都是相當重要的。若要完善混合型正義論，亦必須整合這些元素使其成為具有一致性的論說。

第三章
國家、制度主義與多元正義原則

一、前言

　　傳統左派似乎假設國家是完全操控分配正義的媒介，傳統右派則認為這個假設一定程度上反映在冷戰時期資本主義與共產主義之間的對立上。雙方所忽略的是其他制度的重要性。在眾多西方政治哲學家當中，羅爾斯與米勒是少數嘗試擺脫「國家是完全操控分配正義的媒介」這個假設的論者。[1]他們都同意除了國家以外其他制度對實踐社會正義有相當程度的影響。即使兩人所採納的進路不同，羅爾斯從自由主義立場切入而米勒則是從社群主義角度出發，兩人都是嘗試從制度入手處理社會正義的議題。羅爾斯的理論在國內外都得到相當廣泛的討論，即使就制度面向所作出的專論寥寥可數，可是論者們都或多或少對相關議題提出探討，因此本章並不會詳細討論羅爾斯的制度主義，反而是以米勒的理論作為討論對象。

---

[1] 羅爾斯的制度理論造成了很大的迴響，單單是針對《正義論》的評論文章是數以百計，早期較有代表性的，可參考（Daniels, 1975）及（Blocker and Elizabeth, 1980）。

123

　　米勒指出社會正義是一個「複合的（complex）」概念（Miller, 1999a: 245），原因是社會正義論所必須考慮的元素相當多，其中社會制度在米勒的理論裡扮演非常重要的角色，這亦解釋為何它是制度主義正義論。分配結果、程序及個人行為都是米勒的制度正義論述中的重要元素。米勒的正義論之最大特色是同時兼顧正義原則的多元性、人際關係模式的多重性及資源的多樣性。

　　第二節分析制度論述的基本立場，並探討制度面向被正義論者忽略的原因，從而找出發展制度正義論述所要處理的議題，並以此作為評斷米勒理論的標準。首先，制度論者必須提出如何分辨出什麼制度是或不是所謂的「主要制度」及為何只考慮「主要制度」。即使能確認某些制度乃主要制度，制度正義論述必須進一步闡釋各種主要制度在追求社會正義中的角色及彼此的關係，這正是第三節的討論要點。

　　其次，米勒必須妥善處理社會制度、程序、結果及個人行為四項元素的理論關係，第四節討論制度論者如何闡釋社會正義原則的性質及功能，進而釐清制度正義與分配正義之間的理論關係，並說明一個制度的正義性是否由其所造成的資源分配之正義性來決定。我們會探研制度正義與個人正義之間的理論關係，亦即制度的正義性是否由其所牽涉的人及其行為的正義性來決定。

　　第五節探討社會正義原則如何導引分配情態及規範主要制度如市場及家庭，並藉此發展制度正義論述的內涵。第六節展現制度正義論述的整體架構並總結其中不同元素的理論關係，繼而提出它所面對的困難及有待進一步發展及完善的地方。

二、制度正義論述

（一）基本議題

　　制度面向在當代社會正義論中雖然甚少得到重視，然而這個面向對於米勒來說卻是社會正義論中的核心議題。邊度（H. A. Bedau）是極少數注意到制度面向在正義論中之重要性的學者，他的討論重點是羅爾斯的制度主義如何影響其正義論的建構；另外，邊度同時亦注意到米勒在其前期的著作中對社會制度的重視（Bedau, 1978）。事實上，米勒長久以來致力於建構制度正義論述，他早在 1976 年就出版的《社會正義》就已提及社會制度在正義論中的重要性，米勒透過對休謨（David Hume）、斯賓沙（Herbert Spencer）及克魯泡特金（Peter Kropotkin）的研究指出不同正義原則如應得、平等及需要在不同社會中在應用上的差異。這雖為他日後發展制度正義論述提供思想史上的基礎，但在闡釋社會制度的概念及如何應用此等概念來建構社會正義論上，他並沒有深入討論。

　　然而，《社會正義》早已不能完全反映米勒關於社會正義的思想，原因是米勒不斷就社會正義的議題發表論文，並在 1999 年出版的《社會正義原則》進一步展示其正義論。書中意圖朝制度主義的方向繼續發展，可是，由於此書中的眾多章節取自其本人已發表的論文，在整本書的連貫性及理論的一致性上大打折扣。因此，若要對米勒理論中制度面向的重要性有所瞭解，則必須重構其正義論以整合其論著中制度面向的理論角色。在重構的

過程中，我們先行展現制度正義論述的基本立場和探討制度面向被正義論者忽略的原因，從而找出發展制度論所必須處理的議題，並以此作為評斷米勒理論的標準。

任何社會正義論者都必須就以下三個問題作出解說：（1）社會正義論所關注的主題是什麼？（2）什麼東西才具有正義或不正義的特性？（3）什麼東西必須及如何符合社會正義原則的要求？以上的三個問題互有關聯，而不同的社會正義論對這三個問題有明示或隱藏的想法。制度主義論的特色在於其認定社會制度在回應上述議題時的主導性，讓我們就這一點作出進一步的闡述。

首先，關於社會正義論的主題，羅爾斯明確地表示「正義的首要主題是社會基本結構」（Rawls, 1999a[1971], 6[7]; 1993, 257）。邊度認為羅爾斯的制度論說（institutional thesis）包括兩點：（1）社會基本結構是制度性的（institutional）以及（2）這個結構是社會正義論的首要主題（primary subject）（Bedau, 1978: 159）。米勒採納羅爾斯的基本結構這個概念，並指出他本人的正義論是意圖規範基本結構（Miller, 1999a: 6）。

根據米勒的想法，社會正義要求我們將社會理解為由多個互相依賴的部分所組成，當中的制度性結構（institutional structure）可以影響每一位社會成員的生活前景，而國家可以透過公開商議對制度進行改革（Miller, 1999a: 4）。[2] 不過，對米勒來說，基本結

2　原文："Social justice requires the notion of a society made up of interdependent parts, with an institutional structure that affects the prospects of each individual member, and that is capable of deliberate reform by an agency such as the state in the name of fairness."

構或制度性結構並不是社會正義的範圍中所唯一關注的主題，有關社會正義的討論範圍還包括「益處（advantages）」與「害處（disadvantages）」之分配（Miller, 1999a: 14）。[3] 在這個議題上的差別反映兩人對制度正義及分配正義不同的看法。羅爾斯認為制度正義意味分配正義，但米勒則認為制度正義不完全意味分配正義，原因是制度正義不能單單看分配結果，亦要考慮制度內的分配程序及參與人員之行為。我們稍後將回到這一點上。

其次，關於什麼東西才具有正義或不正義的特性，一般所指涉的包括人、人的行為、資源的分配情態、制度等等。羅爾斯開宗明義指出：「正義是社會制度的第一德性（first virtue of social institutions）」（Rawls 1999a [1971]: 3[3]）。他多次提及「正義制度（just institutions）」（Rawls 1999a [1971]: 333, 414f [379, 473f]）；米勒亦提出「正義的制度集合（just set of institutions）」（Miller, 1999a: 140）。另外，兩人也有提到正義的人和行為，不過，米勒在正義的制度跟正義的人和行為之間的關係上與羅爾斯有不同的看法。值得注意的是，羅爾斯沒有討論正義情態（just state of affairs），但米勒在《社會正義》中卻提到正義情態，並指出每個人得到她該有的利益及負擔之情態就是正義情態（Miller, 1976: 20），這亦跟他們對分配正義在看法上的分歧有關。

---

[3] 原文："[the scope of social justice is defined broadly] both in terms of the range of advantages and disadvantages whose distribution its principles seek to regulate, and in terms of the institutional structure to which it applies." 在翻譯時，我們必須將「益處」（"advantages"）與「害處」（"disadvantages"）兩詞與其他相關組合作出區別，相關組合包括 "interests"（「利」）及 "harms"（「害」），"benefits"（「利益」）及 "burdens"（「負擔」），"goods"（「益品」）及 "bads"（「害品」）。

　　最後，至於什麼東西必須及如何符合社會正義原則的要求，討論重點是社會正義原則的功能及應用對象，若要瞭解社會正義原則如何應用，我們必須考慮正義原則的三項功能：（1）評斷性的（evaluative）、（2）導引性的（directive）及（3）調校性的（corrective）。這三項功能的差別在於評斷功能單單關注展示正義的狀況應該是如何，所牽涉的純粹是評估與判斷，而並沒有牽涉行動或政策；而導引或調校功能必然地牽涉具體行動及措施。對制度論者來說，社會正義原則的主要應用對象是社會制度。

　　以上勾劃了制度正義論述在三個課題上的基本立場，我們稍後會更深入討論米勒及其他論者關於以上幾項議題的看法。制度論似乎有其獨特性，制度主義論者認為社會制度是建構社會正義論的最重要元素。那麼制度面向為何受到忽略？制度正義論述本身必須處理的議題是什麼？透過探析這兩個問題，我們可以引伸出用以評估米勒制度正義論述的考量。

（二）對制度的忽略

　　關於制度面向受到忽略的原因，邊度提出四個可能（Bedau, 1978: 165）。在探析這四個可能時，我們將邊度沒有探討的相關議題也一併納入討論，從而展現出制度正義論者在構建其理論時所必須處理的議題。

　　第一，邊度認為，對制度的忽略源自於哲學家在分析上長期及廣泛的失誤。不過，米勒精闢地指出，近代其實有不少嘗試發展社會正義論的政治學家或哲學家如維諾比（Westel Willoughby）及霍布豪斯（L. T. Hobhouse）都將制度作為主要的討論對象

（Miller, 1999a: 4）。近代學者對制度在正義論中的忽略似乎沒有邊度想像中的嚴重。米勒正確地指出霍布豪斯認為社會像生物，而社會的繁盛全賴所有人的合作；因此，社會正義的目的是設計適當的制度讓各人盡力對社會福祉作出貢獻。在此值得一提的是，維諾比及霍布豪斯都深受格林（T. H. Green）的理想主義哲學的影響，在社會本體論（social ontology）上傾向接受社會整體主義（social holism），視社會本身之實存遠大於個體之總和。

　　制度論者必須處理應否接受社會整體論，從羅爾斯及米勒的角度出發，制度主義並不必然意味社會整體主義，其所堅持的只是制度乃社會的基本組成元素，但社會本身並不是超然獨立的個體。對制度論者來說，社會正義在一定程度上能化約為制度正義。正如米勒認為社會有多麼正義視乎其主要制度（major institutions）在多大程度上遵照正義原則的要求（Miller, 1999a: 93）。[4] 不過，制度論者必須釐清制度到底是什麼。

　　羅爾斯及米勒都相繼提出所謂的「主要制度」，他們必須提出如何分辨出什麼制度是或不是所謂的「主要制度」及為何只考慮「主要制度」。假如制度論者不能提出合理的標準以辨識主要制度，那麼若要發展制度正義論述則必須對各種各樣的制度作通盤考量。即使能確認某些制度乃主要制度，制度正義論述必須進一步闡釋各種主要制度在追求社會正義中的角色及彼此的關係。

　　第二，邊度認為，對制度的忽略源自於論者們認定正義所指涉的並非制度，因而漠視制度的相關性。邊度準確地指出理論家

4　原文：“Societies are just, …, to the extent that their major institution conform to principles of need, desert and equality.”

如納桑（N. Nathan）在討論正義概念時，只提出行動、人及情態（actions, persons, or states of affairs）乃正義所指涉的（Nathan, 1971: 5），他認為這意味納桑以為談及正義或不正義的制度是毫無意義的（strictly senseless）（Bedau, 1978: 163）。可是，納桑本人實質上沒有否定我們可以討論正義或不正義的制度，只是當談論正義情態時，納桑所討論的是分配型態，他根本沒有討論「社會正義」，更沒有談到制度正義。

正義論者必須釐清社會正義與分配正義在概念上的異同，雷斯捷（N. Rescher）視社會正義包括政治及經濟兩個面向，經濟面向指涉益品及服務的分配，屬於分配正義的範疇（Rescher, 1966: 1ff）。值得注意，雷斯捷完全沒有討論制度。不過，若要構建制度主義，論者們必須首先釐清制度正義與分配正義之間的理論關係，制度的正義性是否由其所造成的資源分配的正義性來決定。

另外，對制度主義論者來說，制度論並不意味個人主義，而制度並不能化約為抽象的個人，因此，制度正義並不能化約為個人正義；[5] 但是制度主義論者亦必須釐清制度正義與個人正義之間的理論關係，亦即是一個制度的正義性是否由其所牽涉的人和這些人的行為的正義性來決定。

第三，邊度認為，對制度的忽略源自於論者們認定大家可以找到獨立於制度考量的原則來判斷資源分配是否正義，因此任

---

5 假如我們能認清這一點在羅爾斯的理論的重要性，那麼我們不難發現他並不是如眾多批評者心回中的個人主義者。也許他是方法論上的個人主義者，但並不是社會本體論上的個人主義者。

何可行的而又能達至指定分配目標的制度都是可以接受的。邊度正確的指出羅爾斯否定這些原則存在的可能，羅爾斯提出「純粹程序正義」來闡釋他的想法。簡單來說，羅爾斯意圖找出正義原則以建構符合該等原則的制度，目的是要確保機會平等；而在這個前提下，任何透過正義制度引伸出來的資源分配都是正義的（Rawls 1999a [1971]: 69, 74ff [79, 84ff]; cf. Bedau, 1978: 172）。

對羅爾斯來說，正義原則的功能是規範制度，他只需要一套原則，亦即是大家熟悉的第一及第二原則；但米勒則提出兩套原則，一套原則關注程序，與分配程序上的正義性有關，另一套原則關注結果，與分配結果上的正義性有關。米勒的正義論必須處理程序正義、結果正義及制度正義之間的理論關係。

第四，邊度認為，對制度的忽略源自於論者們以為所有的基本社會制度都是固定的，又或者是他們認為社會制度本身是不相干的背景。邊度以霍布斯為例指出很多政治哲學家假設正義關乎個人之間的物質交易，而這意味基本社會制度免於批判及重新設計。事實上，大家所熟悉的當代新右派代表諾錫克的理論所假設的是正義關乎個人之間物質的自願轉換，整個過程背後的制度並不相干。當然諾錫克並不是認為制度不會改變，他只是假設制度的改變跟社會正義沒有直接的關係，並相信正義論的目的不是提出改變制度的規範性考量。諾錫克關注物質轉換過程中的自願性，而非制度的正義性。正義原則的應用對象是行為及物質轉換過程而非制度。

對制度主義者來說，制度對資源的分配有著舉足輕重的影響，關於正義的討論不能忽略制度。從制度主義論者如羅爾斯的立場出發，社會正義不能完全化約為分配正義。社會正義不能單

單考慮資源分配的情態，而必須關注制度，原因是個人所得及其生活前景受社會制度影響，米勒亦認同這個想法。[6] 不過，制度主義論者必須闡釋制度在什麼程度上影響個人所得及其生活前景，假若制度的影響微不足道，那麼以制度作為討論主軸的做法必然受到挑戰。

綜合以上的討論，大家不單能瞭解制度論者對制度的重視，亦可以洞悉制度受到忽視的主要原因，更重要的是，我們得出評斷制度正義論述的幾點考量，制度論者必須說明制度的性質及不同制度的重要性，並提出關於制度正義與社會正義的合理論說，同時亦要闡釋制度正義跟分配正義及個人正義的理論關係。接下來的討論將圍繞這些考量，並試圖重構米勒的制度正義論述，目標是透過內部批判審視其理論內涵的一致性，重整各項與制度主義相關的元素之間的理論關係，繼而探析發展制度正義論述的困難。

三、制度、人際關係模式與社會正義的場境

由於米勒認定社會正義的主題包括社會中的成員間的分配及社會基本結構，對「社會」的理解直接影響社會正義論的構築。米勒明確地指出，正義是一項社會德性（social virtue）（Miller,

---

6　羅爾斯在《正義論》中寫道："[what properly belongs to a person] are, I believe, very often derived from social institutions and the legitimate expectations to which they give rise"（Rawls 1999a [1971], 10[10]）。米勒在《社會正義》中寫道："Social justice ... concerns the distribution of benefits and burdens throughout a society, as it results from the major social institutions"（Miller, 1976: 22）。

1999a: 21），他本人認為若要談論社會正義，有必要說明「社會」是什麼（Miller, 1999a: 17）。米勒強調，發展社會正義論必須作出三個預設（Miller, 1999a: 4-7）：（1）預設一個具有確定成員及具體邊界的社會；（2）預設社會裡有一批能確認出來的制度；（3）預設在我們所談及的社會裡有一個能改變制度性結構的機構，而這個機構正是所謂的國家。米勒認為這三個大前提決定社會正義的場境（circumstances of social justice），所謂的社會正義的場境意指社會正義能作為政策指引的理想的場境（Miller, 1999a: 2）。米勒的意思是假如不接受這三個預設的話，大家就根本不用談社會正義。讓我們透過逐一探究這三個社會正義的必要元素來展示制度正義論述的基本考量。

（一）國族社群

關於第一個預設，亦即是社會正義論必須預設一個具有確定成員及具體邊界的社會，米勒指出過去的政治哲學家都有這個預設，只是沒有明示，反而是當代的政治哲學家如羅爾斯對此有比較明確的說法。羅爾斯在建構他的理論時預設了一個「自身滿足的國族社群（self-contained national community）」（Rawls 1999a: [1971], 457 [401]; 1993: 12），並以其作為他談論相關議題的基礎。[7] 米勒本身支持羅爾斯的想法，並認定國族認同對於成就社會

7　羅爾斯在其理論中假設國家社群是自身滿足的主要原因應該是基於方法上的考量，亦即是為了配合原初狀態（original position）等假設而提出來的，而他並沒有認為社會實質上是自身滿足的（cf. Rawls, 1993: 12）。事實上，我們亦不必假設國家（或政治社群）是自身滿足的，重點其實應

正義有舉足輕重的影響。米勒認為一個國族社群中的公民必須分享一樣的國家認同，在這個前提下組成的政治社群在三個面向上讓正義原則變得可用及有成果（Miller, 1999a: 18-19）。[8]

第一，國族身分認同可以營造強而有力的團結關係，足以超越個人在宗教及種族上的差異。這個社群是大家提出正義訴求的對象，當大家談論資源分配是否正義時並不會訴諸別國或以別國的公民作出比較。第二，國族政治文化所營造的共識乃正義原則必要的基礎背景。米勒認為社會正義之所以在一個社會有其可用性是因為民眾在對於（1）依靠什麼基礎去爭取正義及（2）各種資源的社會價值這兩點上有一定的共識。第三，社會正義若要成為指引民眾日常行為的理想，就必須提出足夠的保證，讓國人願意服膺於正義的要求之下。國族社群正好能提供這樣的保證，原因是一方面國族社群孕育團結並鼓勵互信，另一方面，一個社會必須對民眾提供足夠的制約，並令其服膺於正義的要求下。一旦出現違反正義者，國族社群可以予以懲罰。上述的第二個理由跟正義原則的功能及應用對象有關，而第三個理由跟個人正義的討論有一定相關性，我們將在下一節一併作出進一步的討論。在此我們先探討第一個理由以展示隱含在米勒理論中的社會本體論。

該放在為何我們必須假設政治社群（或國族社群）乃社會正義考量的基本場境。

8 一般而言，政治哲學家視「政治社群（political community）」與「國族社群（national community）」為同義詞，米勒本人則交叉運用這兩個名詞（Miller, 1999a: 6, 31, 250），他甚至用上了「國族政治社群（national political communities）」（Miller, 1999a: 19）。米勒所強調的是國族社群要具備清楚的領土範圍及明確的成員（Miller, 1999a: 4）。

　　米勒雖沒有明確表示他有意討論社會本體論，但我們可以從其論述中推敲出以人際關係及制度為基礎的社會本體論。米勒所理解的「社會」並非社會整體論中獨立於其組成元素的超然個體。對米勒而言，社會的基本元素乃社會成員，而成員並不是抽象的個體。社會成員必然嵌入不同的人際關係模式，米勒將人際關係模式分為三大種類（Miller, 1999a: 26ff）：（1）團結性社群（solidaristic community）（如家庭及宗教團體），（2）工具性聯合體（instrumental association）（如民眾在市場中的關係、企業成員之間的關係及政府公務員之間的關係）及（3）公民聯合體（citizenship association）（如政治社會中的每一份子之間的關係）。

　　值得注意，米勒提到的國族身分認同正是從公民聯合體引伸出來的，如前所述，國族身分認同可以營造強而有力的團結關係，這是由於各人都是公民，正因大家都是公民才能共享相同的身分認同。由於每個人都擁有公民身分，適用在公民聯合體中的主要正義原則是平等原則。同樣作為公民，任何公民都擁有一系列公民權利和義務，以及享用政治社群所提供的各種服務，任何人的公民自由及權利若被侵略或剝奪將淪為二等公民（Miller, 1999a: 30）。在這個前提下，對國族的認同超越個人在宗教及種族上的差異。值得注意，團結性社群、工具性聯合體及公民聯合體三種人際關係模式之間並不存在排他性，亦即是說不同的個人可以同屬不同模式。社會的基本元素是個別成員，而成員在不同的人際關係模式中互相連繫，這就是所謂的「連結在一起的人群體（a connected body of people）」（Miller, 1999a: 5）。對米勒而言，社會所涵括的不單是個別成員及其人際關係，同樣重要的是社會制度。

（二）制度性結構與主要制度

在談論社會正義的第二個預設時，米勒認定社會正義論必須預設我們可以確認一批制度，而這些制度對不同的人的生活機會（life chances）產生影響（Miller, 1999a: 5）。由於米勒認為「制度性結構」是社會正義的討論主題，我們必須弄清什麼是制度性結構。[9] 在《社會正義原則》中，米勒跟隨羅爾斯有關基本結構的論說，認為社會正義的主要關注點乃社會基本結構，而當中包括各種主要制度，而這些制度決定基本權利、責任及各種利益（Miller, 1999a: 5-6）。由此推測，米勒的所謂「制度性結構」亦即是羅爾斯的基本結構。事實上，除了「制度性結構」外，米勒本人亦常常運用「基本結構」及「基本制度性結構」，他似乎視三者等同（Miller, 1999a: 6, 14）。可是，視三者等同的做法增加其意義的含糊性，讓我們沒法清楚瞭解是什麼因素構成「基本」。誠然，米勒之所以提出所謂的制度性結構是受到羅爾斯的「基本結構」的啟發。然而，米勒的制度性結構與羅爾斯的基本結構有一定的差別，而這個差別對建立制度正義論述有一定的涵意。深入討論這點前，我們先要釐清何謂制度。

羅爾斯將制度理解為由規則組成的「公共系統（public system）」，當中明確訂定相關的職位與附帶權利、責任、權力及豁免權等；這些規則指定某類行為是被容許的，另外的某類行為是被禁止的；而一個制度之所以存在於某個時空是由於它所

9　米勒在前期的《社會正義》中並沒有談到「制度性結構」，然而正如我們稍後指出，米勒之所以提出「制度性結構」是受到羅爾斯的影響。

指定的行為正在有規律地進行中（Rawls 1999a [1971]: 48[55]）。根據米勒的定義，制度是「任何有規律的人類活動，當中人們各自有需要完成的工作，活動方式及不同的權利與責任」（Miller, 1999a: 138）。[10] 值得格外注意的是規則與制度的關係，米勒的定義似乎跟我們一般對制度的理解並不一致，彷彿忽略規則在制度中的重要性。不過，米勒事實上並沒有將規則排除在制度外。他明確地指出透過制度作出分配就是運用規則（或機制）來達成的（Miller, 1999a: 93）。然而，制度不單是規則，米勒特別強調有規律的行為。不管是在羅爾斯還是在米勒的理論裡，制度包括各式各樣的規則以及其中所牽涉的人的一切有規律的行為。

對羅爾斯而言，制度包括「比賽」、「儀式」、「審判」、「國會」、「市場」與「財產體系」（Rawls 1999 [1971]: 48[55]）；而對米勒而言，制度則包括「體育競賽」、「榮譽的公共體系」、「公司」、「官僚機構」及「學校」。兩人都採納對制度的一個比較寬廣的理解，視之與（社會）實踐（social practices）等同（Rawls 1999a [1971]: 48[55]; Miller, 1999a: 302n.17）。那麼，社會的「基本結構」或「制度性結構」是否包括各式各樣的制度？羅爾斯的答案是否定的。

根據羅爾斯的定義，「社會基本結構」是將「主要社會制度」融於一個「合作架構（scheme of cooperation）」（Rawls 1999a [1971]: 47[54]）。「主要社會制度」包括「憲政及主要經濟及社

---

10 原文：“By an institution I mean any regular pattern of human activity in which people are given tasks to perform, encouraged to behave in one way or another, assigned rights and obligations, and so on.”

會組合」，而這些主要社會制度的功用是分配基本權利與義務以及決定從社會合作中得到的利益的劃分（Rawls, 1999[1971], 7[6]）。至於什麼算得上是主要社會制度，在後期的《再述正義即公平》一書中，他列出的清單為「政治憲法與獨立司法（political constitution with an independent judiciary）」、「法律確認的財產形式（legally recognized forms of property）」、「經濟結構（structure of the economy）」以及「某種形式的家庭（the family in some form）」（Rawls, 2001: 10）。[11]

值得注意，羅爾斯並沒有提出明確的標準來為基本結構定出一個清晰的範圍，亦即是沒有說明如何界定主要制度。羅爾斯本人似乎意識到這一點，但宣稱他不打算為基本結構定出一個清晰的範圍，其理由是基本結構本身是一個粗略的意念，而為其定出一個清晰的範圍會導致「正義即公平」這個觀念難以適應不同的社會環境（Rawls, 2001: 12）。當然，這並不是說羅爾斯之所以將上述幾項制度視為主要制度是隨意的，按照羅爾斯的想法，這是由於主要制度影響社會成員的生活前景。

在《政治自由主義》一書中，羅爾斯指向制度上的分工，一方面有基本結構，另一方面則有應用於個人及一般組織的規則。羅爾斯並沒有討論基本結構以外的制度和組織的規則如何受到正義考量的引導。對羅爾斯來說，基本結構只包括前述的「主要

---

11 羅爾斯在早期的《正義論》中指出思想自由與良知自由的法律保障、具有競爭性的市場、生產工具的私有財產體系以及一夫一妻家庭都是主要制度，此清單似乎假設西方自由民主及資本主義的場境，也許亦是因為這個原因，他才作出了修正，用比較超然的字眼陳述。

社會制度」。事實上，他清楚指出他不會討論其具體制度的正義性，而對於他自己提出的兩項正義原則能否應用在其他的具體制度上抱有保留的態度（Rawls, 1999a[1971]: 7[7-8]）；因此，公司、工會、大學及教會等並不屬於社會基本結構（Rawls, 2001: 10ff）。這一點是羅爾斯與米勒的理論最大的分別。

　　米勒有兩個可行方式去界定「制度性結構」或「社會基本結構」，堅持它只包括羅爾斯的主要社會制度，或放棄所謂的主要社會制度並認定「社會基本結構」包括大大小小的各種制度。米勒在其《社會正義原則》中，兩種取向都同時出現。一方面，如前所述，米勒認為社會有多麼正義視乎其「主要制度」在多大程度上遵照正義原則的要求（Miller, 1999a: 93）。另一方面，他明確表示所謂的「社會基本結構」必須包括國家及「國家以下的制度（substate institutions）」（Miller, 1999a: 12），這似乎意味對社會正義的判斷不能單單指涉羅爾斯的主要社會制度。很顯然，這兩種界定「社會基本結構」的做法是不一致的。

　　米勒的理論在這個課題上面對一定的內在張力，讓我們探析為何米勒認為大大小小的制度在社會正義論中有其重要性。米勒先指出，國家是能影響社會正義或不正義的「首要制度（primary institution）」，國家作為社會整體的一個基本制度對每一個人的所得產生重要的影響（Miller, 1999a: 11），但在社會正義的實踐上沒有其它的大大小小制度及機構的配合是不成的，假使沒有其它制度及機構的協助，國家本身會在很大的程度上變得無能為力。他認為若要認真對待社會正義，那麼就必須將社會正義原則應用在國家以下的制度，而這些制度無論是以個體的方式還是以整體的方式存在都對社會資源分配產生一系列的影響（Miller,

1999a: 12）。[12]

　　米勒以大學入學為例，大學作為「半自主的（semi-autonomous）」制度在社會分配中扮演一定的角色。所謂的半自主制度是相對於國家的獨立性而言的。個別的半自主制度或機構在運作中所產生的後果對社會分配的影響並不大，但是眾多同一類別的制度或機構所造成的影響就會變得相當大。譬如一所大學的不公平收生標準對社會分配的影響並不大，但多所大學共同採用類似的不公平收生標準的影響是不能低估的。另外一個米勒提到的國家以下的制度是家庭，他認為家庭內部的分工及資源分配對於男人及女人兩者分別的生活前景有非常實在的影響（Miller, 1999a: 272n23）。不過，值得注意，他所指的並不是個別的家庭，而是作為一種制度的家庭。

　　雖然米勒沒有明示，但是他的想法似乎是所有同一類別制度應該符合同樣的正義原則。不公平的情況出現在公共房屋機構決定其租客或在僱主決定員工升職等事情上滲入了種族或性別歧視。米勒認為雖然相關的個別不正義案例只影響少數的人，但是假如是普遍發生的話，那麼就會變為社會正義的問題；米勒直截了當地指出，例如社會中大部分的僱主在考慮女性員工升職的事情上採取歧視的方式，不單個別女士受到不正義對待，也牽涉社會整體的不正義。上述的例子意味米勒認定公司、學校及家庭等這些制度的正義性與社會正義有直接的關聯性。[13]

---

12 原文：“Without the collaboration of other institutions and agencies, the state itself would be largely impotent.”

13 有人可能會認為學校算不上主要制度，原因是它跟社會正義的沒有直接的關係，米勒卻持不同的想法，他明確地指出誰能進大學是社會正義的

　　若要突破在界定「制度性結構」或「社會基本結構」上的桎
梏，米勒大可以放棄羅爾斯對主要制度的看法，並將主要制度
的範圍擴大。事實上，這似乎正是米勒所採用的進路，然而，主
要制度的範圍到底有多大？我們又用什麼理由來決定什麼制度
是主要制度？米勒的想法是任何一種能產生廣泛的社會性影響
（society-wide effects）的制度都屬於社會基本結構（Miller, 1999a:
12）。因此，主要制度的範圍擴大至學校、公司及其他大大小小
國家以下的制度。

　　問題是如果大大小小的制度都是主要制度，那麼就沒有必要
也沒有可能區分主要與非主要制度。例如，「體育競賽」是否應
被視為主要制度？與羅爾斯一樣，米勒沒有明確提出清晰的標準
以界定如何劃分主要制度，他亦沒有進一步闡釋上述所謂廣泛的
社會性影響是什麼。然而，我們可以確定的是米勒試圖找出對不
同的人的生活機會產生影響的制度（Miller, 1999a: 5）。「體育競
賽」當然對部分人的生活機會有影響，可是，若然只對社會中小
部分成員有影響的制度也稱得上是主要制度的話，那麼其他所有
可以確認出來的制度都是主要制度。

　　也許我們可以考慮某種制度能影響多少社會成員作為粗略的
準則以判斷什麼制度算得上是主要制度。我們大可以為羅爾斯及
米勒提出以下的想法：從羅爾斯的角度出發，對**所有**社會成員的
生活前景產生直接影響的制度是主要制度，而在前面分析過的羅
爾斯論說中的主要制度正好符合這個要求，「政治憲法與獨立司

議題（"Who gets admitted to college is a matter of social justice"），這是因為
誰能進大學決定很多利益的分配（Miller, 1999a: 7, 12）。

法」、「法律確認的財產形式」、「經濟結構」以及「某種形式的家庭」對所有社會成員產生直接影響；從米勒的角度出發，對**大多數**社會成員的生活前景產生直接影響的制度是主要制度，這樣的理解將主要制度的範圍擴大至公司及學校等，這或多或少跟什麼社會益品須要被納入社會正義論的考慮範圍有關，米勒明確地指出工作及教育機會（jobs and educational opportunities）都是任何社會正義論（any theory of (social) justice）所必須關注的（Miller, 1999a: 11）。公司或學校對大多數人而非所有人產生直接影響，原因是社會有不少自僱者並不屬於任何公司，而即使在很多西方國家亦不是所有人都會進學校。

另外，「主要制度」排除只對少數社會成員的生活前景產生直接影響的制度，如體育競賽。當然，這不是說體育競賽中的不正義並非不正義，只是它跟評斷社會整體的正義性無關。我們現在可以設想社會正義是如何依賴制度正義。如前所述，米勒認為社會有多麼正義視乎其「主要制度」在多大程度上遵照正義原則的要求（Miller, 1999a: 93）。社會主要制度不單單包括國家、市場及家庭，還包括公司、學校，假如公司或學校愈趨不正義，那麼社會亦愈趨不正義。

米勒在論述上可容許比羅爾斯更多的主要制度，然兩者之間的分歧指向更深一層次的差異，那就是社會正義原則的應用範圍。羅爾斯的兩項正義原則的目的是規範社會背景條件（background conditions），米勒的應得、需要及平等三項原則的應用範圍乃所有的主要社會制度。我們在第四節將更深入討論正義原則的功能及應用對象，接下來先討論國家、市場、公司與家庭這些主要制度在米勒理論中的角色。

（三）國家、市場、公司與家庭

關於前述的社會正義第三個預設，米勒認為制度性結構中必須有機構能夠按照社會正義論的要求改變社會制度，而這個機構正是國家（Miller, 1999a: 6）。他強調社會正義論的目的就是要提出修改法律及改變政策的建議，而在法律及政策上所建議的改變必須由國家來引進。值得注意，米勒視國家同時為制度及機構，但並未沒有進一步說明國家作為制度與作為機構之間的異同。可是，嚴格來說，制度及機構並不應該被視為等同。

一般而言，制度並不是一朝一夕所能構成的，我們難以為其存在賦予一個目的論的解釋（teleological explanation），原因是制度並非個別人士或少數人所設計的產物，而且任何對其存在的解釋都難以避免引起爭議。家庭制度就是一個很明顯的例子，任何社會中的家庭制度都是經過漫長的過程，亦非個別人士或少數人所設計的產物。至於機構，其形成即使不是一朝一夕，亦是在短時間形成，而且其存在目的通常非常清晰。舉一個簡單的例子，消基會的成立目的是規範市場運作，藉以保障消費者權益，其成立過程亦談不上漫長，我們會稱其為機構而不是制度。為了清晰起見，我們應該用「政府機關」而非「國家」來描述用以改變制度的機構。

米勒的制度正義論述必須釐清政府機關在社會正義中的角色以及在改變制度的目標上之合理範圍。在這兩個層面的議題上，米勒的理論在發展過程中經歷了不同的發展階段。米勒在前期的《社會正義》提出「私正義（private justice）」這個觀念，似乎假設正義之談有公私之分。私正義關懷個人與其他人在非主要社會

制度中的交易，因此，在家庭裡或朋友間的分配是屬於私領域的事情（Miller, 1976: 23）。[14] 值得注意，米勒當時將家庭及公司排除在主要社會制度的範圍外。米勒所說的私正義包括家庭裡的正義考量，這意味家庭是被排除在社會正義考量之外。

有趣的是，米勒亦運用一個關於公司的例子來闡釋「私正義」：「例如：一位僱主意圖以正義的方式對待其員工，並給予員工該僱主認為與他們的貢獻相稱的工資。假定他的評估是對的，該僱主跟他的員工之間的私正義得到滿足，但是他們所得到的工資也許比在別的地方做同樣工作的其他人為少，在這個情況下，該僱主不自覺地違反了社會正義的要求」（Miller, 1976: 23）。米勒認為這反映私正義與社會正義之間的衝突，但此例子讓人產生疑惑，在這個例子中有關私正義的討論似乎在說明正義的人也許亦會做出違反社會正義的事情，但是由於該僱主的意圖正確，所以私正義得到滿足。可是，米勒沒有清楚說明私正義中的正義性是由人的意圖的正義性還是由一些客觀原則來決定。

我們可以設想另一種關於私正義的看法：由於公司並非主要社會制度，僱主與員工之間的交易是屬於私人的領域，有其自身用作評估正義的原則，而這些原則有別於社會正義原則。米勒本人似乎否定這種看法，並指出應用在私正義的標準跟應用在社會

---

[14] 原文："There appears to be a category of 'private justice' which concerns the dealings of a man with his fellows when he is not acting as a participant in one of the major social institutions. The division of goods within a family or among a group of friends would be matters of private justice."

正義的標準是一樣的，[15] 亦即是他所鼓吹的應得、平等與需要三項原則同為私正義及社會正義的原則。假若如此，違反社會正義要求的僱主亦同時違反私正義，兩者並未有衝突。

若果私正義是在談論個人意圖的正義性，那麼我們不妨乾脆談論個人正義而避免運用私正義這個觀念；若果私正義中的正義性是由一些客觀原則來決定，而這些原則無異於社會正義原則，那麼談論私正義就變得多餘。也許亦是因為私正義這個觀念容易引起誤解，米勒在及後的著作中都沒有提及這個概念。這一點在米勒的正義論發展過程中有著非常重要的意涵，原因是假如「私正義」這個概念能成立，而公私領域之間的界線又能明確劃分的話，那麼國家在追求正義的角色上以及政府機關如何改變其他制度的行動範圍都會變得相當清楚。大家比較熟悉的放任自由主義在這個議題上的立場倒是相當清楚，簡單來說，市場、家庭、公司與學校等等都是屬於私領域，公權力的介入不是完全消失，也要降至最低。米勒放棄發展「私正義」這個概念的後果是他必須仔細的討論國家、市場、家庭與其他制度在滿足正義的要求上的角色以及這些制度之間的關係。

米勒雖然對國家的功能十分重視，但是他亦十分在意國家的權力會否過大，並刻意減少國家在分配正義上的角色。米勒嘗試釐清一般人對社會正義的誤解，他反對採納關於社會正義的一種過於簡單的想法。根據這個想法，在一個由不同個體組成的社會

---

15 原文：“[private justice] raises no new problems on its own account, since the same criteria are relevant here as are relevant to cases of social justice.”

裡有既定的利益或資源有待分配及一個負責分配的機構，這個機構亦即是國家，而社會正義的問題在於國家應該採用什麼正義原則作出分配（Miller, 1999a: 11, 109）。米勒認為這個想法引發如海耶克這些反對社會正義者的批評。海耶克認為社會正義是沒有意義的，原因是社會本身不是有意志的個體，所有的益品配置之狀態的背後都不是有意圖的（Hayek, 1976: chs. 9-10）。

　　海耶克所主要針對的是在冷戰時代下前蘇聯共產陣營的計畫經濟及激進平等主義。在真正存在過的社會主義社會中，國家是中央分配的機構，國家的角色當然跟社會利益與負擔的直接分配有密切的關係，其任務甚至是要將所預定的資源配給方式仔細地分發予每個公民。米勒堅決反對將國家定位為中央分配機構（Miller, 1999a: 11）。作為市場社會主義者，米勒主張市場乃主要的分配制度。米勒指出我們不須要接受國家的主要功用乃分配資源這個簡單的想法。

　　根據米勒的看法，政府在政經體系中扮演一個很重要的角色，但它不會試圖直接確定經濟產出的計畫。政府職能不過是確定市場參數，從而使整個經濟於較大的程度上都服從於正義目標。國家頒布財產法、訂定稅則、安排提供醫療保障等等，都對資源分配產生影響。不過，其它制度對相關資源分配亦產生相當程度的影響。國家的角色是提供一個公平的環境及社會結構，目標是透過對制度的調整達至社會正義。我們稍後在討論社會正義原則的功能時探討如何達到這目標，在此只須瞭解米勒所設想的是，市場而非政府發揮主導直接分配資源的功能。另外，米勒所支持的是工人合作社企業為主的市場社會主義政經模式。然而不管是那種模式，市場社會主義都在一定程度上都接受市場的存

在。[16]

　　從正義的視角出發，政治哲學家有兩條進路去探討市場與正義的理論關係，第一是探討市場是否符合程序正義，第二是探討市場是否符合結果正義。新右派（如諾錫克）採納第一條進路，主張若要探討市場是否合乎正義，只須考慮其是否符合程序正義，而他們的判斷是，市場作為商品販售者及購買者交易的機制，在你情我願的情況下自由買賣，不管結果如何，其分配都是正義的。米勒對市場的程序正義論作出批判，認為單從程序上處理正義問題並不足夠（Miller, 1989a: ch.2），他為市場的辯護是基於結果正義原則。從程序上處理正義問題是否足夠並不是討論的要點，重要的是米勒為何認為市場符合結果正義的要求，我們會在第五節回到這一點。

　　在米勒設想的市場社會主義政經模式中，公司形式是以合作社企業為主。合作社企業都是由所有員工進行民主控制，亦即是所謂的工業民主。在中期的《社會正義原則》中，米勒強調員工的工資收入完全是屬於社會正義所必須討論的範圍（Miller, 1999a: 193）。他支持工業民主的一個主要原因是在員工們自行管理的情況下，公司收入及其他資源之分配會傾向較為公平的狀態（Miller, 1999a: 15）。合作社企業成員就各種問題作出決定，其中

---

16 米勒所建議的合作社模式是其中一種最主要市場社會主義模式。支持這種模式有史威卡特（David Schweickart 1992a, 1992b）及威斯哥夫（Thomas E. Weisskopf 1993, 1994）等，米勒本人同意市場社會主義的模式可以是多元的，他亦沒有堅持其模式為最理想的模式（Miller 1989a, 321），我們在第四章會深入討論合作社及其它模式。

包括公司內部收入分配（Miller, 1994[1991]: 249）。工資收入從公司的集體資金中提領，而工資的多少一定程度上是由市場決定。[17]由於公司必須實踐其民主形式，如果某公司擴充，它就必須招聘新員工，並讓新聘員工成為公司的正式成員，享有平等表決權。

值得注意，政府在收入分配上要負責確立最低限度的收入水平，保障收入的建議確定一條安全基線，使每個人的生活都不至窮困（Miller, 1994[1991]: 253ff）。假如企業在短期內無法發放最低限度的工資，政府還要負責維持該企業員工的生計。除了上述職能以外，政府還要提供其它諸多基本福利，如醫療、教育等（Miller, 1994[1991]: 250），這些都是為了確保滿足民眾基本需要（Miller, 1999a: 247）。

如前所述，米勒在前期的理論中提及「私正義」這個概念，似乎認定我們能夠清楚劃分公／私兩個領域，而家庭中的分配是屬於私正義的領域而不屬於社會正義的範圍（Miller, 1976: 23）。公／私分野招致女性主義者的嚴厲批判，原因是此分野讓家庭的不正義被排除在社會正義的範圍外。部分女性主義者如奧姬（Susan Okin）特別針對女性在西方國家中在家庭裡所面對的不正義作出強烈的批判（Okin, 1989）。[18]奧姬提出一個十分重要的信

---

17 不過，企業可以採用特定的內部管理結構以實現經濟民主，小型合作社一般通過全體員工大會來決定大多數問題，而較大型合作社通常則希望確立一套更有效的決策制度，設立執行委員會之類的決策組織（Cf. Miller, 1989a: 10）。

18 奧姬的正義論是針對羅爾斯的理論所提出的，她主張羅爾斯的原則應該拓展至家庭。不過，任何正義論似乎難以逃避奧姬對當代政治哲學忽略家庭的批評，米勒的理論當然也不例外。

念「個人的即政治的（The Personal is Political）」以挑戰政治哲學中的公／私分野。

　　奧姬精闢地闡釋何謂「個人的即政治的」（Okin, 1989: 128-133），首先，在家裡的生活甚至個人的生活都無可避免地牽涉權力，而權力的行使或多或少被視為帶有政治性。政治理論家忽略這點的原因是他們誤認為家庭裡自然出現的利他主義及利益上的和諧令關於權力的考量變得無關重要。其次，假如我們要決定一個所謂的私人領域可免除政府的干預，這個決定及整個決策過程必然是具政治性的。不同的國家或多或少以法律來規範婚姻及家庭，而這些規範乃父權社會的產物，並造成對婦女利益的傷害。最後，公／私領域之間有著明確界線的假設是不成立的，原因是家庭生活是個人社會化（socialization）最早期及最重要的階段。奧姬擔憂孩童在年幼時開始就被家庭教育薰陶，繼而慢慢接受性別化的不平等。

　　「個人的即政治的」之涵意是大家不能以家庭乃私人領域為由而對家庭裡的不正義視若無睹。對奧姬來說，社會正義的關注範圍應該涵蓋家庭。在《社會正義原則》中，米勒似乎意識到家庭在社會正義中應該扮演重要的角色，他明確表示家庭屬於社會正義的範圍，更特別提到奧姬的著作（Miller, 1999a: 272-3n23）。可惜的是，米勒完全沒有討論奧姬的想法，亦沒有探究家庭本身在社會正義論中的角色以及政府與家庭之間的關係。不過，即使米勒放棄「私正義」的概念，他的理論必須認真處理家庭在社會正義中的角色。

　　家庭是社會的基本單元，亦是女性主義政治哲學家最關心的社會制度。從奧姬的角度看，現代家庭是阻礙女性發展的制度。

令女性主義者感到最不能接受的是，女性在傳統父權社會受到的不公平源自家庭，而社會正義論者卻沒有注意家庭內在的不平等。對奧姬來說，雖然部分理論談到家庭如何妨礙機會平等，但是其重點乃不同女性的階級背景對她們的影響。這些分析完全忽略問題的重點乃兩性在家庭裡的不平等。奧姬指出政治理論家漠視兩性之間的多重不平等（multiple inequalities）及導致多重不平等的社會因素（Okin, 1989: 134）。在家庭中談正義難以避免衝擊父權社會傳統中對夫妻關係的理解，但奧姬堅持沒有正義的家庭就沒有正義的社會。換句話說，一個社會中的家庭的不正義愈趨普遍，該社會就愈趨不正義。

　　米勒在中期的《社會正義原則》中視家庭為一個社會制度，家庭在社會正義考量中不能被忽視（Miller, 1999a: 272-3n.23）。由於米勒接受家庭乃社會主要制度，他會否接受在奧姬理論中家庭正義與社會正義的關係，仍然是一個疑問。米勒對於家庭在什麼情況下才算是不正義有不一樣的看法，這視乎米勒認為應用在家庭的原則是什麼原則。我們將會在第五節會討論社會正義原則如何應用在市場和家庭。在此之前必須先行分析在米勒理論中社會正義原則的功能，並藉此分析社會正義與分配正義的理論關係。

四、正義原則、制度正義及分配正義

（一）資源分配、正義原則的性質及功能

　　分配正義是西方政治哲學家一直非常關心的課題，分配情態
被認定為社會正義的基本考量（Taylor 1985）。[19] 不同的分配正義
論大都是從一個基本的正義觀念出發：讓每人得到屬於他／她的
（to each his/her due）（Miller, 1976: 20）。如前所說，在《社會正
義原則》中，米勒提出社會正義的範圍包括「益處」與「害處」
之分配及「制度性結構」兩個元素（Miller, 1999a: 14）。米勒早
在 1976 年出版的《社會正義》中就曾經提到兩者的關係：「社
會正義關注的是利益與負擔在整體社會裡的分配，而分配是主要
社會制度如財產體系及公共機構所引致的」（Miller, 1976: 22）。[20]
益處與害處之分配是透過制度性結構而達成，而改變制度性結構
中的社會制度會影響益處與害處之分配。利益與負擔之分配及制
度性結構這兩大主題衍生相當重要的課題。當中最重要的是制度
正義與分配正義之間的關係，我們將從正義原則、程序、結果及
個人行為入手作出探析。

---

19 當然，不是所有政治哲學家都以分配狀態為考量重點，放任自由主義者
　　如諾錫克及海耶克則只關注過程，因此，要分配的是什麼根本不是重要
　　的議題，只要過程是合乎正義的要求便足夠。

20 原文："Social justice ... concerns the distribution of benefits and burdens
　　throughout a society, as it results from the major social institutions – property
　　systems, public organizations, etc."

　　關乎利益與負擔之分配的議題包括「什麼利益與負擔屬於分配範圍內？」、「用什麼正義原則作分配？」及「怎樣運用正義原則作分配？」。米勒強調利益與負擔的多樣性，並列出多種利益：金錢和商品、財富、工作及公職崗位、教育、醫療、兒童補貼及保育、公共榮譽及獎金、人身安全、住屋、交通、休閒機會；而米勒眼中的負擔則包括兵役、艱苦的、有危險的、不夠體面的工作及對長者的照顧等（Miller, 1999a: 7）。[21] 值得注意的是，在米勒理論中，除了上述的利益外，其它有待分配的利益還包括公民自由及權利，當然，相對於作為利益的公民自由及權利，公民責任及義務應被視為負擔作分配。上述的兵役及對長者的照顧等確實是社會整體的負擔，但什麼應該算是公民責任及應該如何分配仍有待深究。他特別提出三類資源分配以作說明：金錢及商品是透過市場、公共稅收或贈予而轉移；醫療照顧則是透過具有不同程度自主性的公私營醫院或健康中心來提供；部分住房由國家或半官方的房屋協會之類的機構提供，另外的則由房產市場作分配（Miller, 1999a: 11-12）。

　　米勒正義論中正義原則多元性可以用兩個面向來說明：第一個面向是針對分配結果，第二個面向是針對分配程序。在針對分配結果的部分，米勒反對平等主義正義論將正義等同於平等的做法。他倡議應得、需要及平等三項原則並重。這三項原則是保持相互平衡，換句話說，這些原則是不能互相化約的（mutually

---

[21] 負擔的分配長期受到忽略，米勒是少數願意認真投入思考的學者。事實上，他在其它的著作中已著手探討這方面的問題，見（Miller, 2001）。不過，由於這方面的議題與我們的討論主軸有一定的差別，只好留待日後深入論之。

irreducible)（Miller, 1999a: 41）。[22] 米勒本人雖然沒有運用「不能互相化約的」，但是三項原則之間相互平衡的關係意味彼此不能互相取代，這亦假設它們不能互相化約。事實上，這三項原則各自有其應用的處境，應用上的分工亦假設它們不能互相化約。他認為採用什麼原則要視乎大家身處的系絡，亦即是大家身處的人際關係模式。根據米勒的想法，需要原則是應用在團合性社群的原則，應得原則乃應用在工具性聯合體的主要原則，而平等原則是應用在公民聯合體的主要原則。

至於針對程序的原則，如上一章中的陳述，米勒提出四個觀念：形式平等對待（formal equal treatment）、資訊準確（accuracy）、過程公開（publicity）及慎保尊嚴（dignity）（Miller, 1999a: 99-101）。各種程序必須符合針對程序的正義原則，而分配狀態則必須符合針對結果的正義原則。不過，何謂「符合」則要視乎相關原則的功能，有待稍後進一步的探討。另外，由於各項針對結果的正義原則都是獨立的，米勒必須提出恰當的方式來決定怎樣運用正義原則。

不同的理論對正義原則的功能有不同的看法，而且著重點亦不一樣。如前所述，一般來說，正義原則有兩項功能：（1）評斷性的（evaluative）及（2）導引性的（directive）或調校性的（corrective）。這兩項功能的差別在於評斷性的功能單單在乎展示正義的狀況應該是如何，所牽涉的純粹是評估與判斷，而並沒有牽涉行動或政策；而導引性的或調校性的原則必然地牽涉具體行

---

22 原文：“The aim should be to build up a pluralist theory of justice with the three criteria I have identified held in consistent balance with one another.”

動及措施。導引性功能是前瞻性的（forward-looking），用以指引正義的分配，而調校性的功能是追溯性的（backward-looking），用以調整及改正過去的不正義。

正義原則的導引性功能及調校性功能可以分別用兩種措施去實現：指令式（prescriptive）及規管式（regulative）。指令性措施提出明確的指示以直接改變現況，從而促進正義以及預防與調校不正義，而規管性措施則藉著規範及管制方式來間接調整或改正現況，亦從而促進正義以及預防與調校不正義。為了方便討論起見，我們先假定在某個領域的實踐上，當履行導引性功能及調校性功能時所引用的原則是一致的。

若要更具體地討論上述的功能及措施的重要性，我們必須瞭解在米勒的理論裡社會正義原則的應用對象是什麼。根據米勒的理論，這大致上可以分為三個面向：（1）分配結果；（2）分配程序；（3）個人行為。讓我們逐一談論這三個面向，並討論在這三個面向中不同正義原則所要滿足的功能。有關程序及結果本身在正義論述中的角色，我們在上一章已經討論過了，接下來主要集中討論程序、結果、制度及分配原則的理論關係。

（二）結果、程序與制度

米勒在其前期的著作《社會正義》中指出，在一個正義的情態中每個人都分配到應該屬於她的利益與負擔（Miller, 1976: 20），而這些利益及負擔的由來源自於她的個人特性及環境（*Ibid.*）。在中期的《社會正義原則》中，米勒一再強調正義論必須關注分配結果，而分配結果是「不同的個人在任何時間享受各

種資源、益品、機會或所得的一個狀態」（Miller, 1999a: 93）。米勒在這裡所說的結果是針對社會整體而言的。不過，米勒對結果的理解相當廣泛，社會整體的分配包括不同層面的分配，當中可以涉及國家層面的分配（如某一個國家中在任何時間裡財富的整體分配），亦可以是範圍較窄的資源分配（如在某地方的某一種病患者所接受的治療種類及次數的分配），更可以是在非常具體的範圍及時間中的分配（如「牛津大學在 1998 年頒授的學位所附帶的榮譽之分配」）（Miller, 1999a: 93）。不同層面的社會分配牽涉不同層次的制度，所牽涉的原則亦不同。

如前所說，根據米勒的理解，需要、應得及平等是應用在結果上的原則。在前期的著作《社會正義》中，米勒指出正義原則不可以完全是前瞻性的（forward-looking），它們必能夠用來判定現況。米勒指出正義原則展示整體的分配結果應該如何，因此，我們可以斷定在米勒理論裡，正義原則在分配結果上須要體現其評斷功能，用來評估分配結果的正是需要、應得及平等三項原則。值得關注的問題是，假如在應用上正義原則可以用來評估分配結果，那麼這些原則應該如何導引分配？

米勒認為應得、需要及平等三項正義原則是用以「指定」益處與害處的整體分配（*Ibid.*）。「指定」似乎意味這三項正義原則有著直接主導分配結果的功能，但他指出針對結果的三項正義原則是用以「規管」益處與害處的分配（Miller, 1999a: 14）；故此，我們可以斷定在米勒的理論裡，平等、應得及需要等三項原則有著間接導引的功能。米勒反對政府用任何正義原則直接主導資源分配，因此他並不認為社會可以運用正義原則直接將資源分配到每一個人的手裡，他所設想的是社會通過不同的制度讓資源

得到恰當的分配。事實上，米勒明確地指出社會正義論的目的不是直接主導資源的分配而是提出標準去評斷一個社會裡的主要制度（Miller, 1999a: 110）。[23] 米勒主張間接透過改善制度導引出正義的分配結果，舉例來說，正如我們稍後指出，應得原則並非直接主導資源分配（圖一），而是間接透過改善市場導引分配結果（圖二）。

圖一：應得原則直接主導分配

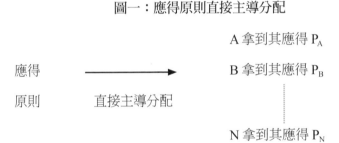

A 拿到其應得 P_A

應得　　　　　　　　　　　　　B 拿到其應得 P_B

原則　　　直接主導分配

N 拿到其應得 P_N

圖二：應得原則間接透過改善市場導引分配結果

X 拿到其應得 P_X

應得　　　　市場　　　　　　　Y 拿到其應得 P_Y

原則　指引改善制度　　間接影響所得

M 拿到其應得 P_M

---

23 原文："the aim of a theory of social justice must be to provide criteria by which to assess a society's major institutions and practices, not directly to prescribe a distribution of resources."

　　根據前述的定義，制度包括各種程序及有規律的行為。按照米勒的定義，一項程序是「一條規則或一個機制，而個人或制度通過這規則或機制來分配利益或負擔予其他人」（Miller, 1999a: 93）。[24] 有關程序正義的討論所強調的是民眾擁有其所得之利益的過程。米勒舉出兩個例子：僱主運用固定薪酬尺度來支付員工薪資及醫院管理者依據某些優序規則（priority rule）分配病床。

　　我們在前面提到四個針對程序的正義原則分別是：（1）平等對待——一個公平的程序要求每位有資格獲益的人受到形式的平等對待；（2）資訊準確——一個公平的程序一定要準確地呈現及運用所有跟分配有關的資訊；（3）過程公開——一個公平的程序必須是公開的，而當中所使用的原則及標準以致其背後的理念及相關資訊都應該公開宣示讓所有相關人士知悉及瞭解；（4）慎保尊嚴——一個公平的程序是不會讓民眾受到侮辱或要求其進行沒有尊嚴的行為。

　　支持以上四個原則背後有一個非常重要的道德考量，亦即是對人的尊重（respect for persons）（Miller, 1999a: 102）。米勒沒有很深入地討論這個道德理想，我們在此亦不必深究以上的原則及其背後的道德理想。我們只要瞭解對米勒來說，若然一項程序滿足以上四個原則，那麼這項程序就是正義的。另外，米勒相信遵守這四項原則會令結果正義得到改善（*Ibid.*）。

　　值得注意，米勒認為慎保尊嚴跟另外的三項程序原則並不一樣，原因是其扮演的角色乃規管及限制程序的運作（Miller,

---

24 原文："A procedure is a rule or mechanism whereby one agent – an individual or an institution – assigns benefits（or burdens）to a number of others."

1999a: 101）。據此而論，在導引功能上，我們可以推斷只有平等對待、資訊準確、過程公開是直接主導程序或機制如何設計及運作，而尊嚴負責規管程序或相關機制。從社會整體面來看，在每位國民的公民自由及權利得到保障的前提下，公民作為國家成員若要作出集體決定就必須先找出合適的原則。

不同的決定規則都可能被列入考慮的範圍內，但假如當中有部分的決定規則本身賦予某部分成員或族群隨意的額外利益，那麼這些規則是不公平的，原因是違反了慎保尊嚴的原則。至於另外一些決定規則，只要符合上述所有四項程序正義原則，人們會傾向認定這些規則比其他充滿偏見的規則更具「內在的公平性（intrinsic fairness）」（cf. Miller, 1999a: 105）。

「內在的公平性」是考慮規則本身的特性而不會考慮結果正義。米勒指出假如我們要從兩個政策中選其一，簡單多數決可以說是最公平的原則。可是，正如「阿羅的不可能定理（Arrow's Impossibility Theorem）」所指出，若出現三個或更多的選擇，沒有一種決定規則可以毫無爭議地被斷定是最公平的（Miller 1992）。只要大家同意運用這些規則中任何一項，它就被視為是一種公平方式去協助大家作出決定。由於這一項規則本來就是符合程序原則，在程序正義上並不會引起爭議。

在前期論述中，米勒使用結果正義及程序正義兩個名詞，卻沒有使用制度正義（institutional justice），可是按照他對結果及制度的定義，兩者有明顯的分別，問題是結果及制度是否服膺於相同的正義原則下，即使答案是肯定的，但這並不代表我們可以不談制度正義。有趣的是，米勒前期的論說著重結果正義而忽略程序正義。不過，他在中期的著作裡特別強調程序正義的獨立性

（Miller, 1999a: 94）。[25] 為了釐清米勒關於程序與結果的想法，我們必須區分結果正義與程序正義在概念上的三種關係：（1）程序正義意味結果正義；（2）結果正義意味程序正義；（3）程序正義的評斷與結果正義的評斷是互相獨立。

米勒似乎認為在少數的情況下，（1）及（2）是可以接受的（Miller, 1999a: 96-97）。先討論（1），假設一件要被分配的益品是不可以分割的，亦沒有特別緊迫的理由必須給予某人。以彩票為例，純粹從結果的角度出發，假如是 A 君中獎，我們不能說她不應該得獎。不管是 A 君或者是其他人得獎，只要抽獎過程是正義的，亦即是符合公平及公開等要求，結果就是正義的。在這種情形下，除了透過正義程序外，我們沒有其他方式決定結果是否正義，換句話說，程序正義意味結果正義。

再來討論（2），假設某一種物品需要分配，而這種物品是必要的，並且剛剛只有足夠的數量。米勒認為在這種情況下平均的分配很顯然會帶來正義，只要結果是正義的，大家都不會質疑程序的正義性，換句話說，結果正義意味程序正義。至於（3），米勒認為在大多數的情況下，程序及結果有不同的正義考量。換言之，結果正義有其自身的價值，不能化約成程序正義（Miller, 1989a: ch.4）；同樣地，程序正義有其自身的價值，不能化約成結果正義（Miller, 1999a: 15）。[26]

值得注意的是，米勒引用社會心理學的實證研究結果來支持

---

25 原文："there is indeed a justice of procedures that can be identified independent of the outcomes to which these procedures lead."

26 原文："procedural justice has a value of its own that cannot be reduced to outcome justice."

這個想法，他指出程序正義不僅只有工具上的價值這個想法得到實證上的確認，也即是說民眾在分配的實踐上感覺受到程序的影響比受到結果的影響為大（Miller, 1999a: 102）。這亦解釋了為何從前期論述中程序正義之獨立性的忽略改變為中期論述中的重視。米勒不單在程序正義之獨立性上引用實證研究結果，在其它方面他也引用了實證研究結果，例如在為何要同時接受應得、需要及平等三項結果正義原則的問題上，米勒的論據訴諸相當多的調查研究（Miller, 1999a: ch.4）。這些都是屬於方法論上的問題，所牽涉的範圍甚廣，有待日後進一步的探討。

米勒強調關於程序正義的考量可以獨立於結果正義的考量，不過，他的理論焦點放在結果上。米勒的想法是民眾之間最終的資源分配乃首要的考量，至於透過什麼樣的機制達至該分配型態則是次要的問題（Miller, 1999a: 105）。他提出當詢問到底民眾有否得到所應得的、所需要的及平等權利時，我們所關注的是最後結果。因此，在考量正義時，我們要先找出一個正義的分配型態到底應該是如何，然後再去試圖找出最合適的程序（Miller, 1999a: 93-94）。

米勒與羅爾斯對分配正義的看法有很大的分歧。羅爾斯的正義原則並不是針對分配型態，大家熟悉的兩項原則所關注的是基本結構內的主要社會制度，這些主要社會制度構成了所謂的社會背景，正義原則的目的是調整主要社會制度（Rawls 1999a [1971]: 495 [565]; 1993: 265ff）。在基本結構的正義得到保存下，個人及組織可以自由地運用自設的規則有效地追求其目標。羅爾斯並沒有假設我們可以認定某一個分配型態是正義的，正義原則並不是用來評斷分配型態是否正義，也不是用以作為直接主導分配資

源，而是透過改善制度去間接改變結果。

　　按照米勒的理論，我們先運用應得、需要及平等三項正義原則來評斷分配型態是否正義，繼而透過直接主導主要社會制度的設計及改善，從而間接導引分配型態的變化以達到三項正義原則的要求。因此，在米勒的理論裡，有關制度正義的考量包括制度中的程序是否合乎程序正義的要求，以及制度所帶來的分配型態是否合乎應得、需要及平等三項正義原則的要求。除了這兩方面的考量外，制度內執行程序的人的行為亦是重要的考量。

（三）個人行為與制度

　　關於個人行為，米勒視社會正義為一個可以運作的理想，藉以「指引民眾日常生活的行為（guides people's everyday behavior）」（Miller, 1999a: 19），而社會正義必須限制政客、官員及民眾的日常行為。到底個人行為正義與否跟社會正義及制度正義之間的理論關係是什麼？制度正義所關心的是個別制度內參與者的行為，而社會正義關注還包括一般意義上的民眾行為，範圍比較廣泛，讓我們先討論後者。所謂個別制度內參與者的行為指涉在制度內正式占有制度角色（formally occupying an institutional role）的人的行為，而一般意義上的民眾行為泛指大家日常生活行為（Miller, 1999a: 13）。

　　社會若要達至正義的狀態需要個人正義行為的配合，在談論個人不正義的行為時，米勒實際上是在討論一些跟分配正義並不完全一致的正義概念，亦即是個人德性及法律正義。弔詭的是，米勒在《社會正義原則》中花了整整一章來討論及批評麥肯

泰不應該把法律正義及個人層面的正義德性與社會正義混為一談（Miller, 1999a: ch.6）。根據米勒的理解，麥肯泰在《德性之後》（*After Virtue*）談論的對象主要是亞里士多德。米勒指出麥肯泰認為亞里士多德所談論的是「正義乃個人德性」，一種維持實踐的德性（practice-sustaining virtue）（Miller, 1999a: 112）。另外，米勒認為麥肯泰在《誰的理性？誰的正義？》（*Whose Rationality? Whose Justice*）中談論的對象是阿奎那斯，而阿奎那斯理解正義為「法律性（legality）」。

米勒強烈表示，亞里士多德及阿奎那斯根本並沒有提出正義是維持實踐德性這種想法，而兩位先哲反而贊同分配正義這個概念，並認定一系列的標準用以控制社會資源的分配。由於篇幅的限制，在此不能詳細探討麥肯泰的理論及米勒對他的批評。我們的關注重點是米勒既然不同意麥肯泰將社會正義理解為個人正義德性或法律正義，他亦似乎不應該認定社會正義論必須考量正義作為個人德性及法律正義這兩個層面。在這一點上，米勒前期著作反而比較清楚，他在《社會正義》一書中區分社會正義及法律正義，並視兩者為正義觀念本身的兩條分支（Miller, 1976: 22-3）。

米勒需要談到的應該是正義作為個人德性與社會正義兩者之關係，有動機以正義方式對待別人是一種德性，但有正義動機的行為不一定會帶來符合社會正義要求之結果。社會正義本身不能要求每個人都在做每件事時都有正義的動機，當然，這並不表示有正義動機對滿足社會正義的要求沒有幫助，事情剛好相反，我們都沒有理由否定，一個社會有愈多具正義感的人，這個社會愈趨向正義。

　　米勒所關注的是個人行為的正義性，但他自己指出正義不一定須要阻止民眾追求私利，只要求大家確認並遵守正義原則及相關規範以防止不當行為。他在中期論述中以交稅為例，並闡述瞞稅乃不正義的行為（Miller, 1999a: 13）。不過，按照其前期論述中的想法，這是法律正義而不是社會正義的問題。

　　綜觀上述米勒對個人行為與社會正義間之關係的看法，他對社會正義有廣義及狹義的兩種理解，社會正義在狹義上只關注分配正義及制度正義，社會正義論的目的是盡可能爭取達到分配正義並確立制度與規則讓社會正義得以彰顯，不管民眾動機如何或是否具有德性，至於如何讓民眾培養個人德性則不屬於社會正義必須考慮的範圍。廣義上來說，社會正義在很大程度上包括法律正義及個人正義。米勒前期的理解是屬於狹義的，但在中期的著作《社會正義原則》中卻似乎有不一致的地方，在批評麥肯泰時，米勒採納狹義的理解，在其它談論民眾行為的篇幅中則運用廣義的理解。

　　按照廣義的理解，米勒力言社會正義不能只關注制度中正式並有組織的人類行為。他以一個社區裡的房屋市場為例，假如作為主要族群的大部分成員之賣家拒絕將房屋賣給少數族裔而只賣給同種族的買家，結果是少數族裔必須以較市價為高的價錢才能買到房子，這是不正義的。這種不正義是個人自發性的行為的聯合結果。因此，制度之所以能夠產生正義的結果意味主導制度的正義要求事實上受到民眾的廣泛尊重（Miller, 1999a: 12）。

　　我們不清楚米勒所要求的是民眾的德性培養還是民眾行為的法律約束。米勒的想法似乎是要雙管齊下，一方面，社會正義要求大家確認規則及原則以預防使用不正義的方式去追求私利，這

需要國家立法；另一方面，他提出「社會正義文化（a culture of social justice）」的必要性，這樣的一個社會正義文化不單滲透至各主要社會制度，亦限制民眾的行為，即使其中的大部分民眾並沒有在制度中扮演正式的角色（Miller, 1999a: 13）。米勒強調社會正義論的目標並不只是為了針對立法者或國家官員來提出建言，公民的合作是非常重要的。據此而論，任何個人行為必須受到正義原則的規範，但並不是所有人的行為都跟制度正義有關。

在此必須重申，關於個人行為的正義考量包括各制度中負責程序運作的人之操守以及沒有正式職位的參與者之行為。社會正義對兩者都必須同時關注，但制度正義只須考慮前者。制度亦涵括各種相關的程序，而程序則是由一系列的規則組成。不過，單單有程序是不足夠的，程序由機構內負責的人來處理，這些負責的人也必須滿足正義的要求。政府機構內工作的行政人員或政客的操守十分重要（Miller, 1999a: 13）。

若要達至制度正義，就必須確保制度內的人之正義操守。米勒提出，管理或行政人員在運用程序處理事情時不能有私心或偏頗某一特定結果。換句話說，行政人員必須保持中立，不歧視也不偏私（Miller, 1999a: 294-5.n.13）。這是在沒有直接的檯底利益交換情況下對操守的要求，可是，大家所比較擔憂的是賄賂，米勒沒有探討這一點，我們卻可以稍作討論。

行賄的型態分為直接與間接兩種，行賄的直接型態是希望受賄的人直接給予並非屬於受賄者的某種利益；行賄的間接型態是希望受賄的人提供特權或相關資訊以協助行賄者取得利益。從米勒的角度來評斷，不管是前者還是後者，賄賂之所以是不正義的其中一個原因是它違反了平等對待、資料準確及過程公開等程序

正義原則。在黑箱作業的情況下缺乏公開性及透明度，再者，行賄者因為得到比其他競爭對手更準確及更充裕的資料，令其他競爭對手受到不平等對待。除了違反程序正義原則外，賄賂亦違反了應得原則。在不公平競爭的情況，行賄者以賄賂取得額外利益並非其所應得。不管是從程序或者是結果來推斷，賄賂違反社會正義的要求。

　　如前所述，米勒指出國家是我們在追求社會正義中的主要制度，但若果沒有其它制度的配合，單憑國家去體現社會正義是力有不逮的（Miller, 1999a: 11-12）。對米勒來說，完整的制度正義論必須包括各種主要制度中之執行人員的操守，適用於政府機構內行政人員的正義操守亦適用於各種主要制度中的行政人員。

　　總結這一節的討論，根據米勒的想法，社會正義是跟利益與負擔的分配有關，亦跟制度有關。分配正義關注分配型態的正義性，分配型態由眾多資源分配結果所構成，因此，分配型態的正義性視乎結果的正義性。在米勒的理論中，應得、需要及平等是用來評斷分配結果正義的原則，這些結果正義原則並不是用來直接主導分配型態，而是間接透過對制度的規範來導引分配型態。米勒的理論關注分配結果，決定分配結果的最重要因素是制度性結構，制度性結構由各種社會制度組成，而制度則由分配機制及參與者有規律行為所組成。那麼我們在討論與制度相關的議題時，不能只探討程序正義。另外，既然制度對分配結果有舉足輕重的影響，那麼我們亦不能只探討結果正義。制度的正義性視乎分配程序及分配結果的正義性，亦依賴制度裡參與者的正義操守。至於結果正義原則如何評斷分配結果及規範主要制度如市場及家庭的運作是下一節的討論焦點。

五、市場、家庭與分配正義

米勒一方面明確地表示一個社會裡的制度必須符合程序正義的要求（Miller, 1999a: 94）；另一方面亦堅持社會的正義程度視乎其主要的制度是否能滿足需要、應得及平等三項結果正義原則（Miller, 1999a: 93）。由於米勒的理論對主要社會制度如市場及家庭在制度正義論述中的角色欠缺有系統的探討，我們嘗試為此作出重構。

（一）市場、應得與平等原則

在米勒的心目中，市場是資源分配不可或缺的一環，對體現社會正義提供重要的貢獻。由於市場是社會的制度性結構（institutional structure）中的主要社會制度（Miller, 1999a: 248），米勒早在《市場、國家及社群》中就談到「制度性結構」，可是，他當時只將之用於形容構成市場的各種制度的結構性排列而非社會整體中的各種制度的結構性排列（Miller, 1989a: 152）。若要瞭解米勒的制度正義論述，我們必須掌握市場在體現社會正義上的角色。

根據米勒的想法，市場中的人際關係乃工具性聯合體，在工具性聯合體中，每位參與者視其他參與者的貢獻為工具，具有利用價值，而參與者各自的目標須要透過與其他人的合作才能達成（Miller, 1999a: 27-30）。由於應得原則是運用在工具性聯合體中的主要正義原則，米勒認為市場的運作必須滿足應得原則。一般而言，市場主要分為三種：商品（包括產品與服務）市場、勞動市

場及資本市場。米勒的市場社會主義論在一定程度上允許這三種市場的存在。讓我們就這三種市場與正義原則的關係逐一探討。

先談資本市場，在米勒提出的市場社會主義模式中，企業都是按工人合作社形式加以建構，資本來源是必須處理的議題。嚴格來說，米勒的市場社會主義沒有十分自由的資本市場，原因是追求利潤並不是投資機構的唯一考量。[27] 米勒指出投資是公共性的，由一個國家級的及幾個地方級的銀行負責（Miller, 1989a: 310）。國家要減少對投資的中央干預，讓地方銀行對地區政府負責，而毋須對中央負責（Miller, 1994[1991]: 258）。[28] 米勒認為在市場社會主義制度下，不存在典型資本主義的資本市場，投資銀行都是為生產者建立合作社企業（Miller, 1989a: 311）。可是，米勒沒有明確地指出應得原則可以如何應用在資本分配上。不過，我們可以設想，投資銀行必須以應得原則按照表現來決定不同合作社所能借貸的資本額度。

至於在扶植新的合作社企業這方面上，投資銀行起了積極的作用，而且可以設立專門的分支機構致力於此項工作。銀行將尋求新工作的人組織起來成立合作社後，就必須將合作社的管理

---

[27] 值得注意，米勒在 1991 年提出的模式中容許所謂的私人銀行，私人銀行非完全由私人所有，其股份部分由合作社和政府當局所有。在市場社會主義下，提供資本可以通過兩種渠道得到實現，其一是通過私人銀行，其二是通過公共基金投資系統。當時，米勒認為投資銀行在實踐中採取何種形式的所有制，可能不是十分重要的問題（Miller, 1994[1991]: 258）。

[28] 合作社企業按照固定利率向投資銀行借貸資本，並受到某種限制。它們對所借的資本享有使用權，但並不享有完全的所有權。另外，合作社企業的固定資產必需保值，既不能把資本視作收入，亦不可將其放貸予其他企業。

工作交給其成員（Miller, 1994[1991]: 259; 1989a: 312）。當然，我們可以設想米勒會堅持只有具備一定條件的新公司才應該得到扶持。除了扶植新公司外，對於經營不善的，政府或投資銀行不應姑息。米勒的政經制度有其破產規則，亦即是說，當一間公司長期無力向其成員發放維持生計的收入時，就必須停業。我們可以設想米勒背後的想法是經營不善的公司不應得到政府或投資銀行永無止境地注入資本。

除了資本市場外，應得原則也應該運用在勞動市場裡。米勒的模式在很大程度上容許自由的勞動市場，工人有自由選擇其願意工作的企業，而合作社企業亦有自由選擇合適的新成員。當然，米勒一定會堅持在決定聘僱新成員時，不能有種族或性別等歧視，一切必須按應得原則處理（Miller, 1999a: ch.8）。假如大部分的僱主在考慮女員工升職的事情上採取歧視的方式，不單個別女士受到不正義對待，也牽涉社會整體的不正義。另外，升職的決定亦要按照正義的程序以符合應得考量。一旦成為某合作社的員工不能隨便被視為冗員而遭開除，員工卻原則上可以選擇離開。遇到合作社企業倒閉，員工將尋求轉至其它合作社或成立新的合作社。米勒認為這種制度創建了一個能反映合作社企業內收入差別的勞動市場，合作社的不同成員按其不同的技能及所擔負的不同責任獲取不同的收入。由於勞動市場的存在，收入水平的差異理論上是橫跨整個經濟體。米勒指出所有的市場收入都是賺來的收益，並將所有員工的收入直接與他們所屬的公司的純收益掛鉤（Miller, 1994[1991]: 252）。

最後，應得原則在商品市場顯得尤為重要。在米勒提出的理想政經模式下，既然企業都是按照合作社形式加以建構，那麼合

作社可以自行決定產品種類、生產方式及價格，並在自由市場上競爭。當然，在市場制度下，個別出現的不正義案件結合起來會造成社會不正義。我們可以引用前述的社區房屋市場為例，假如作為主要族群的賣家拒絕將房屋賣給少數族裔，結果令其必須付出較市價為高的價錢，這是不正義的。

　　若要討論商品市場中的正義考量，除了民眾行為外，我們必須探析市場制度下的人際關係與制度關係。假設 A 君與 B 君分別是一項商品的買家與賣家，那麼她們的人際關係模式是工具性的，因此，主導兩人之間的正義考量是應得原則。除了這種人際關係模式外，我們要考慮的是兩人為了完成交易訂立正式合約，當中包括雙方的權利與義務。任何一方都可以按照合約的規定要求對方履行合約，違反合約者也是違反正義的要求，這是米勒所說的市場中的制度關係（Miller, 1999a: 26）。不過，米勒認為從制度引伸出來的訴求是次要的（Miller, 1999a: 275n.14）。雖然米勒沒有直接解釋，但是其意思應該是資源在個人層次的分配是首要關懷，而以什麼機制來達到這個分配狀態則是次要的（Miller, 1999a: 105）。由此推論，在以上的例子中，正義的考量的首要重點並不是雙方所訂立合約是否自願，而是在於雙方的交易條件是否正義。

　　米勒冀望找出一個客觀的基礎來在市場交易中引用應得原則。他指出在一個具規模及競爭性的市場裡，生產者的貢獻應以她作為邊際生產者（marginal producer）的貢獻為準（Miller, 1999a: 186）。在自由交易下，每一件在競爭平衡的狀況中的商品會趨於均衡價格（Miller, 1989a: 187）。在趨於競爭平衡時，交易雙方的所得就是其所應得的。米勒的想法是一個人的應得與她

所付出的對社會的價值（value of a person's contribution to society）有直接的關係，而這價值是以其生產的商品之市場價值來判斷。米勒將個人付出的社會價值訂定為趨於競爭平衡狀態時的價值，那麼趨於競爭平衡時的收入則成為判斷是否應得的標準。可是，米勒本人同意在應得的判斷上是沒有辦法作出特定的及非比較性的（non-comparative）的判斷（Miller, 1999a: 154），他舉例說：「我們關於應得的直覺的強度不足夠讓我們為醫生或水管工的應得給予確切的數字」（Miller, 1999a: 249）。既然是這樣，我們實在無法評估市場運作所帶來的分配結果是否確實合乎應得原則。

應得是米勒為了建立正義制度而提出的其中一項原則，用以（1）評斷制度是否正義以及（2）指引如何設計制度或對已有的制度作出恰當的調校（Miller, 1999a: 140）。對米勒來說，重要的是一個正義的社會在很大程度上涵蓋各種回報個人應得的制度（Miller, 1999a: 155）。米勒嘗試建構一個正義的市場經濟體所需要的規管性（regulatory）及調校性（corrective）框架，他列出一個符合正義要求的市場經濟體所必須滿足的五個條件（Miller, 1999a: 248-9）：[29]

1. 市場必須在保障各式機會平等的背景下運作。人們的酬勞是按其表現來決定，而表現的分野是由個人的天賦、

---

[29] 值得注意，第一點條件提倡機會平等，第二點反歧視，第三點維持市場競爭，第四點減少運氣對分配的影響，第五點確保在政府部門與私人部門的人在收入上相稱。自由平等主義正義論者對上述的五項條件一定不會陌生，我們不必在此詳加討論，在此只須知道自由平等主義者從公平及平等意念似乎也能推敲出這些想法，支持資本主義的論者應該不會反對以上五點。

才幹及選擇而非背景條件所導致。

2. 反歧視法例必須確保人們的權益不會因為其他人的偏見而受損。

3. 市場必須維持在競爭狀態，以保證人們只是基於她們提供其他人所需求的產品或服務而獲得報酬，而非基於獨占而得的回饋。

4. 圍繞市場的制度在運作時減少運氣的影響，每個人的好運或倒運都不應在一生中累積。

5. 在非市場部門從事某種工作的人所拿到的報酬應與在市場從事類似工作的人所得的報酬相若。

米勒深信在這五個條件的運作下，市場制度將會大致上滿足正義的要求。雖然米勒沒有直接討論這些條件與應得的關聯性，但是我們可以設想建構這個框架的目的是讓各人發展及發揮所長，在努力下獲得各自所應得的。

有趣的是，在論及當今西方資本主義社會市場運作下的分配狀態的正義性時，米勒訴諸於公眾的看法：「公眾長期以來認為現在出現的收入差距實在太大，而高收入人士所得的回報一般來說都不是其應得的」（Miller, 1999a: 249）。米勒聲稱富有地主、企業行政主管及醫生所依靠的是接近壟斷的優勢而非市場競爭，這可以解釋為何他堅持機會平等的重要性。另外，體育及電影名星所依靠的是強化的運氣（amplified luck），他／她們只是因為得獎而成為鎂光燈的焦點，繼而藉此運氣而聲名大噪並賺取大把鈔票。米勒認為對於有同等天分及才幹但欠缺了一點運氣的人來說這是不公平的，這亦解釋為何他堅持必須減少運氣的影響。可是，他沒有提出什麼樣的收入差距才能符合正義的要求。

　　與前述的理由相若，應得原則理論上根本無法確實地判斷在上述五個條件下運作所得到的結果是否正義，因此應得原則並不能如米勒想像成為評斷結果的實質原則。應得原則的目的是直接主導市場制度的設計來間接導引市場的分配結果而並非直接主導市場的分配結果。

　　再者，單靠應得原則，我們不單不能對符合以上五個條件的社會作出在正義上實質的判斷，亦不能判定不同社會中間哪一個比較正義。假如在一個社會 R 中，醫生的收入是一般工人的五倍，而在另外一個社會 S 中，醫生的收入是一般工人的三倍。米勒承認我們無法引用應得來斷定 S 比 R 正義（cf. Miller, 1999a: 154）。如此說來，在米勒的理論裡，應得原則在評估社會分配狀況是否正義上沒有什麼明顯的作用。應得雖則缺乏評估社會分配狀況是否正義的能力，但卻有明顯地指引及調整制度的能力。不過，單靠應得以調整制度似乎並不足夠，而必須寄望平等原則。平等原則可以用來評斷分配狀態，以前述的兩個社會 S 跟 R 為例，若單以醫生與一般工人的收入差距作為評斷標準，由於收入差距在 S 比在 R 的要小，運用簡單平等原則就可以確切地斷定 S 比 R 正義。

　　可是，從米勒的角度看，簡單平等原則若用以導引市場運作則會大大限制民眾追尋其所應得的自由，他認定純粹平等是與應得這正義原則是互相衝突的（cf. Miller, 1994[1991]: 252）。米勒在中期的著作中更著重應得考量，他所關注的是在市場關係中，「正義即應得」可以要求或容許多少的經濟不平等（Miller, 1999a: 249）。米勒的想法是平等不能直接主導如何分配物質資源。他提出在兩個罕有的情況下我們可以考慮平等分配物質資源

（Miller, 1999a: 236）。第一，跟分配相關的特徵上，當接受利益的人之間沒有不一樣的地方時，我們應該以平等為分配原則；例如，上天掉下來的食物（manna from heaven）。第二，當我們沒有足夠的資訊或證據或計算技術，無法決定如何分配時，平等分配是最接近正義的要求（如群體合作下的成果）。對米勒而言，這兩種情況並不是市場的狀況，原因是一方面，每個人的貢獻可以清楚確定，另方面，大家都有足夠的資訊或證據或計算技術來決定如何分配，因此，平等原則並不是適用於市場的分配原則。

根據米勒的想法，正義的收入分配狀態在一定程度上是不平等的，我們只能試圖透過導引市場運作以減少不平等。米勒推斷符合上述的五點條件的市場社會主義社會比絕大部分實行資本主義的社會來得更平等（Miller, 1999a: 250）。但理論上，單憑上述條件，市場社會主義社會有可能比部分實行資本主義的社會來得更不平等，特別是那些奉行社會民主的國家。

問題是既然應得考量不能明確告訴我們什麼樣的分配型態合乎正義，那麼我們如何得知在什麼程度上的不平等才算合理？舉例來說，醫生與一般工人的收入比是 5:1 還是 3:1 才算合理，假如米勒認定是後者，其理由是什麼？另外，他亦可能會認為只要是落在兩者之間的範圍都是一樣合理的，那麼為什麼不能是 6:1 或 2:1？米勒無法提出明確的說法，訴諸於民眾的看法不單不一定有效用，反倒可能讓理論上的判斷變得更複雜。米勒並非反對改善平等，他不滿的是不符合應得考量的不平等，如他所說：「由於個人天分及才能上的不同，民眾在經濟表現上的差異不足以合理化現今西方社會出現的回報差距」（Miller, 1999a: 249）。

綜合以上的討論，市場制度是否正義在一定程度上視乎能否

產生正義分配型態，但應得原則無法確實判斷結果是否符合應得要求，平等原則若以最簡單的形式出現可以對結果作出明確的判斷，但若以簡單平等原則導引市場制度則會限制民眾追尋其所應得的自由。假如米勒要確保理論上的一致性，他必須更妥善地處理應得及平等在導引及調校市場這個制度上的角色。

　　直至目前為止，我們的討論並沒有談到需要原則，原因是在米勒的理論中，需要原則是應用在團合性社群，而當中包括作為社會主要制度之一的家庭。我們將會指出需要原則與平等原則在導引家庭正義上的不協調情況。

（二）家庭、需要及平等原則

　　如前所說，米勒認同女性主義者如奧姬對家庭正義的重視，亦同意家庭裡的內部分工及分配實踐對男人及女人的生活機會有非常重要的影響，並指出必須將家庭納入社會正義的範圍。可惜的是，他沒有深入思考將家庭納入社會正義範圍的涵意。若要發展制度正義論述，我們必須進一步探析奧姬與米勒的理論之相融性。

　　米勒認為家庭屬於團合性社群（solidaristic community），在其中的成員分享共同的身分及團結精神，人際關係靠緊密接觸建立，而家庭是最明顯的例子。另外，很多不同類型的組織都屬於這種社群，其中包括宗教團體、各種會社及專業組織等（Miller, 1999a: 26）。在這些團體裡，成員間建立友誼、付出忠誠及隨時願意互相協助，適用於其中的正義原則是需要原則。一般來說，在這種關係中，每位成員都會在考慮其他成員之需要的情況下作

174

出自己的貢獻。換句話說，每位成員根據其能力作出貢獻以滿足彼此的需要，這似乎是跟馬克思的明言「各盡所能，各取所需」吻合。[30]

　　米勒強調在家庭裡的分配要注意正當需要及沉迷（indulgence）的分別，正當需要包括孩子的音樂課程而沉迷則包括如最新的電動遊戲（Miller, 1999a: 27）。很顯然，米勒沒有嘗試處理女性主義最關注的問題，亦即是婦女在家庭中所受到的不平等對待。米勒認定需要原則是主導家庭的正義原則，然女性主義者如奧姬則不敢苟同。對女性主義者來說，重點並不在於孩子們是否應該依照他／她們的需要獲得資源又或者是孩子們的要求是否他／她們真正的需要，而是夫妻間的利益及負擔的分配。

　　對女性主義者來說，家庭正義的問題並不是需要能否得到滿足的問題，而是兩性之間的不平等問題。奧姬指責羅爾斯提出「家庭是正義的」的這個假定，認為是沒有根據的（Okin, 1989: 99）。奧姬並不是徹底地反對自由主義，事實剛好相反，她希望自由主義左派所崇尚的平等能在家庭發揮功效。對奧姬而言，平等是家庭裡責任及利益的分配原則，這跟米勒意圖視需要為家庭裡的正義原則有很大的差距。

　　奧姬認為兩性之間實在的不平等（substantial inequalities）對絕大部分的婦女及愈來愈多的兒童產生嚴重的影響（Okin, 1989:

---

[30] 關於馬克思對正義本身的看法，西方學者持有截然不同的立場。洪鎌德教授對這場爭論做了一個清晰的探討，見（洪鎌德 1991）。不過，即使我們不能為馬克思對正義本身的看法下定論，我們仍然可以認定這個原則是馬克思所鼓吹的。當然對馬克思來說，這不一定是所謂「正義」原則。

25）。實在的不平等的最主要成因是，家庭中沒有酬勞的勞動力
（unpaid labour）並不是公平地分配在夫妻之間。社會上的兩性不
平等源自於家庭裡的不正義，而當代各種正義論只關心有酬金的
工作（paid work），而忽略沒有酬金的工作（unpaid work）（Okin,
1989: 5）。既然家庭並不是羅爾斯等人所提出的正義論所關注的
課題，沒有酬金的工作自然亦不會是當代眾多政治哲學家所重視
的現象，米勒的理論當然也不例外。

　　奧姬批評將沒有酬金的工作放在女性的肩膊上是不公平的。
她提出一個比較激進的建議，那就是以法律規定家庭收入在夫
妻間平均分配（Okin, 1989: 180）。只有透過法律才能實質上強化
婦女在家庭裡的自主性，從而減少女性的脆弱性。女性付出沒有
酬金的勞動力，並要仰賴丈夫的收入及其自願的貢獻。從這個角
度來看，沒有外出工作的婦女在家庭裡顯得特別的脆弱。奧姬指
出在家庭實施分配正義不單能減少妻子的脆弱性，更可以促進
兒童在家庭裡的道德發展。家庭是我們可以學習成為正義之人
的地方，對兒童在道德發展過程具有決定性的影響（Okin, 1989:
18）。培育兒童正義意識對促進一個社會成為正義社會有積極的
作用。據此而論，家庭裡的平等分配及分工是最重要的正義教
育。若米勒堅信民眾的正義行為的重要性，他似乎應該樂見家庭
作為正義教育的最重要一環。

　　面對奧姬的平等主義家庭正義觀，米勒會如何回應要視乎他
會否接受平等作為主導家庭的分配原則。米勒有可能會質疑平等
原則並不是主導家庭的正義原則。如前所述，米勒的想法是除了
兩個罕有的情況，平等不能作為直接主導如何分配物質資源的原
則。第一，跟分配相關的特徵上，當接受利益的人之間沒有不一

樣的地方時，我們應該以平等為分配原則；從米勒的角度出發來論證的話，夫妻雙方在跟分配相關的特徵上是有差異的，如各有不同的需要，因此，家庭內的夫妻關係並不屬於此種罕有狀況。第二，當我們沒有足夠的資訊、證據或計算技術，無法決定如何分配時，平等分配是最接近正義的要求（如群體合作下的成果）。對米勒而言，家庭的建立與維繫當然是家庭成員合作的成果，但這並不意味所有利益及負擔都要平等均分。

從米勒中期論述中的想法出發，他不會接受奧姬激進平等的想法。奧姬與米勒之間的根本分歧在於對家庭的理解，根據米勒的概念，家庭是團結的關係，故此，需要應是主導家庭的正義原則；對奧姬來說，夫妻關係的重點乃契約關係，平等應該是主導家庭的正義原則。假如米勒要確保理論上的一致性，他在繼續發展其理論時必須更妥善地處理需要及平等在導引及調整家庭制度上的角色，並回應女性主義者就家庭不平等導致社會不正義的批評。

六、發展制度論的前景及困難

（一）制度主義的整體架構及內部一致性

米勒強調社會正義論的目的是提供用來評估社會裡的主要制度及實踐的原則，但這些原則並不是用來直接主導（not directly to prescribe）達至某一種分配型態（Miller, 1999a: 110），而是間接透過對制度的規範來導引或調整分配型態。讓我們總結在米勒的理論裡社會正義原則的功能的多面向性（見表一）。

表一：正義原則的功能

	評斷功能	導引功能		糾正功能	
		指令式（直接主導）	規管式（間接導引）	指令式（直接主導）	規管式（間接導引）
個人行為	結果及程序正義原則適用	結果及程序正義原則適用		結果及程序正義原則適用	
分配型態	平等、應得、需要（93）	不適用	平等、應得、需要（14）	不適用	平等、應得、需要（14）
社會制度	平等、應得、需要（93）	平等（30）應得（140）需要（205）	不適用	平等（30）應得（140）需要（205）	不適用
分配程序	平等對待資訊準確過程公開慎保尊嚴（99ff）	平等對待資訊準確過程公開（99ff）	慎保尊嚴（101ff）	平等對待資訊準確過程公開（99ff）	慎保尊嚴（101ff）

資料來源：作者自行整理

備註：括號（）中號碼代表米勒所著的《社會正義原則》中的頁數。

　　社會正義的主旨是規範利益與負擔的分配，但結果正義原則對改變分配結果的作用是間接的。應得、需要及平等三項原則是用以評斷分配型態，並透過指令式措施直接主導社會制度的運作從而間接透過制度導引出分配型態。至於程序正義，如前所述，程序正義有獨立於結果考量以外的正義原則，亦即是平等對待、資訊準確、過程公開及慎保尊嚴，在此我們不必重覆相關的討論。

　　從社會整體的角度出發，社會在正義的狀態下，每個人得到該屬於他／她的利益及負擔。不過，若以制度的正義性來對整體社會的正義性所作出的判斷則並不是非黑即白，原因是我們要考

量的是不同層次中的眾多主要制度各自的正義性。即使我們能判斷某一個制度符合正義的要求，亦不能斷定其它制度的正義性，而大家所能做到的是促進所有制度趨向正義。

　　制度包括各式各樣的程序，程序由一系列規則及機制組成，而各種規則及機制的運作都是透過制度參與者的行為。一個制度的正義性視乎所牽涉的程序、結果及制度內個人行為的正義性。重要的是，制度正義意味程序正義，若程序不正義，制度也不正義；但程序正義並不必然意味制度正義，原因是制度是否正義在某種程度上還是要視乎制度內相關人士的行為的正義性及分配結果的正義性。若要確保制度正義不單要確保程序符合程序正義原則，更要促使制度參與者的行為不違反正義的要求。

　　另外，社會之所以被視為正義社會在一定程度上是基於其主要制度符合應得、平等及需要等結果正義原則。若要評斷制度的正義性，主要制度所帶來的分配結果之正義性亦是重要考量。在米勒的理論裡，應得、需要及平等三項原則亦是用以評斷社會制度是否合乎正義的，然而任何的判斷都是間接的，意思是我們只可以透過評斷某制度在多大程度上能夠引至正義的分配型態來對該制度的正義性作出判斷。透過制度的運作所產生的結果必須大致上符合結果正義原則的要求，不然的話制度就必須被糾正及調整。

　　以上就是重整後制度論的整體架構，即使我們的重構能在一定程度上呈現米勒理論的內部一致性，但制度正義論述本身面對兩種挑戰，亦即是制度論傾向保守及忽視結構性不正義。首先，制度論的特色是將既有制度拿來檢驗，它假設制度是可以改善的，但卻沒有說明正義原則可否徹底改變甚至廢除某種制度，亦

沒有表示正義原則能否合理化某一種制度的存在。另外，社會中的不正義在一定程度上是結構性的，制度論著重的是個別制度的正義性而忽略跨制度的結構性不正義。就這兩方面的挑戰，我們可以從傳統左派及女性主義的角度進行探析。

（二）市場、保守傾向與結構性不正義

對支持計畫經濟及共產制度的傳統左派來說，在資本主義下談正義必然傾向保守，他們會質疑：為何不將資本主義的市場及私有制廢除？若要保留市場及私有制，理據何在？作為市場社會主義者，米勒維護市場並支持合作社模式的社會所有制。關於市場，米勒嘗試以應得原則規管市場運作，前面提及的五個條件正是用來規範市場運作以達至分配正義，但是，應得原則並不能用來合理化市場制度本身的存在。米勒似乎沒有意圖以應得原則去合理化市場的存在，即使他有這個意圖，我們在下一章會論證應得原則根本不能成為合理化市場存在的基礎。至於合作社模式的社會所有制，米勒指出，「假如資本主義模式所導致的收入分配或工作環境等沒法滿足正義的測試，那麼我們就有很好的理由去嘗試找更好的方式」，而他認為支持合作社公司模式的部分原因是「假如讓員工處理公司事務，公司中的收入及其他利益會傾向公平，而這是從社會正義角度出發的論據」（Miller, 1999a: 15）。

按照米勒在較前期的《市場、國家及社群》中的看法，由於合作社模式市場社會主義容許公司員工決定該公司中的內部分配型態，擁有較高技術（或高階）的員工將會出於具凝聚力的行為而放棄部分（可以在勞動市場競爭中所得到的）額外收入

（Miller, 1989a: 156）。[31] 讓我們為米勒設想一個例子，一家九十人的合作社模式公司，高階員工占三分之一（即三十人）平均每人月賺 $100,000，其餘的三分之二為中低收入員工，平均每人月賺 $50,000，薪酬支出總數為 $6,000,000。米勒的意思是高階員工在勞動市場中的平均薪酬是高於 $100,000，假設是 $110,000。那麼他們等於是出於團合性的行為犧牲了 $10,000 的收入，並將其讓給中低收入員工，假設所有員工的總收入是一樣為 $6,000,000，中低收入員工在勞動市場的平均收入則為 $45,000，比合作社中的收入少 $5,000。

　　米勒提出高階員工將會出於團結性的行為而放棄部分收入，這假設公司是團合性社群，但按照米勒中期的想法，公司內的人際關係屬於工具性聯合體。姑且先不去質疑到底會不會有人出於團合性的行為願意犧牲部分收入。更重要的問題是，合作社公司固然與資本主義公司不同，但米勒在多大程度上願意改變資本主義模式。要稱得上是社會主義，合作社模式社會主義下的絕大部分公司都要是合作社。前述的勞動市場是資本主義公司主導下的勞動市場，勞動市場收入與合作社中收入之間自然有差距。隨著愈來愈多的合作社成立，資本主義的勞動市場會變成合作社公司主導下的勞動市場。若是這樣，就沒有上述的勞動市場收入與合作社中收入之間的差距，兩者自然趨向一致。

---

31 原文：“Market socialist arrangements, in particular, permit cooperatives to choose their own internal pattern of distribution; the more highly skilled members of each enterprise may decide, as an act of solidarity, to forgo some part of the additional income that they could command by competing in the labour market.”

　　根據這一點進一步追問，為何合作社模式社會主義更符合社會正義的要求？依米勒的想法，收入的分配應由市場負責，而人們在市場的關係是工具性聯合體，主宰工具性聯合體的正義原則是應得原則。據此而論，米勒必須論證的是，合作社模式社會主義中的收入分配比資本主義中的收入分配更符合應得原則。可是，這是難以判斷的，如前所述，單憑應得原則，我們無法斷定不同社會中間哪一個比較正義。假如像上述的例子，在競爭平衡下，高低階員工收入比在資本主義下是 $110000：$45000，在合作社模式的社會主義下是 $100000：$50000，若我們分別在兩種制度下評估，各人的收入都是應得的。除非我們引入平等原則作社會正義的考量，否則難以判斷兩者之間是誰比較符合正義要求。

　　事實上，米勒後來對應得的重視與他較早期對平等的重視產生不協調。根據米勒較前期的想法，平等是社會主義的目標（Miller, 1994[1991]: 248）。市場社會主義有三種方式減低經濟不平等：「平等的最低限度收入、有平等機會去獲取投資機構所貸放的資金，以及通過合作制度和生產資源社會所有制來限制市場導致的不平等現象」（Miller, 1994[1991]: 253）。我們必須質疑的是這三種減低經濟不平等的方式是否從應得原則推敲出來？首先，設想一個合作社企業因經營不善或缺乏創新能力而面臨困境甚至負債，故無法支付成員的薪資，按照應得原則，合作社員工沒有理由像米勒所設想的一樣要求政府支付最低薪資。其次，由於其差勁的表現，按照應得原則它亦難以與其它企業擁有平等的機會獲取投資機構所貸放的資金。最後，生產資源及資本方面的社會所有制本身亦難以從應得原則推論出來，即使一個社會的生

產資源一開始是平等分配的，隨後的財富累積只要按照應得原則進行是符合正義的要求，毋須依靠社會所有制。

在中期的著作裡，米勒十分抗拒引用平等作為分配原則，以免「淪為」傳統左派。傳統左派所關切的並不單單是運用什麼原則來分配收入，他們詬罵的是私有制所衍生出來的結構性不正義，其核心批評對象是生產工具的私有制，大家對此都十分熟悉，在此不必詳論；重要的是，所謂結構的不正義源自於擁有及缺少生產工具的兩種階級之間的二分，其後果是擁有生產工具的人在社會各個層面主宰缺少生產工具的人。當然，米勒會認為在合作社模式社會主義下，由於合作社員工共有擁有公司，假如整個社會是由合作社來主導，那麼就沒有所謂擁有及缺少生產工具的兩種階級之二分。在這個情況下，資本主義的結構性不正義就會消失。不過，單靠應得原則是沒法提供徹底改變資本主義的足夠論據，現存的資本主義的結構性不正義是難以自動消失。

（三）兩性不平等及整體社會的結構性不正義

米勒與女性主義者如奧姬對家庭性質的理解不同，他認為由於家庭是團合性社群，因此，需要原則是規範家庭的分配原則，但即使奧姬同意米勒對團合性社群的理解，她會質疑為何家庭要被視為團結性社群。即使家庭現在是團合性社群，亦不意味它應該是屬於這種。從前述的「個人即政治」的立場出發，奧姬會認為家庭乃近似米勒所說的公民聯合體，而平等原則才是主導家庭的原則。米勒能否真誠地接受奧姬的想法是值得懷疑的，這並不是說米勒拒絕打破牢固的公／私分界，而是若以平等原則視為主

導家庭的正義原則就等同於將家庭視作公民聯合體，這與米勒的信念有所衝突。對奧姬而言，假如家庭作為一種團結性社群隱含不正義，那麼就得徹底改變現在的家庭制度。女性主義者會質疑，若要保留現在的家庭制度，其理據何在？

　　奧姬堅持沒有正義的家庭就沒有正義的社會，這不單是定義上關係而已，也是一個因果關係，奧姬認為家庭不正義造就社會不正義。更重要的是，它指向一種結構性不正義。當然，奧姬並沒有否定女性的地位正在逐漸提升，她只是指向更深層次的不正義。她認為女性的地位可以得到持續改善的空間並不大，原因是性別的分野及其典型化已經根深蒂固。在父權社會裡，社會規範已經給女性塑造一個既定的形象並賦予她們一個特定的角色。現代女性所面對的不公平問題源自於性別塑造乃父權社會的產物。縱使部分政治理論家一再強調家庭的重要性，但是他／她們都忽略家庭結構及其對女性的負面影響。

　　奧姬所詬病的是，婦女所身處的社會乃是一個性別結構化的（gender-structured）父權社會，而社會中的性別分野乃男性主導下的產物。奧姬認為當代西方正義論之所以忽略女性、性別及兩性之間各式各樣的不平等的原因是這些理論假設了性別結構化的父權家庭的合理性。從女性主義者的角度看，性別結構化的家庭是延續性別結構化的父權社會的一個前提，要徹底改變性別結構化的父權社會就必須改變性別結構化的家庭，奧姬倡議建立平等的家庭（Okin, 1989: 39）。

　　值得注意，女性主義者如奧姬的批評實際上是針對整個社會而言，家庭裡兩性之間的不正義是結構性的問題，而社會上兩性之間的不正義也是結構性的問題。女性主義者大多會認為這兩個

層次的結構不正義是互為影響的，只是不同的女性主義所關注的重點不同，奧姬所關注的重點是家庭裡兩性之間的結構性不正義如何影響社會上兩性之間的結構性不正義。一個性別結構化的家庭自然地產生或延續性別結構化的社會。性別結構化家庭中的分工造成了許多女性要面對的心理上及實際上之障礙，而這些障礙對女性在社會及政治參與上產生很大的負面影響。

如前所述，米勒同意假如社會中大部分的僱主在考慮女員工升職的事情上採取歧視的方式，不單個別女士受到不正義對待，也牽涉社會整體的不正義（Miller, 1999a: 12）。對女性主義者而言，普遍的歧視乃結構性的問題，女性受到歧視事實上是相當普遍的，但米勒沒有意識到這是結構上的不正義。女性受歧視是結構上問題，由於歧視是不正義的，這亦意味結構性不正義的出現。

奧姬認定平等原則必須是家庭裡的分配原則，其背後最重要的理念在於家庭應該進行去性別化。奧姬不單建議家庭去性別化，亦建議社會去性別化而成為沒有性別分野的社會（gender-free society）（Okin, 1989: 108）。她提出男女間應該平等地分配有酬勞或沒有酬勞的工作以及共同分擔在參與社會生產上的和生育上帶來的負荷。而社會各項工作應該實質上平等地配置於男女之間（Okin, 1989: 171）。[32] 對奧姬來說，這是解決兩性關係中結構

---

32 生育上的勞動力如何由兩性平等地分擔？這個建議看似荒謬，只有女性才能夠生育，男性如何分擔生育上的勞動力？也許奧姬只是為丈夫也應該享有同樣的產假的建議提出理據。女性主義者實際上沒有把生理上的性別（biological gender）與社會化的性別（socialized gender）清楚地區分開來，並認為性別實質上是社會化的性別。

性不正義的方式。

不過，除了兩性之間的結構性不正義外，還有其他由人與人之間的差異性（如種族及宗教等）所引發的結構性不正義。我們不妨以另一個方式引用前述的社區房屋市場為例，假如作為主要族群的賣家拒絕將房屋賣給少數族裔，結果是少數族裔必須以較市價為高的價錢才能買到房子，而這是不正義的。米勒認為這種不正義是個人自發性的行為的聯合結果（Miller, 1999a: 12），可是若這種情況普遍地發生並長期的存在，那就是社會不正義。

雖然米勒的所謂「制度性結構」表面上隱含對結構性不正義的關注，但是他實際上並沒有處理結構性不正義。米勒似乎假設國家認同可以超越性別、種族及宗教上差異性（Miller, 1999a: 18）。可是在當今多元社會中，這個假設受到了嚴峻的挑戰，社會的結構性不正義源於少數族裔或弱勢群體等受到有系統的壓迫。整體社會的結構性不正義並不能單單透過妥善處理某一種制度內的結構性不正義就能解決。我們若要跟隨米勒及羅爾斯發展制度正義論述，則必須認真處理社會的結構性不正義。

七、結論

米勒的制度正義論述牽涉的層面相當多，當中包括利益與負擔的多樣性、人際關係模式的多重性、正義原則的多元性、正義原則在功能上的多面向性，以及社會制度的多層次性等。大家現在可以理解為何米勒聲稱社會正義這個意念是複合的，在本章的重構下，其複合的程度也許已經超越了米勒自己所想像的，而這個結果增加為米勒建構內涵具有一致性的理論之難度，以上對國

家、市場及家庭的討論足可印證這一點。

　　本章的討論重點在於制度在社會正義中的角色，米勒的理論之所以是制度論是因為他認為主要社會制度是社會正義的重要元素，而在其理論中，最重要的社會制度是國家、家庭、公司及市場等。制度正義論述的目標是探討如何設計相關的制度及規管其運作以滿足社會正義的要求。米勒的正義論正是基於這個目標而發展出來的。透過以上的探析，我們對米勒的制度正義論述有了比較清晰的掌握，特別是其前期與中期論述上的差異。

　　米勒前期與中期的理論之間一個重要差異在於對結果、制度與程序的的看法。前期的理論比較著重結果正義而完全忽略程序正義，中期的理論則試圖透過制度來整合跟程序與結果相關的考量。在前期的《社會正義》中，米勒指出社會正義關注利益與負擔的分配結果，而這些結果是主要社會制度（如所有制度及公共機構）所造成的。既然制度的設計在很大程度上影響了分配結果，制度正義的重要性是不能被忽略的。在中期的《社會正義原則》中，米勒對制度的重要性以及正義原則的功能有較清楚的闡釋。

　　在本章有系統的批判性重構下，米勒理論中的制度主義元素與其它相關的概念之間關係也得到釐清及整理。首先，米勒的理論隱含以制度及人際關係為基礎的社會本體論；其次，主要制度是制度正義論述中的最重要元素，可是米勒並沒有提出明確的準則來決定何謂主要制度，然而我們替他設想了一個粗略的準則，主要制度是能對**大多數人**的生活前景產生影響的制度，這並非意味其他制度的正義性不重要，只是其它制度並非社會正義論所必須關注的。

　　最後，國家、市場、公司及家庭是米勒心目中的主要制度。米勒著墨最多的是市場，原因是他的市場社會主義立場迫使其在面對傳統左派的質疑時為市場辯護；另外，米勒嘗試回應批評社會主義的新右派論者，這些批評者認為社會主義論中的國家必須是強而大的中央集權。面對新右派理論的衝擊，米勒主張國家的功能是十分有限的。至於對家庭的論述，米勒則著墨很少，部分原因是在他前期的理論中，米勒將家庭放在「私正義」的範圍內而將其排除在社會正義的考量外。米勒在中期的著作中雖認定家庭乃主要社會制度，但卻沒有深入討論其在追求社會正義過程中的角色。

　　建構社會正義論的目的是為了打造一個正義的社會，以米勒的想法為基礎的制度正義論述有待進一步的發展。除了要增強理論中各元素之間的理論關係的一致性外，還必須處理兩個更深層次的困難，第一、制度論傾向保守，亦即是說，制度論雖然能提出規範及改善制度的建議，但卻不會正視徹底改變甚至廢除現有制度的可能性或必要性。第二、制度論即使能解決某些制度內的結構性不正義，但亦難以處理整體社會的結構性不正義。所謂整體社會的結構性不正義並不是指某個主要制度中有系統的壓迫或普遍的不公平而已，而是不同制度中的不正義造就或強化其它制度中類似的壓迫與不公。作為市場社會主義者，米勒必須處理政治經濟模式的結構正義問題，社會主義之所以是社會主義是由於某種形式的社會所有制，我們在下一章會看到米勒為市場社會主義的辯護，但忽視所有制的結構問題在其社會正義論的重要性，因而沒有從結構正義的角度去審視市場社會主義的優缺點。

第四章
市場、剝削、社會主義與結構正義

一、前言

　　十月革命以降，蘇聯政經模式社會主義主宰整個東歐。在東歐共產陣營及前蘇聯解體後，蘇聯模式被斷定是失敗的。另外，前南斯拉夫的自治式社會主義（self-managed socialism）在七〇及八〇年代被認定為資本主義與共產主義之間的可行政經模式，但後來亦步向衰亡，而前南斯拉夫亦因內戰而瓦解。在九〇年代初所出現的前蘇聯解體促使社會主義者重新思考在資本主義與共產主義之間可行的政經模式。

　　社會主義曾被宣告死亡，但市場社會主義者並不接受這個說法，他們反而提出不同的模式，意圖在引入市場的同時堅持社會主義，並嘗試發展一套跟馬克思主義截然不同的社會主義理論。部分馬克思主義視市場社會主義社會為從資本主義社會到共產主義社會的過程中的一個階段，市場最後會消失。部分西方市場社會主義希望突破這個想法，嘗試發展放權式社會主義，當可分為兩類：民主計畫社會主義（democratically planned socialism）及市場社會主義。蘇聯式社會主義失敗前，市場社會主義就已經受到關注。

　　本章旨在探討市場社會主義者如何回應反對市場經濟的傳統
社會主義者所提出的質疑與攻擊，目的是評析西方論者所提出的
市場社會主義規範性基礎，而重點則放在市場社會主義與社會正
義的理論關係。文章的第二節首先探討何謂社會主義，指出社會
主義可劃分為馬克思型及非馬克思型。在馬克思型社會主義者中
有支持也有反對市場社會主義，而非馬克思型社會主義者也不必
然都支持市場社會主義。在這樣的分類下，市場社會主義就可分
為馬克思型和非馬克思型，前者視市場社會主義社會為過渡至共
產主義社會中的一個社會型態；後者則認為市場社會主義本身有
其優越性，而市場社會主義社會不須要亦不一定會演化為共產主
義社會。

　　第三節指出市場社會主義者對公共所有制的理解並不一致，
所有制中最重要的一項元素是企業模式。由於社會主義與資本主
義的根本差別在於所有制的不同，我們將提出一個分析所有制的
架構，並以之對資本主義、共產主義、集權式社會主義及民主計
畫社會主義進行分析。

　　市場社會主義模式大致上分為三種，第一種是混合型市場社
會主義，以洛夫的理論為代表，強調以中央擁有及管理的企業為
主，並輔以公眾擁有的企業及合作社企業，第二種是工人擁有及
自治的合作社企業為主，以米勒等的理論為代表；第三種則以公
眾擁有的企業為主，以羅默等的理論為代表。我們將會就這三種
模式的所有制作出分析及比較。

　　在維護市場正當性的立場上，市場社會主義有兩條進路：
（1）雖然市場缺乏政治道德基礎，但是市場經濟比計畫經濟在經
濟發展上更具效率，（2）市場經濟既有政治道德基礎，亦在經

濟效率上優於計畫經濟。我們會看到較早期的非馬克思型市場社會主義者為市場辯護的著重點在於市場的效率。第四節闡述米勒對傳統社會主義的政治道德理想的詮釋，並探討他所提出的合作社式市場社會主義政經模式。我們會看到如何米勒試圖以社會正義的角度出發為市場辯護，論證市場經濟與社會主義政治理想之間的相融性。

　　第五節指出，作為非馬克思型市場社會主義者，米勒嘗試論證市場社會主義本身的優越性不單在於其中的經濟效率，亦在於其優越的政治道德。他意圖透過其正義論建構一套有別於傳統社會主義政治道德的社會主義規範性學說。米勒為市場辯護的基本論點是市場符合正義的要求，根據他的想法，若一個社會裡的分配大致上符合需要、應得及平等這些原則，這個社會是正義的。我們論證米勒將市場社會主義政治道德觀建基於應得原則上的這個意圖並不成功。米勒所支持的市場社會主義政經模式在滿足經濟平等及消除剝削兩個社會主義目標上較計畫經濟遜色。

　　文章的結論指出，市場經濟跟傳統社會主義的平等目標互相衝突，從社會主義的立場角度來看，資本主義市場經濟缺乏政治道德基礎，可惜的是，由於米勒以應得原則來為市場辯護的嘗試落空，其理論無法在接受社會主義的前提下透過正義的考量為市場提供足夠的政治道德方面的正當性，接納市場的主要理由只剩市場所提供的效率。在堅持社會主義的前提下，米勒若要提供市場在政治道德上更強的正當性，須另謀他法。另外，米勒為市場社會主義的辯護的同時沒有從結構正義的角度去審視市場社會主義的優缺點。

二、馬克思主義、市場社會主義與所有制

（一）馬克思式與非馬克思式社會主義

按照布哈林（Nikolai Bukharin）的想法，隨著共產社會的建立，政治經濟學亦會終結（Nove, 1991: 13）。共產主義的設想包括國家的消亡、私有制的湮滅、異化狀況的徹底消失、分工制度的剷除、市場及剝削的終結、共產主義的「人」的出現等。古典政治經濟學所關心的是商品的生產、交換與消耗，以及主導整個過程的價值法則（law of value）及其他法則。既然在共產主義社會中，人的需要不再透過交換得到滿足，產品亦不再是商品；另外，價格、市場價值甚至市場本身亦會隨之消失，那麼共產主義社會確實不需要政治經濟學。不過，這個看法並不意味馬克思主義者不談政治經濟學，事實剛好相反，馬克思本人及馬克思主義者都十分積極地討論政治經濟學，只是他們的主要目的是批評從亞當史密斯發展下來的古典政治經濟學，亦即是他們所謂的資本主義政治經濟學。

假如政治經濟學的範圍就像古典政治經濟學所制定的一樣，共產主義社會確實不需要政治經濟學，更不會有所謂的政經模式。可是，古典政治經濟學有一個隱藏但卻十分重要的假設，亦即是私有制。馬克思及其追隨者的一個重要貢獻，是揭示所有制在政治經濟模式中應占據核心位置。對馬克思主義者來說，所有制決定了政府角色、階級分野及收入分配上的差別。因此，所有制理應成為馬克思主義政治經濟學的討論重點。

　　對社會主義者（特別是市場社會主義者）而言，社會主義政治經濟學並不完全等同於馬克思主義者所談的政治經濟學。社會主義是歐美一個十分重要的思想傳統，而馬克思主義只是其中最具影響力的流派。社會主義的研究者或其信徒可以理所當然地談論政經模式，而政治經濟學更是不可或缺的。

　　前蘇聯共產陣營的崩潰後，部分馬克思主義者對歷史唯物論的信心開始動搖，面對這樣的衝擊，馬克思主義者有三種不同的立場：（1）歷史唯物論是失敗的，（2）歷史唯物論所預期的轉變需要更長的時間才會出現，（3）歷史唯物論是否正確及共產社會是否會出現是不可知的。

　　先談第一點，柯恩認定歷史唯物論是失敗的，原因是它不能解釋為何共產主義社會並沒有出現；他承認自己原先贊同的歷史唯物論中的「無可避免學說（inevitablilitarianism）」是錯誤的，這個學說預測勞工階級的規模、組織及不安穩性會逐漸加大，但與此同時物資會愈來愈充裕，他斷言這兩個預測都已被證實是錯誤的（Cohen, 2000）。由於歷史唯物論是所謂「科學社會主義」的基礎，假如柯恩的看法是對的，科學社會主義就缺乏有力的理論基礎。當然這不是說柯恩不再相信社會主義，他在遺作《何不社會主義？》（2009）小書中為非市場社會主義辯護。不過，柯恩為社會主義辯護的重點是社會主義能滿足比羅爾斯式自由平等主義更基進的平等主義（cf. Cohen, 2008）。

　　另外，對死硬的歷史唯物論者來說，所謂的「共產」社會之所以崩潰的最大原因是，東歐及中國根本未有經過資本主義的高級發展階段，東歐及中國的發展並未有依從歷史唯物論發展，要邁入共產主義社會需要更長的時間。最後的一個觀點認為，儘

管現在不能證明歷史唯物論是對的，也不能證明它是錯的，將來亦不一定不會出現「真正」的共產主義社會，此乃不可知論（agnosticism），也就是說，我們並不確知將來會否出現共產主義社會。不管是放棄歷史唯物論及共產主義社會的理想，或者是接受不可知論馬克思主義者都不約而同地繼續深入思考社會主義的其它可行模式。

在前蘇聯及東歐出現的鉅變同時也促使非馬克思型社會主義者重新思考在資本主義與共產主義之間的可行政經模式。鉅變距今已經超過三十年，而不少前東歐共產國家當初接受了「震盪療法」，積極引入資本主義。部分則仿效中國，試圖在引入市場的同時堅持社會主義，發展成某種市場社會主義政經模式。前蘇聯共產陣營的崩潰令所有制議題成為社會主義能否找到出路的重要關鍵，社會主義與資本主義之間的一個最大分歧在於所有制，若要發展出有分別於資本主義的政經模式，所有制是核心的議題。不管是馬克思型社會主義或者是非馬克思型社會主義，都必須找出有別於資本主義政經模式的所有制。

單純從理論的層次出發，政治經濟模式可以分為四種：資本主義、集權式社會主義（centralized socialism）、放權式社會主義（decentralized socialism）及共產主義，每一種模式都有其所有制形式。放權式社會主義又可分為兩類：民主計畫社會主義及市場社會主義。蘇聯式社會主義失敗前，市場社會主義就已經受到關注。若要對市場社會主義作出完整的探討，必須先研究其理論基礎、模式及實踐成效。

從實踐的需要出發，市場社會主義者必須提供可行的模式。然若要判斷某一模式是否可行，則要從實踐的成效著手。市場社

會主義模式及實踐成效固然重要，但最基本的問題是為什麼要選擇市場社會主義。事實上，西方市場社會主義者在試圖找出一個可行及穩定的模式來實踐社會主義的過程中，他們所最關心的是市場社會主義的規範性基礎。

市場社會主義面對的最大挑戰源自新右派與傳統左派的想法。面對新右派的放任資本主義想法，市場社會主義者必須回應的是為何要堅持社會主義；而面對傳統左派反對市場及嚮往共產主義的立場，市場社會主義者必須回應的是為何要有市場。市場社會主義是市場經濟加上社會主義，不同的思想家對市場社會主義有不同的理解。柯奈（János Kornai）曾精闢地把真正存在過的所謂市場社會主義社會的特徵歸納成七項（Kornai, 1993: 44-5）：

1. 共產黨的政治領導，
2. 公有制作主導的產業結構，
3. 下放的中央經濟決定權，
4. 企業成功的指標在於能否獲得盈利，而盈利在員工之間分享，
5. 中央政府的直接規劃轉變為間接的調控，
6. 部分價格由市場決定，部分則由中央決定或控制，由中央控制的那部分缺乏一些明確的原則支援，
7. 本土經濟與資本主義世界逐漸建立關係。

這樣的定義在很大程度上展示了八〇年代在中國及部分東歐國家實踐的政經模式（Bauer, 1990; Brugger and Kelly, 1990）。市場社會主義者不一定接受以上的定義，原因是社會主義本身就有

很多不同模式。

若要理解市場社會主義似乎必須先處理何謂社會主義，社會主義可被定義為支持生產工具的公共所有制（public ownership）、推行計畫經濟及容許微不足道的商品市場的主張（Miliband, 1994: 46）。很顯然，這定義是受到馬列毛思想的國家社會主義（state socialism）的影響，接受這定義亦即是等同於很大程度上否定市場經濟。另外，也有學者將社會主義視為一個關於人類本身及人與人間之關係的政治學說（Parekh, 1975）。

給予社會主義一個本質性的定義（essentialist definition）並沒有多大的幫助，所有社會主義都反對資本主義，但其具體建議都大不相同（Miller, 1977: 473）。當社會主義社會在歷史發展中出現新的元素，任何關於社會主義的所謂本質性定義會受到兩種可能的對待（Sassoon, 2000: 56）：（1）把新的元素納入並創立新的本質性定義；（2）以舊的本質性定義來否定新的發展，並指稱真的社會主義已死。縱使我們接受某一社會主義的定義，定義裡的不同元素有待展示及解釋。

由於不同的社會主義都接受某種型態的公共所有制，我們不妨給予市場社會主義一個操作上的定義（operational definition）：市場社會主義是同時接受市場經濟及某種型態的公共所有制的政經主張。「公共所有制」一詞容許多種的理解。簡單來說，所有權可包含占有權（possession）及控制權（control），「公共所有制」的狹義理解是「國家所有制（state ownership）」，當中可以分解為國家占有及國家控制；「公共所有制」的廣義理解為「社會所有制（social ownership）」，當中可以進一步分為社會占有及社會控制。「社會所有」賦予民眾相同的權利去占有及控制生產

工具;「國家所有」則排除民眾直接占有及控制生產工具(Brus and Laski, 1989a: 4)。

傳統社會主義者對市場社會主義有不同的看法,這裡所指的傳統社會主義泛指各種馬克思型社會主義,當中包括馬克思主義、列寧主義、托洛斯基主義、史達林主義及毛澤東主義等。馬克思型社會主義的目標是建立共產主義社會,他們所提出的共產主義設想包括分工制度的消除、異化狀況的徹底消失、階級分野的清除、國家的消亡、私有制的湮滅、市場及剝削的消失、社會主義的「人」的出現等。這些元素環環相扣,共同組成馬克思型社會主義的核心部分。

不同的馬克思型社會主義對於馬克思理論的理解有一定的差異,故形成一些不同的派別,與目前討論相關的分歧是對正義及政治道德的看法,馬克思型社會主義對政治道德的看法大概可以分為三派:第一派(如結構型馬克思主義)堅持馬克思主義不具有政治道德性;第二派(如曼度(Ernst Mandel)及奧曼(Bertrell Ollman))認為馬克思主義具有政治道德性,原因是馬克思本人有這樣的想法;第三派(如羅默)則認為不管馬克思本人有沒有對資本主義作政治道德的批評,他的論證顯示了這種批判想法(Roemer, 1994: 18)。這些派別的分歧不是這一節的討論重點,重點是馬克思型社會主義論者如何看待市場社會主義。我們大可以分別用非倫理馬克思主義、傳統倫理馬克思主義及修正型倫理馬克思主義來形容上述三派。

為了清晰起見,在此必須先指出馬克思型社會主義者對市場社會主義基本上有兩種看法。第一種是從歷史唯物論出發,認為在特定時空背景下市場社會主義的存在是不可避免的;第二種是

持堅決反對市場經濟的看法。一般來說，上述第一及第三派馬克思型社會主義者接受第一種看法，而第二派則持有第二種看法。

關於第一種立場，有論者認為，市場社會主義社會是從資本主義社會過渡至共產主義社會的過程中的一個階段，市場與計畫並不必然互相衝突。迪克田（Hillel Ticktin）指出布哈林（Nikolai Bukharin）早在 1920 年代初的蘇聯就提出過這種說法，而當時有蘇聯學者指出某種形式的市場將長久地存在於社會主義體系裡；更重要的是，關於市場的較正面看法在戈巴契夫的改革時代重新出現（Ticktin, 1998: 56-7）。

經過多年的計畫經濟後，中國在改革開放初期的重點就是重新引入市場。著名政治經濟學家薛暮橋及馬列主義學者蘇紹智和馮蘭瑞根據馬克思在《哥達綱領批判》中的論斷把共產主義分為兩個階段：「低級」和「高級」。作為共產主義「低級」階段的社會主義再可被劃分成「不發達的」或「不成熟的」階段及「發達的」或「成熟的」階段（Brugger and Kelly, 1990: ch.1）。這分別是社會主義初級階段和高級階段。

另外，薛暮橋把社會主義初級階段到高級階段的演變視為從集體所有制到全民所有制的轉變，集體所有制跟全民所有制的分別在於生產資料在前者是參加特定的一個集體經濟單位的勞動人民的公有財產而不是全部人民的財產（薛暮橋，1998：25）。何偉則把社會主義初級階段到高級階段的演變視為從商品社會主義到產品社會主義的轉變，在產品社會主義社會中，商品作為在市場上買賣的物品不會存在，而是「實行有計畫的直接的產品生產和產品分配」（何偉，1992：19），這些想法成為了「馬克思主義中國化」在改革開放時期的理論基礎。他們引用馬克思在《哥

達綱領批判》中關於過渡時期的言論作為權威，並認定馬克思在《哥達綱領批判》中扼要地闡述近似市場社會主義的意念。

羅勒（James Lawler）指出早在《共產黨宣言》中，馬克思與恩格斯已經提出從資本主義到共產主義中間存在著漫長的過渡時期，而在這個時期裡，市場仍然扮演重要的角色（Lawler, 1998: 24-5）。羅勒認為這段期間維持相當長的時間，故此，在一定的意義上，馬克思亦算是市場社會主義者。從這個觀點出發，資本主義、市場社會主義及共產主義是歷史發展中相繼出現的三個政經模式，而市場社會主義社會的出現有一定程度的自然性及不可避免性。

當然，也有不少論者如柯奈卻認為，在部分東歐國家及中國以市場社會主義作為導引的改革，經過多年的實踐證明，市場社會主義並不如馬克思主義者所設想的是邁向共產主義社會的一個階段，而是走上資本主義的路（Kornai, 1993；梁文韜，2001）。然而，過去在東歐及中國所實行的到底是不是市場社會主義，仍有待商榷。柯奈提出由於市場社會主義在匈牙利等地方嘗試過並證實失敗，所以必須放棄對市場社會主義的冀望。也有市場社會主義者反對此種市場社會主義不可行的說法，他們認為真正的及完整的市場社會主義其實並沒有實踐過（Bardhan and Roemer, 1992: 102）。

（二）市場社會主義的類型

市場社會主義分為兩種：馬克思型（Marxian）及非馬克思型（non-Marxian）。兩派雖同屬左派思想，但卻是截然不同的政

治理論。羅勒及薛暮橋等屬於馬克思型，他們基本上接受馬克思的歷史唯物論。如前所述，馬克思歷史唯物論本身有極大的爭議性，市場社會主義者不一定須要接受歷史唯物論的框架作討論。非馬克思主義型市場社會主義如早期的蘭格之理論及中期的米勒理論不認為歷史唯物論是能用來建構社會主義的科學理論、認識論或歷史發展論。他們亦甚少運用馬克思社會學的元素，其中跟階級及階級鬥爭有關的概念及理論都鮮有觸及。

　　由於對馬克思理論看法的不同，市場社會主義者對計畫經濟有不同的看法，馬克思型市場社會主義者基本上並不反對計畫經濟。對他們而言，問題只是現在的社會發展程度並不適合實踐計畫經濟。非馬克思型市場社會主義者則認為市場經濟本身比計畫經濟優越，他們的著重點有兩方面：市場的效率及市場的政治道德基礎。

　　一般而言，反對計畫經濟的論者所針對的是前蘇聯、東歐及共產中國的國家社會主義經濟模式。國家社會主義下的純中央計畫經濟從 1930 年初在前蘇聯開始實踐後一直受到批評。對計畫經濟的最嚴厲的批評來自屬於奧地利學派的海耶克及米塞斯（Ludwig von Mises）。米塞斯提出任何建立所謂社會主義經濟的試圖都會落空，原因是沒有經濟計算就沒有經濟，而在中央計畫下經濟計算是沒有可能的（von Mises, 1935: 105; 1981: Part II）。海耶克亦認為社會主義制度是不可能生存的（Hayek, 1978: 303; 1948: 119-147, 148-180, 181-208）。

　　首先，從價格機制而言，由於私有財產是自由價格與市場制度的基礎，但是社會主義的特性就是最大限度的公有化，故此社會主義不存在這個基礎，而社會不可能通過價格制度得到所需的

資訊。另外，任何一種社會制度都是一個自發秩序（spontaneous order），制度是無數人相互作用、相互競爭的結果，而競爭使壟斷制度無法形成，因而不能利用這種壟斷來為自己服務。另外，由於在資訊傳遞中有許多人所共知的資訊，資訊傳遞中的歪曲將降到最小。在社會主義制度中，資訊卻是由信奉馬克思主義的少數人所壟斷，它所包含的信息量受官員所控制，而少數人總會利用制度設計中的壟斷權加以為自己謀求最大利益。基於這兩個理由，傳統社會主義制度是不可能生存的。

　　蘭格在 1936 年發表的《社會主義經濟理論》提出了與奧地利學派不同的看法，意圖駁斥米塞斯及海耶克等人對計畫經濟的批評（Lange, 1964: 57-143）。[1] 蘭格認為民眾為追求自身效用最大化，會產生供應和需求，這兩者決定價格。價格繼而決定資源配置，也決定部分收入分配。蘭格利用當時西方理論界的主流的新古典主義經濟學說中的一般均衡論說進行反駁。所謂新古典主義一般均衡就是指假定經濟制度、社會可配置資源、技術條件和人們的偏好為外生變數，而這些都不變。民眾在追求自身效用最大化，會產生供應和需求，這兩者決定價格。價格繼而決定資源配置，也決定部分收入分配。

　　蘭格指出，即使所有的資產所有權歸國家所有，而個人只占有消費品的所有權，只要利用「反覆試驗法（the method of trial and error）」，同樣可以讓價格機制發揮配置資源方式。正因為社

---

[1] 蘭格的理論有其發展的歷史背景，國家社會主義下的純中央計畫經濟從 1930 年初在前蘇聯開始實踐後一直受到批評。對計畫經濟的最嚴厲的批評來自屬於奧地利學派的海耶克及米塞斯。

會主義可以實現按價格最優配置資源，所以社會主義可以存在。蘭格所關注的是經濟計算的可行性，而並非公共所有制，他進一步假設國有制的合理性，而我們所關心的是國有制以外的公共所有制，故不會探討其理論。

　　蘭格提出「競爭社會主義」經濟模式：1. 一主多元的生產資料所有制結構，亦即是在堅持公有制為主的條件下，允許其他經濟形式，如個體農民經濟、小手工業經濟及小型私營經濟存在；2. 中央指導下的多層次經濟決策體系，即存在中央計畫局、企業、家庭三層決策；3. 以按勞分配原則為主的多種分配方式。在蘭格的模式中存在消費品市場和勞動服務的市場，但沒有生產資料的真正市場，而是國家計畫自覺組織的生產資料類比市場。所謂類比的市場機制，是通過前述的「反覆試驗法」，尋找按消費者偏好合理配置生產資料的選擇指數，提供給企業有利於資源合理配置的「廣義價格」。企業按照中央計畫局規定的生產資料配置價格，按照最佳投入產出比自主地組織生產。

　　蘭格與海耶克的爭拗實際上跟市場的功能有關。從蘭格的角度看，市場的功能是「計算上的（computational）」，海耶克等則指出這牽涉到數以百萬計的算式。假如市場的功能只在運算上，那麼原則上市場是可以被取代的。然海耶克的重點在於市場的發現（discovery）功能，市場運作是一個社會過程，人們參與市場運作時會發現原來未有掌握的知識，這些知識不是價格資訊那麼簡單，而是價格背後的一些背景理解，當中包括貨幣值、販賣商品的商家的信用價值、品牌的流行程度等。

　　早期的非馬克思型市場社會主義者如蘭格沒有擺脫中央決定國家生產目標的思維，在很大程度上仍然有中央主導經濟的

想法，後來的市場社會主義者體會奧地利學派對中央主導經濟的批評，堅決反對國家擬定具體的生產目標。巴提巴克（Hans Breitenbach）等人則提出市場有四個重要功能（Breitenbach et al, 1990）：（i）作為一個生產者強力的刺激催迫其有效地生產；（ii）迫使公司持續地發展新產品及新的生產程式；（iii）在沒有具體意識下聯絡數以百萬計在複雜的經濟體中的個人決定；（iv）讓個人作為生產者及消費者擁有比計畫經濟下更大的自由。

非馬克思型市場社會主義者一般認為，在中央計畫經濟下，每個人都保證有工作，而國有企業的收入多寡不須依賴質量、生產力及效率，而這造成一種個人寄生在國有企業而國有企業寄生於國家的情況。國有企業的目的並不是利潤而是滿足國家所定的生產目標。伊斯甸（S. Estrin）等質疑計畫者根本不可能有足夠的資料去作出內在一致（internally consistent）的全盤計畫（Estrin and Winter, 1989; Breitenbach et al, 1990: ch.2）。

一般而言，非馬克思型市場社會主義者對市場抱持相當正面的態度，支持市場的論據主要是訴諸市場所提供的效率，市場在分配產品時比中央計畫更關注實際環境，故傾向比較容易有效應付變化（Estrin and Le Grand, 1989: 3）。洛夫提出市場的功能在於激發參與者的工作動力，從而提高效率（Nove, 1991: Part V）。除了以上的功能，米勒認為市場可讓民眾的欲望更有效率的得到滿足（Miller, 1989a: ch.5）。

市場無疑是市場社會主義者與傳統馬克思主義者關注的核心，傳統倫理馬克思主義者如前述的曼度批判市場社會主義，他堅決反對引入市場，認為市場無可避免地是屬於資本主義的（Mandel, 1986: 17）。曼度不單否定市場，他更反對價格並試圖

減少金錢在整體經濟中的重要性。米勒卻指出粗糙地把計畫經濟等同社會主義及把市場經濟等同資本主義是不合理的（Miller, 1989b: 25）。對市場社會主義者而言，不單資本主義有市場，社會主義亦可以有市場。當然，市場社會主義下的市場與資本主義下的市場並不一樣。市場社會主義者肯定市場的重要性及不可或缺性，但並不認為市場應以資本主義下的方式存在（Breitenbach, 1991: 17）。市場是一種有用的工具，問題是如何利用及規範市場這個工具（Schweickart, 1992b: 21）。

　　當代非馬克思型市場社會主義發展有其歷史及理論背景，米勒及皮爾遜（C. Pierson）不約而同地抱持一個想法：市場社會主義是一種把社會（或公共）所有制及市場機制結合起來的政經制度（Pierson, 1995: 84; Miller, 1987b）。就市場社會主義的操作定義而言：市場社會主義是同時接受市場經濟及某種型態公共所有制的政經主張。自一九八〇年代開始直到現在的各種主要市場社會主義模式中的所有制。接下來的討論焦點將放在當代而非較早期市場社會主義，原因是早期市場社會主義者如蘭格（Oskar Lange）所關注的並非公共所有制及相關的結構正義問題，而是社會主義經濟計算的可行性。[2]

2　拉夫爾（Don Lavoie）對蘭格與米塞斯及海耶克的辯論作了非常詳細的分析及提出獨到的見解，見（Don Lavoie, 1985）。

三、社會主義與公共所有制

（一）所有權與放權式社會主義

　　若要建立關於市場社會主義的結構正義論，可以從對所有制的分析出發。不同的政經模式建議不同的所有制，分析各種模式的所有制難避免要透過對所有權的分析，我們不妨引用著名法哲學家漢奈爾（A. M. Honore）對所有權的詮釋。漢奈爾就所有制中隱含的權利作出精闢的分類及分析，對某一物件的所有權的訴求包括（Honore, 1961: 112ff）：

R_1：占有權（the right to possess）──對該物件的排他性控制權

R_2：使用權（the right to use）──使用該物件的訴求權及使用該物件時的享用權

R_3：管理權（the right to manage）──決定使用該物件的目的及誰可以使用的權利

R_4：收入權（the right to the income from the thing）──合法使用該物件下的收入的擁有權

R_5：資本權（the right to the capital）──有完整的能力及自由去出讓、消耗、浪費、改變及摧毀該物件

R_6：安全權（the right to security）──免於他人徵用或徵收該物件的權利

R_7：移贈權（[the right to] transmissibility）──將該物件轉贈的權利

　　除了以上的各種訴求外，漢奈爾還提出兩項限制條款：（1）禁止有害使用——亦即是使用該物件時不得侵犯他人的權利，（2）對債務及稅收的負擔——亦即是該物件在必要時將用以抵償欠債及稅款。設置這些限制條款的目的當然是為了確保任何人在運用或保持其權利的同時能保障其他人的權利。任何政經模式的所有制對上述的訴求及條款都必須要有具體的安排。由於關於兩項限制條款的爭議不大，我們主要集中討論與權利訴求相關的議題。

　　如前所述，從理論的層次出發，我們可以確認四大類別的政經模式：資本主義、集權式社會主義、放權式社會主義及共產主義。雖然我們的討論重點是市場社會主義，但是若要瞭解市場社會主義，特別是它作為放權式社會主義在所有制上的特點，我們必須先瞭解其他政經模式所有制所牽涉的權利。關於所有權的討論有兩個主要面向：第一個面向是「誰的所有」，第二個面向是「擁有些什麼權利」。

　　在資本主義社會中，經濟活動是透過市場機制進行，一小撮擁有生產工具的資本家僱用出賣勞動力的人，而國家透過保障私有財產及契約制度來維持資本主義制度。資本主義下私有制的特點在於個人可以擁有上述全數的權利訴求 R_1-R_7，而最讓社會主義者詬病的是生產工具由私人所有。社會主義者當然不反對我們對基本必需品及眾多日常生活產品有完的所有權，但資產階級與無產階級之間的差別在於前者對生產工具擁有全數的權利訴求，而無產階級則只有部分的使用權。嚴格來說，無產階級工人們沒有收入權 R_4，這不是說他們沒有收入，只是其收入與生產工具所有權無關，原因是他們所謂的收入是以販賣勞動力而來，是先於產品的製造及其後產品以商品形式販售的過程。資本家是

否能將商品出售以致在出售時的價格是否能讓他從中獲利等考量跟工人們的收入沒有直接的關係。即使資本家可能會虧本，亦必須支付他／她在契約中所承諾員工的工資。

在集權式社會主義社會中，政治上實行中央集權，經濟活動是透過中央控制的計畫機制進行，而所實行的是國家所有制，重點是生產工具乃國家占有，並由國家委派幹部管理，國家所有制的特點在於，國家占有關於生產工具的全數權利訴求 R_1-R_7。嚴格來說，與資本主義下的工人比較，集權式社會主義社會下的工人們一樣沒有收入權，這並不是說他們沒有收入，只是其收入與生產工具的所有權無關，原因是國家分發給他們的所謂收入是他／她們透過為國家貢獻勞動力而「賺」來，是先於產品的製造及其後以商品形式販售的過程。國家是否能將商品出售以致在出售時的價格是否能讓他從中獲利跟工人們的收入並沒有直接的關係，即使國家可能會虧本，亦必須支付員工在契約中承諾工人們的工資。

至於在理想的共產主義社會中的所有制，馬克思並沒有仔細描述共產主義社會應如何運作，不過，我們可以從共產主義的理想推敲。假如國家的消亡、階級分野的清除、私有制的湮滅及分工制度的剷除等共產主義理想真的獲得實現，那麼全民所有制是可以預期的所有制模式，意思是關於生產工具的所有權利訴求 R_1-R_7 都是全民所有的，亦即是說，生產工具乃全民共同擁有及操控，而國家逐漸被自治團體取代。至於消耗性的個人必需品及日常用品，個人則擁有其所有權的。最後，由於是實行各取所需的分配制度的原故，也就沒有貨幣制度，亦無什麼收入權的爭議。

不過，對不少西方社會主義者來說，共產主義根本就不可

行，他們希望發展出有別於自由資本主義及社會民主主義的政治經濟體。在另一邊廂，對於很多前南斯拉夫及中國的社會主義者來說，他們當時所面對的問題反而是如何發展非蘇聯式社會主義政治經濟體。基於不同的考慮，東西方的社會主義者都不約而同地指向放權式社會主義。在此我們不必深入討論放權式社會主義在中國、前南斯拉夫、匈牙利及其他前東歐共產諸國的實踐模式，這不是說對實踐的瞭解並不重要，而是我們討論的重點不是實踐模式而是理論模式。[3]

至於前述的兩種放權式社會主義，民主計畫社會主義及市場社會主義的相同之處在於它們都接受某種形式的公共所有制，而兩者的區別在於透過什麼機制來進行經濟活動，民主計畫社會主義者主張透過大眾的民主參與來規劃大部分的經濟活動（Albert and Hahnel, 1988, 1992, 2002; Campell, 2002; Devine, 1988, 1992, 2002; Laibman, 2002）。民主計畫社會主義者對市場持有保留的態度；相對而言，市場社會主義則主張透過市場來聯繫經濟活動。在放權式社會主義社會中，生產工具乃公眾共同擁有及操控，政治權力下放。作為放權式社會主義的一種，民主計畫社會主義接受社會所有制。然而，眾多論者中只有少數如迪凡因（P. Devine）曾經就所有制作出討論。

根據迪凡因的想法，企業由利害相關者擁有，當中包括企業員工、主要原料供應商、產品使用者、企業所在的地方政府等（Devine, 2002: 77ff）。在迪凡因設想的民主計畫社會主義中，占

---

3 筆者曾經就中國的市場社會主義作出探討，並指出中國已於九〇年代後期脫離社會主義而步入資本主義，見（梁文韜，2001）。

有權、使用權及管理權等在很大程度上都是分散於社會各層面。不過，民主計畫社會主義有待進一步發展，單從現有的理論很難作出具體的分析。然而，有一點我們可以清楚的是，民主計畫社會主義的社會所有制亦算是一種公共所有制，其背後的信念是任何受到企業財產使用的結果所影響的人或機構都應該分享所有權（Devine, 2002: 76）。這種想法很顯然是為了配合對整個經濟體系進行民主控制的信念，可惜的是，迪凡因沒有仔細說明社會所有制與民主計畫經濟兩者之間的理論關係。

市場社會主義跟民主計畫社會主義不相同的地方在於，前者認定市場是經濟活動中不可或缺的。一般而言，市場在實際操作上有三種作用：（1）作為一種提供所需物品及服務的方式；（2）作為一項分配及籌措生產資源的機制；（3）作為一項決定生產成果及資產如何分配的機制。資本主義市場包含這三種作用；但在集權式社會主義下，市場受到相當大的局限，特別是資本市場（Brus, 1990; Brus and Laski, 1989: ch.9）。民主計畫社會主義者與市場社會主義者對於應如何看待市場有不同看法，有待日後進一步的探討。以下的討論重點在市場社會主義所有制。

在設計市場社會主義模式時，部分論者否定市場社會主義充其量只是邁向共產主義的一個步驟或過渡性階段的看法，他們十分著重規範性的考量。部分傳統馬克思主義者亦是基於規範性考量來反對市場社會主義。他們所反對的是市場經濟及其帶來的不良結果。對傳統馬克思主義者而言，市場社會主義違背社會主義消滅剝削及剷除異化的目標，他們質疑為何市場社會主義可以被稱為「社會主義」（Mandel, 1986, 1988; Ollman, 1998）。

市場社會主義者之所以提倡某種形式的公共所有制是要減少

剝削及降低異化的影響。自由、平等、民主及社會正義等都是市場社會主義者所擁抱的價值，目的是要爭取穩定的及能順利運作的社會主義社會。皮爾遜指出市場之所以被推薦，是因為它是一種在社會主義之下獲取更大經濟效率的方式，亦是一種確保更大的個人自由、更多的民主和更完善的政經模式（Pierson, 1995: 84-5）。

雖然社會主義標榜平等主義，但是它與市場體系並不矛盾（Baker, 1987）。市場社會主義設法實現平等、民主和團結這些傳統的社會主義目標，而同時又保持經濟效率，方法是保存資本主義經濟的一個主要特徵——市場，以及取代資本主義的另一個主要特點——生產資料的私有制。市場社會主義者一致認為整個經濟體系採取中央規劃是不太可行的，但與此同時，他們亦深信市場失衡導致企業壟斷、貧富不均等嚴重問題。市場社會主義的重點是讓市場導引經濟活動，提倡某種形式的公共所有制，而對公共所有制的設計卻容許多種可能性。

市場社會主義者對公共所有制的理解並不一致，所有制中最重要的一項元素是企業模式。市社會主義主要接受三種企業的存在：（1）國家企業，（2）合作社企業及（3）公眾擁有的企業。不同的市場社會主義對這幾種企業的態度上的差異決定不同的市場社會主義模式。市場社會主義者嘗試提出不同的模型，以不同形式的所有制來劃分的話，大致上可以分為三種：第一種是混合型，以中央擁有及管理的企業為主，並輔以公眾擁有的企業及合作社企業，洛夫是提倡這一種模式的代表。第二種是工人自治的合作社企業為主，除了米勒外，主張這一種模式的代表人物包括伊斯甸（Saul Estrin）、史威卡特（David Schweickart）及威斯哥

夫（Thomas E.Weisskopf）等。第三種是以公眾擁有的企業為主，除了羅默外，巴肯（Pranab Bardhan）也是鼓吹這一種模式的代表。值得注意的是，不同的市場社會主義模式都在一定程度上容許小型的私人企業的存在（Nove, 1991: 213; Bardhan and Roemer, 1992: 108）。我們將對這三種政經模式作出分析，重點放在後兩種模式上，原因是關於這兩種模式的理論比較具體。

（二）當代市場社會主義理論上的模式

1. 企業模式與洛夫的混合式市場社會主義

　　早在冷戰期間，洛夫便質疑集權式社會主義的政經模式的可行性，及至蘇聯及其他東歐共產國家的崩潰讓洛夫的立場變得更堅定。他一方面否定馬克思型社會主義的共產主義設想，但另一方面卻維護社會主義。洛夫認為馬克思型社會主義中設想的目標是不可能達到的。勃斯（W. Brus）在討論洛夫的理論時曾經表示可不可行並不是問題的重點，因為事實上計畫經濟也可以說是可行的（Brus, 1985: 46）。沒有人會否認計畫經濟不單曾經出現而且還在某些國家中實踐過，但勃斯沒有瞭解到洛夫所關心的是共產主義目標的可行性而不是計畫經濟的可行性，他似乎錯誤地把共產主義與計畫經濟畫上等號。勃斯與洛夫兩人所關注的重點並不相同，真正的問題應該是到底以計畫經濟方式能否達到共產主義目標。對某些馬克思型社會主義者來說，答案是肯定的。

　　洛夫對馬克思主義批評的重點是馬克思型社會主義政治經濟學若不是不相干就是引導錯誤，原因是它已經假設共產主義經濟

不會有問題（Nove, 1991: 63）。共產主義是社會主義發展的最高階段，階級鬥爭基本上已經消失，這並不表示當時不會有生產及分配的問題。以資源分配為例，即使採納了馬克思所倡議的「各盡所能及各取所需」原則，各人對所需的理解有不同想法，只要有做集體決定的需要，就難免有不同意見、問題及衝突。

洛夫所倡議的並不是全盤否定計畫而是平衡市場與計畫。根據洛夫的想法，市場與規劃如何平衡要視乎經濟體系的發展與大小。從這個角度出發，對於規模大的及在發展中的經濟體系如中國來說，市場是不可或缺的。洛夫不能接受在現代工業社會中以事前（ex ante）規劃可以替代以市場作為事後（ex post）聯繫的想法，他認為這只是一個假象（illusion）。不過，艾絲頓（Diane Elston）錯誤地批評洛夫，以為在他的理論中除了市場及官僚規劃外別無他法（Elston, 1988: 3）。

洛夫的「雙重模型（dual model）」包含一個以中央規劃為主導的主區域（dominant realm）及一個以市場為主導的次區域（subordinate realm），國家的角色必須占非常重要的地位（Nove, 1989: 98-109）。他列出五種在社會主義制度下的生產媒介：中央擁有及管理的國家企業、工人自主管理的國家企業、合作社式企業、小型的私人企業及自僱人士（Nove, 1991: 213）。從洛夫的角度看，將國有制定性為社會主義的必然構成因素是錯誤的，放權式社會主義提出跟集權式社會主義不同的想法，亦即是實行生產工具社會化而非國有化。社會化並不單是法律規定下的一個財產制度而已，它是一個讓民眾富強的原則。由於重要企業是國有的或公眾共同擁有而不是私有的，故此，這個模式算不上是資本主義。在洛夫的理論中，市場及計畫經濟的元素互相結合。洛夫

的模型在很大的程度上排除私有制，可是他並沒有提出具體的答案去解決如何一方面堅持所謂的公共所有制，而另一方面則接納市場。另外，由於其經濟學的背景，洛夫沒有具體談論他所提出的模式背後的政治道德基礎。

　　相對於洛夫的模式，米勒、伊斯甸及其他贊成以合作社企業為主的市場社會主義者則較著重政治道德的規範。米勒認定民主（經濟及政治）、自由（包括對自主的考量）、正義（包括對平等的考量）是重要的政治道德理想（Miller, 1989a: 14），而採納合作社企業為主的政經模式就是要體現這些理想。伊斯甸亦指出開拓實現民主的空間至工作間、減少收入不平等及降低異化的程度是實踐以合作社企業為主的所有制的目標（Estrin, 1989: 170-172）。

2. 合作社企業與經濟民主

　　威斯哥夫所建議的模式將政治民主與經濟自治相結合的市場社會主義模式（Weisskopf, 1992, 1993, 1994）。他認為民主自治的市場社會主義綜合各種社會主義理論的長處，其模式包括四個方面：（1）自由與民主的政治制度，（2）企業及其收入的社會所有及控制，（3）市場作為資源配置的主要機制，（4）國家在政經決策上的積極作用。民主自治的市場社會主義的特點是企業的民主自治，企業的所有成員按照「一人一票制」原則選舉企業管理委員會，企業經理由委員會僱用並對其負責。

　　另外，員工可以自由退出企業，放棄其投票權並可以把自己利益相關的票證兌換成現金。在這一點上，威斯哥夫的模式有別於米勒等人的模式，員工在威斯哥夫的模式中對企業分享直接所

有權，但在米勒的模式中沒有成員本身的直接投資，因此個人對企業資產沒有任何權利，合作社企業在沒有虧損的情況下結束，成員們不能分享任何資產，個人若要離開亦不能領取任何現金。在威斯哥夫的模式中，企業採取民主方式決定收入分配的政策，與米勒的想法類似。

至於企業資本的主要來源則是：（1）從其它企業借貸資金；（2）從獨立的民主自治的銀行或其它金融仲介機構借貸資金；（3）通過向獨立的社會共同基金和外國投資者發行無投票權的可交易的有價證券獲得資金；（4）將企業的盈餘重新投資。

威斯哥夫模式的最大特色是收入社會化，每一個成年公民對任何企業的收入都享有平等的權利要求。換句話說，民眾對所有合作社企業所擁有的生產工具及其它生產資源享有收入權 R_4。另外，威斯哥夫認為，在實行積極的經濟政策及提升企業的生產效率雙管齊之下可以達到最理想的經濟表現。他強調這種模式應該是前蘇聯和東歐國家向市場經濟過渡的最佳選擇，而這些國家不應走上資本主義之路。

史威卡特倡議注重經濟民主的市場社會主義，希望同時兼顧效率和公平分配，這與上述的模式十分類似。早在 1980 年代初，他就提出「工人控制（workers' control）」模式（Schweickart, 1980）。史威卡特曾經十分有系統地研究前南斯拉夫式社會主義經濟模式，並在前共產東歐劇變後轉而用「經濟民主」概括自己的模式。對真實存在過的社會主義政經模進行反思後，史威卡特後來提出真正的社會主義在經濟領域內必有效處理三個問題：（1）勞動的異化，（2）生產的無政府狀態，（3）官僚主義的低效率（Schweickart, 1993）。他認為解決這些問題的方式是將計畫

和市場有機地結合起來，並落實經濟民主與政治民主。

　　史威卡特經濟民主模式的三個基本特徵是企業自治及市場經濟。按照前述漢奈爾的所有權模型來分析，在史威卡特模式下，企業由勞動者自己管理，但是她們並不占有生產資料，亦即是沒有占有權 R_1、根本權 R_5 及移贈權 R_7，生產工具是社會的集體財產，她們只有使用權 R_2、管理權 R_3 及收入權 R_4。市場經濟逼使自治企業追求利潤，但利潤並不是資本主義的利潤，而是產品的價值與扣除工資後的生產費用之間的差額。對史威卡特而言，企業自治之目的就是為了揚棄勞動商品化和異化。

　　在資本來源這一點上，史威卡特的模式與米勒所提出來的模式有所不同。投資資金的主要來源為資本稅，資金的分配是由國家級、地方級及社區的立法單位來決定。不過，這些不同層級的立法單位並不是直接以民主方式來分配資金，而是決定如何將資金分配予各級銀行，而這些銀行進一步將資金分散地投資於其附帶企業或協助新的合作社企業。史威卡特建議對所有新投資作出有效而民主的社會控制，為社會發展及經濟成長提供指引，投資決策由一定的代表機構民主地訂定。

　　市場社會主義者不僅要求政治民主化，而且期待要在經濟效率上超過資本主義。史威卡特認為，透過他提出的模式可以有效地確保社會主義發展的方向並克服資本主義生產的無政府狀態。根據他的想法，經濟民主模式一方面既實現經濟民主，亦確保政治民主，另一方面將計畫和市場結合起來。史威卡特指出，企業自治和全社會的計畫投資為發展社會主義經濟找到了新的實踐模式，而經濟民主又為更高的生產效率提供了保證。當然，在實踐上是否如史威卡特所想像的那麼有效率則有待驗證。

3. 票券經濟與利潤分散

　　根據社會所有制，資本及生產工具是整個社會集體擁有的，並由不同組合的工人管理。迪傑斯（Anthony de Jasay）對此作出批評並提出反問：「什麼是『社會』？」、「它不就是由擁有最高代表性的國家所代表的嗎？」、「我們如何能設想社會所有制下沒有國家來行使擁有權？」。他認為，假如擁有者並不是社會中的一個小集合而是社會全體，所謂的社會擁有即是國家擁有，社會擁有者的決定亦是政府的決定。另外，即使自我加諸的限制不會把市場社會主義下的市場局限在消費品，所謂的社會所有制也會造成這個結果（De Jasay, 1990: 18）。

　　迪傑斯的想法不無道理，社會所有制原則上應該排除資本市場的存在，亦在很大程度上限制了生產工具的市場，這樣的話市場社會主義與國家社會主義的分別似乎並不大。迪傑斯所質疑的是市場社會主義者認為社會所有制與市場相融的想法。換句話說，除非市場社會主義者放棄社會所有制，否則他們難以誠心地接受市場。相對於米勒、史威卡特及威斯哥夫的模式，羅默及巴肯所分別提出的模式似乎比較切合迪傑斯的要求。

　　羅默當年堅持雖然前蘇聯解體及東歐共產陣營解體，但是社會主義「未死」（Roemer, 1992），並認為前蘇聯陣營的崩潰是共產主義政經體系的失敗，而並非公共所有制的失敗，社會主義者必須設計可行的公共所有制。另外，羅默指出，共產主義政經體系沒有在計畫制定者、企業管理者和勞動者之間建立有效監督和激勵機制，因而違背社會主義的本意（Roemer, 1994: ch.5）。

　　根據羅默的想法，在市場社會主義政經模式下，大部分的資

源（包括勞動力）是由價格系統分配，而公司的利潤在一定程度上是平均地分配予全民的，但不同市場社會主義的版本之分別在於如何達到這個目標。羅默所提出的模式有四個基本特徵：（1）建立票券形式的公有制經濟（coupon economy），將全國所有的企業的資產以票券形式平等地分配給所有的成年居民，這種票券可以在票券市場上交換和流通，卻不允許跟貨幣交換；（2）平等地分配企業利潤，讓勞動者憑票券可獲得自己企業和其他企業的紅利，而紅利的多少取決於企業經營的效益；（3）計畫體制通過差別利率對投資進行管理；（4）同時以政治民主作為後盾來保證其良好運作。

羅默模式的最大特點是上述的票券經濟（Roemer, 1996: 20），每一個成年公民接受相同數量的票券，票券只能用來購買互惠基金的股份，互惠基金只能用所收到的票券去購買公司的股份，公司股票及互惠基金的價格則是按照公司及基金股份的供求而決定，民眾可自由贖回投放在任何某一個基金的票券並將其投放在另外的基金。民眾得從其投放的基金所投資的公司組合中分享部分利潤，而民眾所分得的票券於過世後要回歸政府。按照漢奈爾的所有權模型來分析，全民間接擁有企業占有權 R_1 及收入權 R_4。

與威斯哥夫的模式相比，在羅默的模式下，企業利潤並不是直接平均地發放給每位公民，而是透過票券的方式對企業的利潤提出訴求。由於每位公民的票券可自由轉讓，這樣的安排會激發他們積極關注各企業的表現，亦間接提供更多市場的訊息。

羅默的模式所展示的是一種公共所有制，確實屬於社會主義的一種模式。羅默當然認為其市場社會主義模式比資本主義優

勝，他提供了一系列運算結果證明票券經濟可以大大改善很多人的收入（Roemer, 1994: 133ff）。羅默意識到從 1970 年代開始，美國國家收入不斷增加，但大部分民眾的實際收入卻停滯不前，他認為在其建議的模式下，由不平等所引發的邪惡如政治賄賂等亦會相繼減少。羅默認為其模式的另外一個優點是減少能產生利潤的公惡（public bads）。很多的公惡如污染常常隨著利潤的提升而增加。假如利潤集中在少數人身上，那麼社會上必然出現比一般大眾不顧公共利益的一撮人，由於權勢及財力，他們容易逃避責任，讓利潤平等化能減少其影響。

相對於羅默，巴肯提出了相似的市場社會主義模式。巴肯的模式在一定程序上參考了日本的 "keiretsu"（Bardhan, 1993: 147），銀行有固定聯繫的企業群組，每個公司和銀行都擁有集團內其他公司的部分股份。在這一點上，巴肯的理論模式與史威卡特的模式有點相似，每個公司的董事會都包括集團內其他公司和銀行的代表。

公司的部分利潤交給國家，由全體公民分享，部分利潤按集團內其他公司所占有該公司的股份分給其他公司，由集團內其他公司的勞動者享有。因此，每一位勞動者不單能獲得社會所有制下公司上繳給政府的利潤，亦能分享整個企業集團內其他公司的利潤。按照漢奈爾的所有權模型來分析，全民是**間接擁**有企業占有權 R_1 及**直接擁**有收入權 R_4。

利潤分散的作用是建立集團企業群內部相互監督並保證利潤的最大化。如果集團企業群內某企業不能保證利潤最大化，擁有該企業股票的其他公司就會把股票賣給銀行。銀行會對該企業施加壓力，迫使該企業改善經營。因此，巴肯的方案是要創建一種

集團企業群內分散公司監督的機制，把公司管理者的責任分散到
集團內所有公司和銀行，以便各公司和銀行能夠互相監督。巴肯
的方案比羅默的票券經濟更注重企業利潤分配和分散監督機制。

　　綜合以上的分析，羅默及巴肯所提出的模式強調廠長負責爭
逐盈利的企業。按照漢奈爾的所有制模型來分析，羅默及巴肯在
於管理權的配置上比較集中，我們將會指出米勒以合作社企業為
主的模式中管理權比較分散，而在羅默的廠長負責模式中，管理
權則顯得非常集中。兩種模式的分歧完全在於平權與效率之爭以
及民主與專業之爭。

　　另外一項最大的差別是在收入權上，我們會看到在米勒所提
出的模式中，某企業裡的某員工的收入只跟她的付出及其公司的
收入掛鉤，跟其他公司的表現毫無瓜葛，亦即是說，她對其他公
司所使用及管理的財產沒有收入權。在羅默及巴肯的模式中，除
了工作上的收入外，一個有工作的人的收入還包括因為她的公民
身分所分享到其他公司的利潤，亦即是說，她對所有其它公司所
擁有的財產持有收入權。

　　接下來我們會指出，對米勒來說，合作社基礎在於民主而非
社會所有制，他沒有訴諸結構正義來替合作社的所有制找尋政
治道德基礎，更嚴重的問題是，他亦無訴諸分配正義來替合作社
模式辯護，單純訴諸民主令其市場社會主義論述中的社會主義元
素跟其分配正義論有點格格不入，米勒將心力花在為市場經濟辯
護，但本來這點的爭議就不大。

四、傳統社會主義與市場社會主義的政治道德

（一）社會主義的基本目標與合作社所有制

　　米勒十分著重政治道德的規範，並試圖找出市場社會主義有別於傳統社會主義的規範性基礎。故此，若要瞭解市場社會主義的規範性基礎，我們必瞭解市場社會主義與傳統社會主義在政治道德理想上有何種差別。米勒認為傳統社會主義有五個基本目標：（1）有意識的把社會活動導向共同目標；（2）民主；（3）物質平等；（4）自由；（5）綜合共同體（Miller, 1987c: sec.1（1994[1991]: 248））。關於第（1）項目標，亦即是政府有意識地導引社會活動以實現某些目的，社會主義者反對市場資本主義所具有的放任狀態，其結果是民眾在不協調的情況下追求私利的副產品。米勒強調，社會主義者不一定贊成政府有意識的把社會活動導向共同目標，特別是在經濟方面。市場的一般框架是按詳盡計畫予以確立的，這個框架包括企業所採用之形式、投資政策等等，但是具體的經濟活動則須讓各種市場力量自由運作。工廠生產的產品、產量以及由誰生產等問題都是透過市場來決定。米勒指出，經濟上來說，社會的技術愈發達，通過中央來主導各種經濟活動會愈加困難，原因是雖然計畫制定者所掌握的技術會日趨尖端，但是他們必須協調的經濟活動亦迅速地增加。米勒認為，市場社會主義可以不考慮這一項目標，而是把協調經濟活動的權力下放。

　　至於第（2）項，亦即是對民主的訴求，傳統馬克思主義者

一般認為，只要把私有制鏟除，財產收歸國有，在「人民當家作主」下，民主便會實現。事實上卻並非如此，前蘇聯及東歐共產主義證明，民眾及工人服膺於龐大的官僚體制下，缺乏民主。對市場社會主義者來說，民主不僅是形式化的議會民主而是社會各層面的民主，亦即是對更為廣泛的社會生活和經濟生活領域所進行的民主控制。

社會主義的第（3）項目標是物質平等，亦即是生活條件方面的平等。社會主義者都反對資本主義社會所具有的極端不平等現象。然而，「平等」對於部分傳統社會主義者而言意味著絕對平等；而對於市場社會主義者如米勒來說，這意味著對不平等的有效限制，卻同時承認在正義原則下可以接受的某些生活水平上的差距。馬克思主義者認為不平等的一個重要原因是剝削，市場社會主義者意圖找出限制不平等的及減少剝削的機制。

至於第（4）項，米勒認為社會主義者所理解的自由與資本主義所支持的「消極」自由有一定的差異，自由是每個人能拓展其潛力、體現其能力及自己作主。馬克思主義認為，勞動是人類最基本的活動，是體現個人之作為人的本質的活動，資本主義讓人與他所生產的產品相分割，令勞動者承受異化的結果，根本就已喪失自己作主的可能，因此，自主而非消極自由乃馬克思主義者及市場社會主義者所追求的目標。

社會主義的第（5）項目標是綜合共同體，傳統社會主義者認為，社會關係應以合作和集體歸屬感而非衝突和競爭為特徵。在前蘇聯、共產東歐及中國的人民公社乃綜合共同體的一種典型模式。米勒認為，市場社會主義者所倡導的下放型政經模式可以給予民眾更多的空間，他們須要放棄那種無所不包的及千篇一律

的綜合共同體觀，原因是它未給予其它的社會關係留下任何空間。

米勒提出，除了生產及提供服務上的效率外，市場社會主義要達到另外三個目標：（1）限制國家在經濟領域中的角色，讓政府真正成為民主政府；（2）保護工人作為個體及自治企業的自主；（3）使基礎收入（primary income）得到更平等的分配（Miller, 1989a: 9）。綜合以上的考量，在米勒的非馬克思型市場社會主義理論中，民主（經濟及政治）、自由（包括對自主的考量）、正義（包括對平等的考量）是重要的政治道德理想（Miller, 1989a: 14）。另一位論者皮爾遜（Christopher Pierson）亦指出市場之所以被推薦，不僅是它作為一種在社會主義下獲取更大經濟效率的方式，而且也是一種確保更大個人自由、更多民主和更完善的實踐社會正義的模式（Pierson, 1995: 88-95）。

不同類型的市場社會主義者對上述的目標有不同的理解，用以達到這些目標的政經制度亦不盡相同。米勒所建議的合作社式市場社會主義是其中一種最主要模式，支持這種模式有阿諾特（N. S. Arnold）、史威卡特及威斯哥夫等。不管是那種模式，市場社會主義都在一定程度上接受市場的存在。市場主要分為三種：商品（包括產品與服務）市場，勞動市場及資本市場。不同市場社會主義模式對這三種市場有不同的對待，由於討論的重點並不是三種市場在不同市場社會主義模式下如何運作，而是在於市場的規範性基礎，米勒理論的特色在於其試圖將市場社會主義的政治道德建基於社會正義論上。不過，值得注意的是，米勒本人同意市場社會主義的模式可以是多元的，他亦沒有堅持其模式為最理想的模式（Miller, 1989a: 321）。

　　米勒設想一個以工人合作社為主的市場社會主義政經模式，每家企業都按照工人合作社形式建構的（Miller, 1989a, 1989b, 1994 [1991]）。可是，他的論述重點並不是放在所有權及相關的結構正義上，但我們會替他進行探討。工人合作社自行決定產品種類、生產方式、價格等問題，並在自由市場上競爭。從所有制的角度分析，工人集體擁有相關的生產工具及生產資源。按照漢奈爾的所有制模型來分析，基本上，從占有權 R_1 到移贈權 R_7 等七種權利都是集體擁有，至於如何及誰來使用生產工具則由整體成員以民主方式來決定。每家企業都由所有員工進行民主控制，她們就各種問題作出決策，其中包括合作社內部的收入分配。員工享有收入權 R_4，個人工資收入一部分透過市場標準訂定，另外一部分則是從利潤所組成的集體資金中擷取。企業的資本是從外在的投資機構借貸而來，並按某一固定利率付出利息。它們對所借的資本享有使用權 R_2，但並不享有完全的所有權，既不可以出讓，亦不可以移贈。這意味著它們的固定資產必須保值，既不能把資本視作收入，亦不能將其放貸給其他企業。米勒所鼓吹的所有制模式與伊斯旬所提倡的南斯拉夫型合作社模式十分相似（Estrin, 1989: 172ff）。

　　每一間企業都必須維持其民主形式，假如企業要擴充，招納新成員後要將他們視為正式成員，享有平等的投票權。由於受限於這個條件，它可以選擇不同的內部管理結構。小型合作社一般通過全體員工大會來決定大多數問題，而大型的合作社則確立一套更複雜的制度，如成立類似執行委員會的組織。很顯然，管理權 R_3 是由全部員工所共同擁有。

（二）國家、合作社模式與市場社會主義

在米勒的市場社會主義模式中，國家扮演重要的角色，但它不會試圖直接訂定生產計畫。國家的職能只局限於確定市場架構的完整性及合理性，從而讓整個經濟於很大的程度上服膺於社會主義的平等目標。市場架構的一個重要元素是投資管理，這項工作由私營銀行或公共投資機構承擔。米勒所設想的私人銀行並非典型的資本主義私營銀行，其中有一定數量的股份是公共機構及合作社企業所持有（Miller, 1994 [1991]: 258）。投資銀行的工作是為現有的和新組成的合作社提供資本。

市場社會主義的投資銀行在扶植新的合作社這方面起了積極的作用，銀行將尋求新工作的人組織起來成立合作社後，就必須將合作社的管理工作交給其成員（Miller, 1994 [1991]: 259; 1989a: 312）。按照漢奈爾的所有制模型來分析，這些投資機構對資本擁有使用權 R_2、管理權 R_3 及收入權 R_4，亦即是有權利替股東善用資本及可以使用其資本於協助合作社企業，從而賺取利息。不過，它們對合作社本身沒有使用權 R_2 及管理權 R_3。

米勒認為這些投資機構的目的並不單單是利潤最大化，投資機構的決策不僅應考慮個別企業的經營能力，還應考慮一些更廣泛的因素，尤其是防止市場支配力過於集中，使經濟保持競爭狀態，以及維持不同地區之間就業平衡等因素。投資機構向企業提供價格、市場趨勢等訊息，這些訊息對需求最大的行業和地區組建新合作社方面有積極的作用。

另外，國家負責確立最低收入水平，如果某家經營不善的企業在短期內無力發放最低工資，國家要負責維持這些成員的生

計，從而使新的產品得到發展或者讓企業改組工作得以推行。除了上述職能以外，國家還要繼續提供其它福利。米勒認為推崇市場社會主義，並不是要迷信市場。市場是提供日用商品和日常服務的有效手段，但是界定市場應當如何運作是一個實踐上的問題，而非原則上的問題。

米勒設想以工人合作社為主的市場社會主義政經模式，在一定程度上允許商品市場、勞動市場及資本市場的存在（Miller, 1987c: sec.2 1994[1991]: 248ff）。在此模式下，企業都是按工人合作社形式加以建構，其資本是從投資機構借貸而來的。工人合作社可自行決定產品種類、生產方式、價格等問題，並在自由市場上競爭。工資收入從企業的集體資金中提領。

另外，企業都由所有員工進行民主控制，他們就各種問題作出決定，其中包括合作社內部的收入分配。由於各企業必須實踐其民主形式，如果某企業擴充，它就必須招聘新員工，並讓新聘員工成為企業的正式成員，享有平等的表決權。不過，企業可以採用特定的內部管理結構以實現經濟民主，小型合作社一般通過全體員工大會來決定大多數問題，而較大型合作社通常則希望確立一套更有效的決策制度，設立執行委員會之類的決策組織（Cf. Miller, 1989a: 10）。

米勒的模式在很大程度上容許勞動市場，工人有自由選擇其願意工作的企業，而合作社企業亦有自由選擇合適的工人。工人一旦成為某合作社的員工，不能隨便被視為冗員而遭開除，工人卻原則上可以選擇離開。遇到合作社倒閉，工人將尋求轉至其他合作社或成立新的合作社。米勒認為，這種制度創建一個能反映合作社內收入差別的勞動市場，不同成員按其不同的技能及所擔

負的不同責任獲取不同的收入，由於勞動市場的存在，收入水平的差異理論上是橫跨整個經濟體。

對米勒來說，如何提供合作社投資資本是市場社會主義必須處理的問題。值得注意的是，米勒提出的模式中容許所謂的私人銀行，私人銀行非完全由私人所有，其股份部分由合作社和政府當局所有。在市場社會主義下，提供資本可以通過兩種渠道得到實現，其一是通過私人銀行，其二是通過公共基金投資系統。當時，米勒認為投資銀行在實踐中採取何種形式的所有制，可能不是十分重要的問題（Miller, 1987c: sec2，1994[1991]: 258）。

嚴格來說，米勒的市場社會主義沒有資本主義下的自由資本市場。米勒指出投資是公共性的，由一個國家級的及幾個地方級的銀行負責（Miller, 1989a: 310），政府要減少對投資的干預，如使地方銀行對地區政府負責，而毋須對中央負責（Miller, 1987c: sec21994[1991]: 258）。合作社企業按固定利率向投資銀行借貸資本，並受到某種限制。它們對所借的資本享有使用權，但並不享有完全的所有權。另外，合作社企業的固定資產必須保值，既不能把資本視作收入，亦不可將其放貸予其他企業。米勒認為在市場社會主義制度下，不存在一般意義上的資本市場，投資銀行都必須為生產者實現同樣的目的，即是建設合作社（Miller, 1989a: 311）。

如在上一章中提及，市場社會主義的投資銀行在扶植新的合作社這方面起了積極的作用，而且很可能會設立專門的分支機構致力於此項工作。銀行將尋求新工作的人組織起來成立合作社後，就必須將合作社的管理工作交給其成員（Miller, 1987c: sec.21994[1991]: 259; 1989a: 312）。不過，米勒政經模式也有其破

產規則，亦即是說，當企業長期無力向其成員發放維持生計的收入時，就必須停業。

以合作社為主的政經體系有其內在問題，如依賴經濟民主可能會影響企業效率及導致合作社企業缺乏企業家精神。不過，這些都是在實踐上的問題，我們的討論重點應該放在規範性考量上。不少馬克思主義者是基於傳統社會主義的規範性考量來反對市場社會主義，其所反對的是市場經濟，原因是市場經濟裡所展示的不良結果。傳統倫理馬克思主義者曼度指出由於市場是嘗試以事後（*ex post*）的方式平衡供求，很難避免大家熟悉的資本主義市場所帶來的負面影響（Mandel, 1986: 17）。

曼度基於兩個政治道德考量反對市場。第一，市場扭曲了人類的交往過程，導致結構性的不平等而令很多人的基本需要得不到滿足。第二，市場的存在破壞了社會和諧及社群的建立，原因是它激化矛盾，市場的擴張令人類所冀求的合群性、情感上的融和及個人誠實與正直就逐漸消失。曼度的理想社會似乎是前述的「綜合共同體」。另外，奧曼認為，市場不單造成社會不平等，更違背社會主義消滅剝削的目標（Ollman, 1998: 83）。

曼度與奧曼的批評對馬克思型市場社會主義的影響並不是很大，原因是對馬克思型市場社會主義者來說，市場社會主義只是過渡至共產主義社會的一個階段。傳統馬克思主義者與馬克思型市場社會主義之分歧在於市場在社會主義階段的存在時間要維持多久，前者認為市場應儘速消失，後者則認為市場的存在要維持很久（Lawler, 1998; Ollman, 1998）。另一方面，由於非馬克思型市場社會主義者認為共產社會不一定或者是不會出現，而依靠市場社會主義本身即可建立理想的社會，他們有必要為市場社會主

義在政治道德上的優越性提出論證，認真地面對倫理馬克思主義者的批評。

綜合以上的分析，米勒所設想的模式是以前南斯拉夫自治式合作社為基礎，跟威斯哥夫及史威卡特兩人的不同模式有相似的地方，都是企業民主加上某種型態的社會所有制。可是，他們似乎沒有非常認真地去探討為何前南斯拉夫的自治式社會主義在1980年代末會出現那麼嚴重的經濟問題，以致最後崩潰。柏卓韋治（Svetozar Pejovich）曾精闢地指出在政治上，前南斯拉夫的問題是由於政府管理不當，補救措施不當。

另外，工人民主自治的政經體系所制定的財產結構無可避免地增加了交易成本（transaction costs）及負面意欲（negative incentives），而這導致高通脹、失業率增加及收入下降等問題（Pejovich, 1990）。在此我們無法深究前南斯拉夫模式在實踐中所遇到的問題，重點是米勒、伊斯甸、史威卡特及威斯哥夫等論者在其眾多著作中都沒有在這方面作出深入的討論。與前南斯拉夫模式不同的是，米勒等人的模式嘗試運用較先進及嚴謹的金融體系來為合作社提供資本。不過，若以他們所設想的模式作為實踐藍本會否犯上前南斯拉夫的錯誤是值得思考的問題。

在市場社會主義的政治道德基礎的議題上，曼度及奧曼關於市場社會主義帶來的結構不平等及對國族社群團合性的破壞為左翼社群主義理論帶來了嚴重的挑戰；可是，如我們在接下來的一節所顯示，米勒沒有從結構正義的視角去為市場社會主義辯護，導致其理論無法有效回應這些挑戰。

五、市場、剝削與社會正義原則

（一）市場、需要、應得與社會正義

　　米勒認為市場社會主義能夠提供實質性的和相對分散的自由（Miller, 1987c: sec. 2; 1994[1991]: 253），尤其是能夠提供民眾在選擇職業方面和在消費方面的自由，合作社選擇員工及投資機構的自由，投資機構選擇投資對象的自由。市場允許人們在其所可獲得的資源範圍內計畫自己的生活，而毋須等待當局的決策。毋庸置疑，這是市場所造就的結果，但反對者所質疑的正是市場經濟及其鼓吹的自由所帶來的不正義，米勒提出的正義論就是要從社會正義的視角出發來回應這方面的質疑。

　　由於米勒所關心的正義，大家會期待其市場社會主義理論能融合其正義論，在其中期論述裡，他認為正義論必須妥善處理日常性的正義意念（ordinary ideas of justice）：需要、應得及平等。若一個社會裡的分配大致上符合需要、應得及平等這些原則，這個社會是正義的。在需要、應得及平等三個原則中，應得在米勒的理論中占有十分重要的地位。應得的判斷都有一定的形式：某行動者 A 基於活動或表現 P 應得某報酬 B。關於應得的討論範圍甚廣，我們的討論焦點放在經濟應得上。

　　米勒提出社會正義的重要議題是經濟應得（economic desert），亦即是人們應因生產工作獲得其所應得的報酬；他強調：「正義要求很多的社會資源基於應得原則來作個人的分配」（Miller, 1999a:248）。米勒嘗試作進一步的解釋，指出由於部分

的益品（goods）如獎勵及榮譽等的性質，應得是其內置的分配原則（built-in criterion）。我們大可同意這一點，不過，獎勵及榮譽是社會資源一小部分而已，重點是那些沒有所謂內置標準的益品（如金錢）應該按什麼原則來分配。米勒提出金錢被視為一種手段以回饋各人在應得上的不同（Miller, 1999a: 248）。[4] 可是，他沒有進一步解釋為何金錢應該被視為一種手段以回饋各人在**應得**上的不同。

激進平等主義者會認為，金錢應該被視為一種手段以平等地滿足所有人的**需要**。單單考慮某一種社會資源的性質不能顯示適用於該資源的分配原則。當然米勒亦意識到這一點，因此他才提出分配原則跟不同的人與人間的關係有密切的聯繫。按米勒的定義，一個經濟市場（economic market）是各人透過契約及交易的機制進行資源交換的程序，資源包括個人工作能力（Miller, 1999a: 108）。人們在市場中之關係、企業中的成員之關係及政府公務員間的關係都是屬於工具性聯合體（instrumental association）（Miller, 1999a: 28ff）。在這類關係裡，每一位成員帶著她的技術、經驗及才幹自由地參與其中。由於各人所付出的並不一致，正義的考量要求每一位參與的個人得到她所應得的。

根據米勒的理論，我們可以構想出他對激進平等主義者的可能回應，論證 R：

---

4 原文：" in other cases goods such as money with no built-in distributive criterion of their own are regarded as appropriate means of recognizing and rewarding differences in desert."

（前提一）　　不管金錢是以收入或資本或其他型態出現，金
　　　　　　　錢的分配是以市場進行
（前提二）　　市場乃人與人之間的工具性聯合體
（前提三）　　應得是主導工具性聯合體的分配原則
（結論）　　　金錢應該以應得作為分配原則

　　假如傳統倫理馬克思主義者接受米勒所主張的「應得是主
導工具性聯合體的分配原則」這個前提，他們則很難否定論證 R
的合理性。先假定傳統倫理馬克思主義者接受這個回應，但是他
們對市場社會主義的最大質疑是社會主義為何接受市場。

　　從米勒的理論中，我們可以構建一個想法，論證 S_1：

（前提一）　　所有社會必須成為正義社會
（前提二）　　社會正義要求滿足應得原則
（前提三）　　市場經濟能滿足應得原則
（結論）　　　所有社會必須實行市場經濟而成為正義社會

　　這個論證引用應得原則來為市場辯護，傳統倫理馬克思主
義者不禁會問的是為何要選擇應得原則。米勒的答案可以是（1）
因為市場是由應得原則主導，或是（2）因為應得是用以分配金
錢的正義原則。選擇（1）加上論證 S_1 中的前提（iii）會陷入循
環論證中，到底是先決定正義原則，還是先決定要用哪一種制
度？若是選擇（2）再加上前述的 R，亦變成循環論證。

　　就算傳統倫理馬克思主義者接受 S_1，他們仍可作出以下的反
駁。試設想兩個社會，社會甲沒有市場，社會乙有市場。根據米

勒的觀點，應得原則在社會乙有效，而應得原則可以用來調整市場在社會乙裡的運作。不過，應得原則在社會甲不一定沒有效，社會甲的政府可以用多勞多得的方式去分配社會產出。應得原則本身不能對我們要選擇建立那一種社會作出規範。米勒多次強調，我們沒有內在原因認為市場不會（及不應）滿足以應得為基礎的社會正義原則（Miller, 1989a: ch.6）。倫理馬克思主義者可以接受這個想法，但亦可同時指出，我們沒有內在原因認為沒有市場的社會不會（及不應）滿足以應得為基礎的社會正義原則。引用應得原則似乎無法為引入市場提供足夠的支持。

在我們的重構之下，米勒的理論到目前為止仍然不能說服傳統倫理馬克思主義者。倫理馬克思主義者更可以提出以下的想法，論證 S_2：

（前提一）　　所有社會必須成為正義社會
（前提二）　　社會正義要求滿足應得原則
（前提三）　　計畫經濟能滿足應得原則
（結論）　　　所有社會必須實行計畫經濟而成為正義社會

他們亦可以同時指出，應得原則可以被用來批判政府在分配資源上的運作。在米勒的眾多著作裡，他似乎沒有想到這個從傳統左派觀點推敲而來的回應。在討論應得這個正義原則與市場的關係時，米勒更在意來自海耶克的質疑。倘若海耶克的觀點成立的話，米勒以應得作為評判市場結果及市場本身的嘗試會受到很大的衝擊。海耶克同意應得可以作為分配原則，但只適用於個別的組織內，若把它延伸至市場機制會傷害到自由市場（Hayek,

1976: ch.9; 1960: ch.6）。海耶克反對的是，在市場裡每個人所獲得的酬勞是由於她提供的商品有其他人願意買，不管商品之產生是源自於努力、天賦還是運氣，因此應得或不應得跟她所獲的多少沒有直接的關係。

　　對新右派來說，將商品價格賦予政治道德的意涵是值得相權的。海耶克認為一件商品的價格是按需求而定，跟該商品對社會整體及對購買者的價值為多少沒有關係，原因是我們未有辦法評估購買者所賦予該商品的價值。海耶克所談到的是購買者所賦予該商品的主觀價值，米勒則認為我們只須假定購買者所獲得的利益就是以她願意付出的金錢來衡量（Miller, 1999a: 184-5）。米勒冀望找出一個客觀的基礎來引用應得原則。事實上，米勒指出，在一個具規模及競爭性的市場裡，一個生產者的貢獻應以她作為「邊際生產者（marginal producer）」的貢獻為準（Miller, 1999a: 186）。在自由交易下，每一件在競爭平衡的狀況中的商品會趨於均衡價格（Miller, 1989a: 187）。在趨於競爭平衡時，各人的收入就是其所應得的。

　　有趣的是，我們可以利用這個觀點來為米勒替市場辯護，論證 S_3：

（前提一）　　所有社會必須成為真正的正義社會
（前提二）　　社會正義要求滿足應得原則
（前提三）　　市場經濟能滿足應得原則
（前提四）　　能夠提供客觀標準以引用應得原則來對社會是否正義作出判斷的社會才是真正的正義社會
（前提五）　　只有市場才能提供一個客觀標準以引用應得原

則來對社會是否正義作出判斷

（結論）　　　所有社會必須實行市場經濟才能成為真正的正

義社會

　　從這個角度出發，計畫經濟的問題似乎是沒有辦法提供一個客觀標準。不過，真正的問題是市場能否提供一個客觀標準讓我們引用應得原則作分配狀況是否正義的判斷。

　　米勒的想法是一個人的應得與她所付出的對社會的價值（value of a person's contribution to society）有直接的關係，而這價值是以其生產的產品的市場價值來判斷。問題是產品在什麼時候的價值，對此，我們可以有兩種理解。第一種理解是產品在市場上的即時價值，接受這種理解的結果是生產者的應得隨時間而變，生產者從一件產品所應得的隨著該件產品由新推出至被淘汰的價格變化而變化，所以應得將每時每刻不斷在變。由於價格時刻在變，我們沒有辦法基於應得的考量來評估分配的現況是否正義。

　　第二種理解認為個人付出對社會的價值應以競爭平衡時的價格來作為參考標準，米勒接受這種理解。假如將個人付出對社會的價值訂定在趨於競爭平衡時的價值，那麼趨於競爭平衡時的收入就能成為判斷是否應得的標準。米勒自己提出一個例子，某計算機生產商因其他生產商加入生產的行列，他所賣的產品價格變得愈來愈低（Miller, 1989a: 166），從一個競爭平衡的價格跌至另一個競爭平衡的價格，因此，他的應得亦隨之減少。可是，我們沒有辦法基於應得的考量來評估社會上的分配狀況是否正義，因為市場在現實中無法達到競爭平衡。即使某一種產品可以達到競

爭平衡，我們也無法知道是什麼時候。更嚴重的是，就算一類產品的價格達到平衡，另一類產品的價格不一定在價格平衡的狀態中。從整個社會的層面看，我們沒有辦法基於應得的考量來評估社會上的整體分配狀況是否正義。

另外，價格除了會下降，也有可能上升。假若另一個計算機生產商的產品極受歡迎，無論她如何增產，供應愈來愈不能滿足需求，價格亦隨之變得愈來愈高，她所應得在短時期內迅速上升。米勒的合理回應會是這個現象只屬短期，長期來說，只要市場趨於競爭平衡，一個生產者的報酬趨於穩定的。不過，供求不平衡時的收入必定比趨於競爭平衡時的收入為高，若以競爭平衡為應得標準，供求不平衡時的額外收入就變成是不義之財。米勒似乎意識到會出現受歡迎的產品，他的想法是：由於幸運，一個企業家決定生產一件產品，而這件產品在沒有預期的情況下變得非常成功，但這個企業家不應該得到他的全部所得（Miller, 1999a: 144）。

米勒的回應完全可以迴避上面剛剛提出「額外收入就是不義之財」的質疑，他可以將額外收入完全「歸功」於運氣，純粹運氣當然與應得不能掛鉤，米勒自己也認為運氣與應得不能掛鉤（Miller, 1999a: 144, 188-9）。不過，將額外收入「歸功」於運氣是不合理的，原因是許多受歡迎的新產品是多年努力研發的成果，額外收入應「歸功」於努力付出，那麼這些額外收入就是生產者所應得。我們從這例子進一步看到的是，米勒以應得作基礎的正義論似乎不能對非競爭平衡的狀態置之不理。若要兼顧，那麼他就要放棄將一個人的應得與她的貢獻對社會的價值（value to society）的不斷改變狀況脫鉤的意圖。事實上，米勒同意在應得

235

的判斷上是沒有辦法作出特定的（specific）及非比較性的（non-comparative）的判斷（Miller, 1999a: 154），他舉例說：「我們關於應得的直覺的強度不足夠讓我們為醫生或水管工的應得給予確切的數字。」（Miller, 1999a: 249）。米勒承認行業相對收入的比例亦很難從應得的概念作推敲。既然是這樣，我們實在無法評估市場運作所帶來分配結果是否合乎正義。

綜合這一小節的討論重點，米勒無法成功論證應得乃評估市場的正義標準，其次縱使接受應得乃評估市場的標準，我們發現雖然表面上市場價格在米勒的理論中能夠提供客觀標準以引用應得原則，但是在實際上我們沒有辦法基於應得的考量來評估社會上的實質分配狀況是否正義，故此亦難於引用應得原則來為市場辯護，而應得原則缺乏提供市場社會主義足夠的政治道德基礎。

更重要的問題是傳統倫理馬克思主義者對市場最嚴厲的批判是市場所造成的經濟不平等及剝削。不過，市場社會主義伊斯甸（S. Estrin）及拉格蘭特（J. Le Grand）明確提出兩個市場社會主義的重要目標：（1）防止弱者受到強者的剝削及（2）在收入、財富、地位、權力與基本需要的滿足上有更大的平等（Estrin and Le Grand, 1989: 2），他們認為市場社會主義可以達到以上的目標。若要探討市場社會主義如何回應對市場經濟的質疑，我們必須探討米勒如何面對不平等及剝削著手。

（二）經濟平等、剝削與市場

傳統倫理馬克思主義者認為，由於在資本主義下，資本家壟斷生產工具，剝削工人，故造成了結構上的經濟不平等。米勒承

認「純粹平等是與應得這正義原則是互相衝突的」（Miller, 1989b: sec.2）。根據米勒的想法，在他的理論下，一個正義的收入分配型態在一定的程度上是不平等的，但是不平等的程度要大幅度的比現在大部分資本主義經濟體為低（Miller, 1999a: 250）。要達到減少不平等的做法是對市場機制作出規範，米勒認為應得是用來為建立正義的制度而提出規範（Miller, 1999a: 140）。

　　米勒嘗試建構一個正義的市場經濟體所需要的一副具有堅強的規管性及調校性的框架，而這樣的一個體系與資本主義式經濟體大相徑庭。他列出一個符合市場社會主義理想的正義市場經濟體所必須滿足的五個條件（Miller, 1999a: 248-9）：

　　　　第一，市場必須在有各式機會平等的背景下運作。進入市場的人須盡可能已經擁有發展個人技能及天賦的平等的機會，並須受到鼓勵去從寬廣的選擇範圍內去挑取工作。人們的酬勞是按其表現來決定，而表現的分野是由個人的天賦、才幹及選擇而非背景條件所導致。……

　　　　第二，反歧視法例必須確保人們的權益不會因為其他人的偏見而受損。……

　　　　第三，市場必須維持在競爭狀態，以保證人們只是基於她們提供其他人所需求的產品或服務而獲得報酬，而非基於獨占而得的回饋。……

　　　　第四，圍繞市場的制度在運作時減少運氣的影響，每個人的好運或倒運都不應在一生中累積。……

　　　　第五，在非市場部門從事某種工作的人所拿到的報

酬應與在市場從事類似工作的人所得的報酬相若。

米勒認為在這五個條件下，市場的運作將會大致上滿足限縮不平等的要求。值得注意的是，建構這個框架的目的是讓人們發展及發揮各自的所長，在努力下獲得各自所應得的。不過，由於這個框架包括提倡機會平等、反歧視、維持市場競爭、減少運氣對分配的影響及平衡政府與私人部門的收入差距，故此亦算是資本主義市場的理想框架，最少我們很難想像支持資本主義的自由平等主義者會反對這個框架。米勒推敲符合這些條件的市場社會主義社會比絕大部分實行資本主義的社會來得更平等，但理論上，單憑這些條件，市場社會主義社會有可能比部分實行資本主義的社會來得更不平等，特別是那些奉行資本主義的社會民主國家。

根據米勒的理論，市場社會主義有另外三種方式減低經濟不平等：「平等的最低收入、有平等機會去獲取投資機構所貸放的資金，以及通過合作制度和生產資源社會所有制來限制市場導致的不平等現象」（Miller, 1987c: sec.2; 1994[1991]: 253）。

首先，國家要負責確立最低限度的收入水平。保障收入的建議確定了一條安全基線，使每個人的生活水平都不低於此界線。假如企業在短期內無力發放最低限度工資，國家還要負責維持這些成員的生計，從而使新的產品生產線得到發展或者改組工作得以推行。根據米勒的看法國家在以合作社企業為主的政經體系扮演一個很重要的角色，但它不會試圖直接確定經濟產出的計畫。國家的職能不過是確定市場參數，從而使整個經濟於較大的程度上都服從於平等目標。除了上述職能以外，國家還要履行其通常

承擔的諸多使命，例如提供福利。

其次，為了保護合作社企業的自主權，米勒認為投資機構必須多元化，市場上要有相當數量的互相競爭的投資機構，而不是只有一個投資機構。合作社企業有平等機會去接受投資機構所貸放的資金，假若一家投資機構試圖以苛刻的方式規定貸款條件時，合作社企業便可以尋找另一家投資機構。約束投資機構不能隨意行使其權利是至關重要的問題，米勒建議設立一個中央協調機構和一些負責地方投資決策的地方機構。

最後，市場社會主義者一般認為只要實踐社會所有制就能體現社會主義，米勒似乎也不例外，他將在市場社會主義的所有的工人都置於這樣的一種地位，即其收入直接與每個企業的純收益掛鉤（Miller, 1987c: Sec. 2）。米勒指出，所有的市場收入都是賺來的收益，亦即是每個合作社就應當如何運用合作勞動所作的決策而獲得的總所得。米勒表示如果在評斷平等方面的關鍵標準是終生收入而非階段性收入，那麼人們就有理由預期意外的收入將會使他們趨於平衡（Miller, 1987c: Sec. 2; 1994[1991]: 253）。

合作社的收入要根據大家都同意的安排發放給企業內全體成員，而這種資本是不可以用來產生利潤的，就算是企業因為產品銷路好而賺大錢。米勒認為，在他構想的制度中，人們不可能有動力將短期突而其來的所得變成長期的優勢地位，因為合作社成員不會願意將其所得重新投入他們所認為的集體資產之中，原因是對於這些資產，合作社成員不能要求個人的所有權利（Miller, 1994[1991]: 252-3）。

米勒似乎意識到合作社政經模式下有出現壟斷的可能。從經濟平等的角度出發，米勒當然不希望在典型資本主義中出現的壟

斷在他所建議的市場社會主義中出現。不過，米勒假設合作社成員不會願意將其所得（或部分所得）投入繼續開發從而壯大甚至壟斷市場是值得商榷的。假如是有利可圖，合作社成員沒有理由不再投入賺來的資金。以合作社企業為主的市場經濟模式並不能排除壟斷的可能，壟斷的並不是一小撮資本家，而是一群合作社企業。在以合作社企業為主的市場經濟模式下的壟斷所造成的不平等程度不一定會低過現在的資本主義經濟下的不平等程度。

米勒不能假設壟斷應該不會出現，事實上，他沒有意圖去嚴肅地回應這個問題，他的簡單想法似乎是由於資本投資是控制在公共投資銀行手中，國家可對投資狀況作出調整（Miller, 1989a: 45, 296）。不過，政府的負面干預對於成功企業（如微軟）的影響有多大實在令人懷疑。另外的問題是如何判斷在經濟運作中什麼情況下有壟斷？企業壟斷什麼時候開始？多間合作社企業集體壟斷算不算壟斷？不管答案如何，企業還未達到壟斷市場的地步已可以甚具規模。

資本主義市場經濟被咎病的不單是壟斷本身，而是壟斷加劇剝削的嚴重性。當然，剝削在沒有壟斷的情況下亦會出現。剝削這概念可以應用在不同的領域，我們所關注的是經濟領域的剝削，特別市場運作時出現的剝削。我們所要探討的是，米勒所提出的市場社會主義能否滿足社會主義者消滅剝削的理想？

傳統馬克思主義所談的剝削局限在勞動價值理論上，由於資本家擁有生產工具，工人的生產所帶來的剩餘價值給資本家奪取，故形成剝削，不管資本家或工人是否願意或不願意，在資本主義社會裡都一定存在剝削，只有消除市場、金錢制度及資本主義生產關係才能消除剝削。關於馬克思剝削理論的討論甚豐，我們

要關注的是在馬克思剝削理論中，剝削關係是藏在階級對立的關係上，並且是由於資本家擁有生產工具而工人則沒有。在米勒所構建的市場社會主義下，再沒有資本家階級及無產階級的對立，絕大部分的生產活動是由合作社企業完成的，只有一少撮人擁有生產工具的情況亦不再出現，但這並不一定表示剝削就此消失。

米勒將剝削與不正義直接地聯繫起來，剝削存在於不正義但自願的交易中。[5] 根據米勒的想法，交易者若是在均衡價格進行交易，她們之間就沒有剝削存在（Miller, 1987a: 161-2）。若要認定某一交易是否牽涉剝削，我們要釐清當中是否同時滿足兩個本質上的條件：第一，交易條件偏離競爭平衡時會出現的交易條件，而這個交易對交易的其中一方（亦即是剝削者）有利；第二，交易條件的偏離是由於交易的其中一方（亦即是剝削者）原來就擁有的優勢，這個優勢可能與資訊亦可能與討價還價的能力有關（Miller, 1989a: 193）。

根據這個定義，資本主義牽涉剝削，在資本家與勞動者之交易中，交易條件偏離於競爭平衡時會出現的交易條件，而這個交易對資本家有利，由於資本家所擁有的生產工具是罕有資源，亦並不屬於天然事實，他們運用既有的優勢去壓榨討價還價的能力較低的勞動者。

在米勒構想的市場社會主義中，資本是社會資產並由公共的

5　原文在 *Principles of Social Justice* 一書中：*"exploitation* consists in engaging in transactions that are unjust but are nevertheless consented to by both parties – such as purchases made at an inflated price by a person who is in dire need of the items purchased."（Miller, 1999a: 103）可是，除了這一段外，米勒在書中完全沒有討論正義與剝削的理論關係，特別是應得與剝削的理論關係。

投資銀行管理，由於資本屬於稀有資源，資本借貸要收取利息。個人必須透過勞動獲得資源，而這些資源不可以轉化成私人資本，亦即是進行直接投資或對其他人借貸以賺取非勞動收入。米勒認為，市場社會主義透過改變資本主義所有制，資本主義剝削的主要透因被消除，結構性的剝削亦可避免（Miller, 1989a: 197）。

在市場社會主義下，合作社企業乃成員共同擁有，在協力勞動下賺取收益，並將收益按民主程序所產生的共同協定分配處理。可是，奧曼指出對於某一個合作社以外的相關者而言，不管他們是申請進入合作社工作的人，或者是其他合作社企業的成員，還是消費者，該合作社的成員屬於集體式資本家（collective capitalists）。在利益最大化的目標下，作為集體式資本家的合作社成員與資本主義下的個別資本家們無異，例如：製造有錢人願意購買的東西而忽略窮人的需要，為了減低成本而犧牲產品質量及安全性，為其產品製造還未出現的需求，以及盡可能避免競爭（Ollman, 1998: 102）。

現實上，合作社企業會否都如奧曼所說，我們不得而知。奧曼的意思是按市場的競爭邏輯，我們很難想像作為集體式資本家的合作社成員與資本主義下的個別資本家們會有很大的分別。不過，單單賜予合作社成員資本家的稱號並不等於市場社會主義有剝削存在，奧曼本人亦沒有從剝削角度提出批評。[6] 反而米勒承認剝削存在於市場社會主義，他舉例說，若某一合作社要購買另一

---

6 奧曼指摘市場社會主義令工人成為集體式資本家的同時，附以更大程度的異化。異化是倫理馬克思主義對市場的批評重點之一，但是由於異化是另一獨立議題，亦非本章的討論範圍，日後望以另行專論之。

合作社的全部產出，前者完全依靠後者並缺乏討價還價的能力，交易中出現剝削是難以避免的（Miller, 1989a: 197）。然而，根據米勒的理論，剝削的多少視乎市場的競爭程度。市場社會主義積極扶植新的合作社企業，要比資本主義更容易達到完美競爭（perfect competition），剝削必然比資本主義來得少。

米勒認為，就算把市場消滅，剝削仍然存在，實行中央計畫經濟社會主義社會亦會出現剝削，只要找出一個公認的方式去衡量價值（如勞動所需時間），我們不難找到一個人從國家分配得到的會少於她所付出的（Miller, 1989a: 198）。不過，按照馬克思主義，由於沒有牽涉交易，故此這不是剝削。至少這並不是經濟剝削，而是另一類剝削，亦即是政治剝削。

在中央計畫經濟社會中，由政治權力不平等所引發的不公正是難以避免的，這也是為何米勒堅持政治民主。由於政治民主並不是我們的討論焦點，在此不必深究政治民主的重要性。我們所關心的是，跟計畫經濟相比，市場經濟難免出現剝削及經濟不平等。在滿足物質平等這個米勒亦認同的社會主義目標上，市場經濟很顯然要比計畫經濟遜色。

綜合以上的討論，我們發現米勒認為其市場社會主義模式不單能滿足傳統社會主義的民主、物質平等、自由、綜合共同體五項要求，更滿足應得原則。然而，這些要求並非出自結構正義考量，為市場社會主義辯護無可避免必須牽涉去為社會主義及相關的所有制辯護，這是結構正義問題。我們只替米勒勾劃出合作社模式跟部分所有權元素的理論關係，若能發展出以結構正義為政治道德基礎的市場社會主義模式，米勒的整體理論會更有說服力。

六、結論

在眾多現存或曾經存在的社會主義國家中，前南斯拉夫、匈牙利及中國可以說是勇於突破蘇聯模式的表表者。不過，在走社會主義的路上，這三個國家都在不同時期付出了相當沉重的代價，南斯拉夫最終踏上分裂及內戰之路，下場悲慘。匈牙利由於照搬蘇聯模式的失敗，引起政治動盪及蘇聯的鎮壓。中國則先後出現飢荒、動亂、此起彼落的政治運動，導致民不聊生。

中國後來以市場社會主義作為導引的改革，經過多年的實踐證明，似乎並不如部分馬克思主義者所設想的是邁向共產主義社會的一個階段，而是走上資本主義的階梯。弔詭的是，在有機會實踐市場社會主義的地方，社會主義找不到出路；反而在沒有多大實踐機會的西方，市場社會主義者仍對其理想趨之若鶩。西方市場社會主義者嘗試超越由前蘇聯及東歐諸國的共產主義衰敗對社會主義所造成的困局，同時亦不願意接受資本主義為唯一的選擇。

對非馬克思型市場社會主義者而言，重點並不是歷史唯物論是否合理。即使歷史唯物論並不可信，市場社會主義者亦不能輕鬆地否定共產主義在政治道德上的正當性。既然市場社會主義與共產主義一樣在實踐都未能取得成功，我們為何要選擇市場社會主義而非共產主義。市場社會主義者嘗試確立市場社會主義在政治道德上的正當性，力圖回應傳統倫理社會主義對市場的批評。

市場社會主義者志切建構一個正義的市場經濟體，透過社會正義論為市場的存在辯護。米勒為市場社會主義建構有別於傳統社會主義的正義基礎，重點放在應得原則與市場的關係上。米勒

提出應得作為應用於市場機制的正義原則，可惜的是，如第五節所指出，米勒找不到可以實際應用的標準作為評斷分配狀況是否符合應得考量，而引用應用原則不能有力地為市場的存在作出辯護。

結構正義一般牽涉權力及生產關係中的不公平，除了所有制問題，也有壓迫者跟被壓迫者之間的關係，以及剝削者與被剝削者的關係。米勒的理論為應得與剝削建立一個內在關係，簡單來說，一個人若拿不到她應得的，她就是被剝削。相對於馬克思剝削論，米勒的理論將剝削的定義擴闊，凡強者依靠後天擁有的較大優勢壓迫弱者以取得利益者皆會易於導致剝削。

按照米勒本人對剝削的定義，米勒所構建的市場社會主義不能完全消除剝削。米勒不能否認消滅市場是完全消滅經濟剝削的必要條件。對市場社會主義來說，我們只能把剝削減少，而減少經濟領域內的剝削的一個方法是透過合作社經濟模式，讓勞動者自行決定怎樣處理收入分配。米勒認為市場社會主義之所以優於資本主義是因為在資本主義下以階級對立為基礎的剝削不存在。米勒的理想是市場社會主義比較容易催生處於競爭平衡的市場，故能比資本主義更易達到減少剝削的目標。

在經濟平等方面，倫理馬克思主義所設想的是激進平等，無論在收入、財產、與基本需要的滿足上，他們希望達到近乎絕對平等的地步。市場社會主義者的目標並不是共產主義，但是他們對經濟不平等有類似的不滿。市場社會主義者在一定程度認定減少經濟不平等為目標，然其所追求的並不是絕對平等，而是主張按應得來作分配。

市場經濟與傳統倫理社會主義的平等目標互相衝突，從傳統

倫理社會主義的立場來看，市場經濟缺乏政治道德基礎。由於米勒以應得原則來為市場辯護的嘗試落空，他無法在接受社會主義的前提下透過正義的考量為市場提供足夠的政治道德方面的正當性。當然這並不是說市場社會主義沒有或者是不可能有政治道德基礎，只是應得這個正義原則不能作為市場社會主義的政治道德基礎，接受市場的主要理由只有市場所提供的效率。

市場社會主義者如米勒與傳統倫理馬克思主義者如曼度的分歧不單在於選擇哪一個正義原則或經濟發展能否有效率上，而是在更深一個層次的議題上，亦即是什麼是理想的人與人間的關係。對曼度來說，市場的存在激化矛盾，因而破壞了社會和諧及社群的建立。另外，市場的擴張令人類所盼望的合群性、情感上的融和及個人誠實與正直就逐漸消失。

從傳統倫理馬克思主義者的角度看，效率不能成為破壞社會和諧及人倫關係的藉口，但米勒認為人與人間工具性關係並非不可以接受。米勒理論的另一個特色正是系絡主義，不同人際關係可以透過正義原則來作規範，工具性關係只要有適當規範便可。相對來說，瓦瑟的系絡主義沒有以人際關係作為系絡，下一章將會比較米勒及瓦瑟的系絡主義，以及他們如何結合系絡主義及多元主義。

第五章

系絡主義、益品及關係的多樣性

一、前言

分配正義的考量從一個基本的正義觀念出發：讓每個人得到屬於他／她的（to each his/her due），不同的正義論提出不一樣的正義考量來決定每個人該得什麼，並對於什麼益品（goods）應該被列入分配範圍有不同的看法，而在這些議題上的分歧則反映出不同理論的特色。瓦瑟及米勒的理論特色除了堅持益品之多樣性外，還包括正義原則的多元性及社會系絡的多重性。正義原則的多寡及應用範圍乃社會正義論最重要的構成元素，社會正義理論家對此存在一定的分歧，第一方面的分歧是正義原則在數量上是一元的還是多元的，第二方面的分歧是正義原則在應用時是否需要考慮場境（setting）的差異性。

就第一方面的分歧來說，一元論提出單一項基要原則（fundamental principle）或一系列相關原則的組合（an interconnected set of principles）。效益主義及平等主義提出一項基要原則，屬於一元論。效益主義所主張的效益原則（the utility principle）（亦即是「最大多數人的最大快樂」）基本上是屬於匯聚性原則（aggregative principle），而不是分配性原則（distributive

247

principle），故本章不會作出詳細討論。至於平等主義方面，政治哲學家如德沃金、沈恩、羅默及柯恩的理論焦點正是平等主義的立場。他們的分歧在於所要分配的是什麼，討論集中在幸福、資源、才能及能力等的差別。另外，羅爾斯及諾錫克的理論分別提出兩個包含一系列相關原則的組合，亦屬於一元論。我們不會詳細討論兩人的理論，只須瞭解雖然他們所分別提出的兩個組合內容相差甚遠，但是兩者有一共同特色，亦即是組合內的原則乃互相關聯的，而關聯的方式是建基在應用時的優先順序上。

相對一元論而言，多元論反對任何基要原則或一系列相關原則的組合，並提出多項不能互相化約的（mutually irreducible）正義原則。米勒反對平等主義論者將正義等同於平等的做法，並鼓吹正義原則的多元性，倡議應得、需要以致平等三項原則並重。[1]我們在第三章已深入討論這些原則，接下來這一章只探討如何應用這些原則。值得注意，米勒多年來都十分重視對平等及應得的詮釋。瓦瑟排除以簡單平等原則來處理社會整體的正義性，提出「複合平等」的觀念來建構其正義論。複合平等本身並非分配正義原則，自由交換、需要及應得三項原則才是複合平等論中的分配正義原則。

第二方面的分歧則指涉正義原則在應用時是否須要考慮場境的差異性。當今個別正義論之建構目的是要尋找普世性的正義原則。普世性有兩個層次的意義，第一，跨越社會之間的差異

---

[1] 就「正義即平等」的想法之較早期討論，請參閱 Ake（1975）。關於「需要」概念的詮釋，請參閱 Thomson（1987）；Doyal & Gough（1991）。至於「應得」概念，見 Sadurski（1985）；Sher（1987）。

性（cross-societal）：同樣的社會正義原則適用於不同社會，第二，超越系絡（trans-contextual），當中可再細分為兩種，其一是認為社會正義原則的應用無視社會內系絡的存在（non context-sensitive），社會正義原則與具體的社會系絡無關，其二是認為社會正義原則的應用須要關注社會內系絡，但認為相同的社會正義原則適用於所有系絡（cross-contextual）。相對於普世性，也有所謂的特殊性，特殊性同樣有兩個層次，第一，非跨越社會差異性：認真對待不同民族及文化的差異性，第二，非超越系絡：認真對待社會內系絡的差異性。

　　羅爾斯前期的正義論亦是跨越社會差異性及超越系絡的理論，亦因其忽略場境的獨特性而受到社群主義及女性主義等論者的批評。羅爾斯的理論及後在其《政治自由主義》中發展成只適合個別類型的社會，亦即是奉行資本主義及自由民主的西方國家，屬於非跨越社會差異性的正義論。不過，他後期的理論仍然是超越系絡的理論。我們稍後會就羅爾斯的理論多加說明。

　　本章的一個主要論說是多元主義不必然跨越不同社會之差異性。第二節探討多元主義正義考量在什麼程度上跨越不同社會的差異性，透過研究米勒如何詮釋與批評瓦瑟的理論，從而凸顯瓦瑟所要面對的困難。我們會指出，米勒誤以為瓦瑟的理論是跨越社會差異性的，也就是說，他認為在瓦瑟的理論裡，不同社會的同類型系絡要運用同樣的正義原則；不過，瓦瑟在這方面的想法並不如米勒所理解的一樣，其理論實質上意味不同社會的同類型系絡可以運用不一樣的正義原則。因此，雖然米勒的多元論屬於我們所說的一般主義，但是瓦瑟的多元論則屬於特定主義。米勒之所以誤解瓦瑟理論之意涵是他低估了瓦瑟對不同社會之間文化

差異性的重視程度。

另外，多元主義正義論必須處理如何運用多項正義原則，確立正義原則在應用上的簡便性，否則多元論會缺乏實用價值。發展系絡主義面向一方面是要認真對待社會內場境的差異性，另方面則試圖保持運用多項正義原則時的簡便性。米勒及瓦瑟兩人的理論的最重要共同點是認真對待場境，不過，在與瓦瑟的理論比較時，米勒明確表示他本人提出與瓦瑟不同的多元主義（a different kind of pluralism about justice）（Miller, 1999a: 25）。兩人之最大分歧在於運用不同的系絡考量來建構其正義論，這反映兩人在正義原則應用範圍上的分歧。米勒關注在什麼人際關係模式下分配，瓦瑟則關注須要分配什麼資源。

本章的另一個主要論說是米勒及瓦瑟的理論都無法同時認真對待社會內場境的差異性，並保持運用多項正義原則時的簡便性。系絡主義的目的是能以簡便的方式使用多項正義原則，可是，愈認真對待社會內場境的差異性就愈難確立多項正義原則在應用上的簡便性。

第三節首先指出瓦瑟以須要分配的益品來界定系絡，運用什麼原則及如何運用原則視乎須要分配的益品之社會意義，瓦瑟理論的合理性預設了社會內的文化同質性，因此，瓦瑟一方面重視不同社會之間的文化差異性，另方面卻低估個別社會內的文化差異性，這大大減弱其社會正義論的一致性。更嚴重的問題是，他無法清楚說明益品的社會意義如何決定所要運用的正義原則。除非多元論找出其他元素來界定系絡，否則就要放棄發展系絡主義面向。米勒的理論正是要尋找另一個發展系絡主義的途徑。

第四節指出米勒理論的一大特色在於他認為要決定採用什麼

原則視乎大家身處的場境，我們嘗試研究米勒如何更進一步發展出其本身的系絡主義面向，繼而探析其理論本身所面對的問題。米勒認為所有的分配考量都要認真地探究資源是在那一種人際關係模式下分配。我們將指出單純探討大家身處在什麼人際關係模式無法決定運用什麼原則來作資源分配，而米勒本人似乎亦同意必須將「分配什麼」同時納入考慮的範圍。單就這一點而言，米勒的理論比瓦瑟的更為複雜，所要應付的理論困難亦不易處理。米勒引入人際關係模式作考量不單不能解決瓦瑟理論所面對的分配上爭議，反而讓其複雜化。

再者，除了人際關係模式外，米勒同意引入「分配什麼」來界定系絡，那麼他要解釋為何另外其他在分配場境裡的元素（如「誰分配？」、「透過什麼程序分配」以及「分配給誰？」等）不被納入來界定系絡。可是，若將所有元素都納入考量，那就等同放棄系絡主義，原因是根本就毋須劃分系絡，當每次考量如何分配時，都將場境裡的各種元素一併考慮並作出論證。

文章的結論指出，多元主義啟發關於社會正義的另類思考，值得深究；不過，除了正義原則的多元性、資源的多樣性以及人際關係模式的多重性外，多元主義正義論必須考量其它在分配場境裡的元素，這大大增加其複雜性，亦減低其作為規範性理論的可用性。與瓦瑟一樣，米勒無法在認真對待社會內場境的差異性的同時保持運用多項正義原則時的簡便性。若要繼續發展多元主義正義論必須更深入思考社會系絡的理論角色。

二、社會正義原則的處境性

（一）普世主義與系絡主義

　　米勒認為正義論不能忽略「社會系絡（social contexts）」的差異，而所謂的社會系絡是人際關係。在《社會正義原則》的前言中，米勒清楚表明他的理論十分關注在什麼社會系絡應用他提出的正義原則（Miller, 1999a: x）。米勒探討「系絡主義（contextualism）」與所謂的「普世主義（univeralism）」之差別（Miller, 2002a: 7），所謂的「普世主義」意圖尋找能夠及應該在所有系絡中指引我們判斷與行為的正義原則，每當要對一項決定或政策以致一個制度作出是否正義的判斷時，都必須運用相同的原則。我們會指出，米勒使用「普世主義」的方式十分獨特，因而造成混淆，故將建議以「普遍主義」代替米勒所謂的「普世主義」。

　　為了清晰起見，當談論到米勒的「普世主義」時會特別指出是他本人所謂的「普世主義」，文中其餘地方出現的普世主義乃本章所理解的「普世主義」。系絡主義則反對超越系絡的正義考量，並堅持考慮運用什麼正義原則時必須視乎不同的場境。可是，怎樣去界定系絡？米勒以致瓦瑟都沒有提出明確的定義，不過，米勒認為，分配正義關心的是「在什麼處境下，誰將什麼資源分配給誰？」（Who is distributing what to whom and in what circumstances?）（Miller, 2002a: 7），這似乎意味任何分配考量都包括四個元素，「分配什麼？」、「分配給誰？」、「誰分配？」、

以及「在什麼處境下分配？」，以上每一個元素所牽涉的考量都是多方面的要被分配的益品是多樣的（Miller, 1999a: 7）；益品的接受者是多不勝數的；益品的分配並非只靠國家（Miller, 1999a: 11-12）；至於「在什麼處境下分配？」，米勒所關注的是在什麼人際關係下作分配，他將人際關係普遍化為三種主要模式。米勒以人際關係模式作為界定系絡的元素，人際關係模式決定運用什麼正義原則及其他分配考量。

瓦瑟則從益品的多樣性出發，認定益品的分配必須配合多樣的分配程序、行動者及原則。瓦瑟所關心的是「為了什麼理由，誰透過什麼程序及原則將什麼資源作出分配？」（For What Reasons, Who is Distributing What by What Procedures and Principles?）他認為不同的益品應該為了不同的理由，按照不同的程序，由不同的行動者負責，並強調所有不同的考量都能從益品不同的「社會意義」推敲出來，而這些不同的社會意義乃「歷史及文化特殊主義無可避免之後果（the inevitable product of historical and cultural particularism）」（Walzer, 1983: 6）。透過對社會益品普遍化為多種主要類型，瓦瑟勾劃系絡的範圍，也即是他所說的「正義諸領域」。按照瓦瑟的看法，益品的不同社會意義決定運用什麼正義原則及其他分配考量。

米勒及瓦瑟的正義論必須就如何決定運用什麼正義原則提出更具體的說法，我們稍後會回到這一點上，在此先探究米勒所謂的「普世主義」與「系絡主義」之間的最大差別。按照米勒對「普世主義」的理解，正義考量訴諸基要正義原則以作為討論基礎（Miller, 2002a: 9）。米勒所說的「普世主義者」會提出 $P_1 \cdots P_n$ 乃適用於所有系絡的原則，而系絡主義者則會指出，系絡本身讓

某一原則發揮作用，P_1 適用在系絡 C_1，P_2 適用於系絡 C_1，如此類推，P_n 適用在系絡 C_n（Miller, 2002a: 9-10）。可是，系絡主義者必須具體地提出及解釋個別正義原則與個別系絡的關聯性，亦即是說，必須解釋為何 P_i 而非其它正義原則適用在系絡 C_i，我們稍後將更深入討論這一點。

按照米勒的定義，系絡主義與他所謂的「普世主義」的分野在於正義原則是否跨越社會裡不同系絡，而並非在於相同的正義原則是否適用於不同社會。事實上，米勒在談論「普世主義」時似乎將這兩個範疇混淆在一起，並指出有些「普世主義」正義論對系絡主義作出讓步。米勒以羅爾斯的理論為例並指出，雖然該理論擁有「普世主義」的形式，但是由於羅爾斯認為其理論只適用在自由民主社會，這無疑是將系絡主義元素滲入其中（Miller, 2002a: 8-9），這是米勒所謂的「普世主義」正義論對系絡主義作出讓步。

即使是在其前期的著作如《正義論》中，羅爾斯已清楚表示他提出的兩項正義原則所針對的是社會的主要制度。亦因為如此，羅爾斯的理論目前不能稱為系絡主義，他自己認定其正義原則並非針對個別種類的制度或組織。在 2001 年出版的《再述正義即公平》（*Justice as Fairness: A Restatement*）一書中，羅爾斯明確指出正義考量涵蓋三個層次：在地正義（local justice）—關注個別種類的制度或組織的正義性；本土正義（domestic justice）—關注社會基本結構的正義性；全球正義（global justice）—關注國際法所規範的全球秩序的正義性（Rawls, 2001）。

羅爾斯理論發展至今只針對本土正義及國際正義，個別種類的制度或組織的正義性並不在其範圍內。當然這並不是說羅爾斯

不能發展這個層次的理論，若然羅爾斯已真的發展在地正義這個面向，那麼他的理論會帶有明顯的系絡主義元素，即便如此，其理論仍有別於米勒的理論，兩人的分歧會出現在何謂社會「基本結構」上，我們在第三章討論過了。值得注意，米勒及瓦瑟兩人的理論之共同特色是沒有區分羅爾斯所說的「在地正義」及「本土正義」。

另外，在釐清系絡主義並非相對主義時，米勒強調系絡主義論者在正義原則的適用性上所作的評斷是客觀及普世的（objective and universal）；也就是說，不管在哪一個社會，每逢遇到的是系絡 C 就得運用 P 作為分配原則。米勒認為，當我們考慮在兩個社會 S_1 及 S_2 的系絡 C 中如何分配時，即使最終的判斷也許不盡相同，這是由於 S_1 及 S_2 中的系絡 C 根本就有差異，而非 P 並不適用於系絡 C。那麼這不也是系絡主義正義論對米勒所謂的「普世主義」作出讓步嗎？米勒並沒有這個想法。然而，以上的兩種情況不應該被描述為，米勒所謂的「普世主義」對系絡主義作出讓步，又或系絡主義對米勒所謂的「普世主義」作出讓步。

為了釐清上述兩個範疇，在區別正義原則是否一般地適用於各不同社會文化時，我們可以用一般主義及特定主義來表達兩種立場（見表 1）。一般主義認為適用於一個社會中的正義原則都一般地適用於其他社會；特定主義則認為應用在某一社會中的正義原則不一定適用於其他社會，社會應該及如何運用那些原則視乎各自的特定狀況。米勒認定多元主義正義論是屬於一般主義的，而他本人的理論正是如此。按照米勒的看法，由於多元主義必然屬於一般主義，而瓦瑟的理論屬於多元主義，因此，瓦瑟的

理論亦同時屬於一般主義。我們將會反駁這一點，並指出米勒認為多元主義乃必然跨越社會的想法是值得商榷的，瓦瑟的多元論基本上是屬於特定主義而非一般主義，而米勒所忽略的正是兩人在這個面向的分歧。

表 1　一般主義與特定主義（作者自行分析及整理）

一般主義	特定主義
社會正義原則的應用 跨越社會之間的差異性	社會正義原則的應用 並非跨越社會之間的差異性

　　米勒之所以那麼在意多元主義的正義考量適用於各種社會是因為他想迴避所謂的「習俗主義（conventionalism）」。根據米勒的說法，習俗主義認為正義原則實際上是傳統慣例，是特定社會環境下的產物（Miller, 2002a: 12）。因此，對習俗主義者來說，正義論不外乎是用來描述社會中在某時某地所運用的正義原則及其他與正義考量相關的想法而已。按照這個想法，各國都有其正義原則，我們可以提出美國正義論、澳洲正義論、新加坡正義論等等，用以描述各社會的分配慣例。習俗主義屬於特定主義，原因是正義原則並非跨越社會差異性。然而，特定主義並不都是以習俗主義呈現，我們稍後會指出瓦瑟的特定主義是以詮釋主義型態出現。

　　值得注意，米勒使用「普世主義」的方式十分獨特，因而造成上述的混淆狀況。一般來說，「普世性」意味跨越社會差異性，正如我們稍後指出，當瓦瑟談論「普世性」時，正是運用這

個意思。但米勒卻用「普世性」來表達超越社會內的不同系絡之想法，亦因為這種比較獨特的用法，米勒所謂的「普世主義」並非與相對主義作對比，而是與系絡主義作對比。

　　不過，為了清晰起見，我們將以「普遍主義」而非「普世主義」代表超越系絡差異性的理論（見表 2），而「普世主義」則反而是用來指涉同時跨越社會差異性及超越系絡的理論；因此，我們所說的「普世主義」論其實同時是普遍主義及一般主義的理論，相對而言，「特殊主義」則用來指涉非超越系絡及非跨越社會差異性的理論，也就是同時屬於系絡主義及特定主義的理論（見表 3）。

表 2　普遍主義與系絡主義（作者自行分析及整理）

普遍主義 （即米勒所說的「普世主義」）	系絡主義
社會正義原則的應用超越系絡	社會正義原則在應用時 認真對待社會內系絡

　　米勒的想法是他及瓦瑟的理論同屬系絡主義論，他本人認為 $P_1\text{-}C_1$、$P_2\text{-}C_2$、$P_3\text{-}C_3$……$P_n\text{-}C_n$ 等原則與系絡的單對單關係是能夠確立的，這是米勒設想中多元主義與系絡主義的理論關係。但是，我們在第四節將指出，米勒若認真考慮場境裡的各種元素，他的理論將朝向普遍主義發展，也就是說，多項正義原則同時適用在不同系絡。再者，當我們考慮分配正義時，必須考慮如何同時應用三項原則，既然米勒必須容許應得、需要及平等同時可以應用在不同系絡，他的理論沒有必要提出系絡來界定正義原則的

表3　四種正義論（作者自行分析及整理）

	普遍主義	系絡主義
一般主義	社會正義原則的應用 （1）跨越社會之間的差異性 （2）超越系絡	社會正義原則的應用 （1）跨越社會差異性 （2）認真對待社會內系絡的差異性
	簡稱普世主義 例子： 1. 羅爾斯前期的理論 2. 我們所理解的「米勒多元論」	例子： 米勒本人所理解的「米勒多元論」
特定主義	社會正義原則的應用 （1）並非跨越社會之間的差異性 （2）超越系絡	社會正義原則的應用 （1）並非跨越社會之間的差異性 （2）認真對待社會內系絡的差異性
	例子：羅爾斯後期的理論	簡稱特殊主義 例子：瓦瑟的多元論

應用範圍，米勒建議以人際關係為本的系絡劃分並沒有多大的幫助，其多元論實質上屬於普遍主義而非系絡主義。相對而言，我們會指出，瓦瑟的多元論反而比較容易保持系絡主義面向，不過，由於其理論本身的困難，亦有可能必須放棄系絡主義。

　　按照上述的界定，羅爾斯前期及後期的理論都屬於我們所定義的「普遍主義」，原因是社會正義原則的應用乃超越系絡，亦即無視社會內系絡的存在（non context-sensitive），只關心社會整體的基本結構。如前所說，羅爾斯在《再述正義即公平》中

提出，針對各種制度及組織的正義要求需要另外的討論（Rawls,
2001: 11）。不過，對羅爾斯而言，「社會」正義所關注的是社會
基本結構，只要西方民主國家社會基本結構符合他所提出的社會
正義原則的要求，那麼這個社會就是正義的，整體社會的正義性
跟個別組織的正義性沒有太大的關聯。

　　不過，羅爾斯前期的理論屬於一般主義，原因是正義原則被
認為適用於所有由理性行動者組成的社會，因而是跨越社會之間
的差異性。除了屬於一般主義外，羅爾斯的前期理論同時屬於普
遍主義，因而是我們所說的普世主義。羅爾斯的後期理論則屬於
特定主義，原因是正義原則只適用於自由民主社會。

（二）道德及正義的「厚」與「薄」

　　廣義上來說，分配正義在瓦瑟理論裡屬於道德議題；因
此，若要理解瓦瑟的正義論，我們必須先分析「薄（thin）」與
「厚（thick）」兩個面向的道德論說。「薄」道德面向是「極細的
（minimal）」以及「接近普世性的（almost universal）」（Walzer,
1987: 24），這些極細的道德律都是屬於負面的限制，如各種對
謀殺、欺騙、背叛、殘酷、凌虐、壓迫及暴政的禁止（Walzer,
1987: 24; 1994: 10）。「厚」道德面向則是「道德極大主義（moral
maximalism）」，當中有三大特點：（1）有關道德的表達語言
是慣用的（idiomatic）；（2）道德在文化指涉上是特定主義的
（particularist）；（3）道德是具有場境性的（circumstantial）。意
思是指一方面其呈現方式取決於歷史（historically dependent），
另方面在事實上是仔細的（factually detailed）（Walzer, 1994: 21）。

　　瓦瑟視「普世的」、「極細的」及「薄的」具有類似的意義，而「相對的」、「極大的」及「厚的」亦具有類似的意義。值得注意，瓦瑟所說的「普世性」與米勒的用法不同。根據瓦瑟的想法，普世的道德是跨越社會的，亦即是會在不同時空的地方一再反覆出現（Walzer, 1994: 17）。不過，普世性的道德並不是存在於客觀世界有待發現的真理，而是必然嵌入於各社會的文化中（Walzer, 1994: 10, 11）。瓦瑟強調極細主義所包涵的不是客觀的道德真理，而是「重覆性的特定式（reiteratively particularist）」，其意思是這些道德限制都在所有個別社會重覆地出現，因而讓人誤認為是存在於客觀世界的所謂真理。

　　另外，這些限制是「具有在地意義的（locally significant）」，其意思是這些道德限制在各社會中形式上雖相同但實質上的運用視乎文化差異性，換句話說，極細道德緊密地與存在於不同地方及時間的極大道德（maximal moralities）連繫在一起（Walzer, 1994: 7）。瓦瑟在 1989 年發表的演講中運用「重覆性的普世主義（reiterative universalism）」來描述他的看法（Walzer, 1990b: 515ff）。當時他並沒有提及「厚」與「薄」兩個面向的分野，然而，所謂的「重覆性的普世主義」實際上隱含這兩個面向。極細道德與極大道德之間的關係到底如何？

　　瓦瑟認為極大道德事實上是「先於」極細道德的（Walzer, 1994: 13），他雖沒有解釋何謂「先於」，但似乎是指時間上的「先於」。首先，道德是特定的，意思是道德是從個別文化中孕育出來的；其次，大家逐漸確認各社會歷史發展過程的多樣性後；最後，各文化自然地找出相似的道德律，在分歧中確立共同點。極細道德從眾多國家與文化反覆出現的社會實踐中推敲出來

（Walzer, 1994: 15）。從這個角度出發，時間上的「先於」似乎亦意味邏輯上的「先於」，若沒有各個文化的厚道德，就沒有薄道德。

在此必須強調，瓦瑟並不是說有兩種道德或兩種道德理論（Cf. Walzer, 1994: 2），他所說的是道德的兩種表達型態，這意味道德理論必須同時處理這兩個面向。道德同時是「普世的」（universal）及「特定的（particular）」，這兩方面反映「人類社會」的必然特性。由於「人類社會」是指「人類的」社會，因此是「普世的」；由於「人類社會」是指人類的「社會」，因此是「特定的」（Walzer, 1994: 8）。瓦瑟認為，個別社會本身必然是特定的，原因是社會有成員及記憶，成員本身亦有記憶，而這些記憶不單是個人的記憶，也包括關於共同生活（common life）的記憶。這是為何瓦瑟認定道德是視乎歷史場境的，而在事實上是仔細的（factually detailed）。

相對而言，人類整體雖有成員但沒有記憶，它沒有歷史及文化，沒有習俗或生活方式，也沒有節慶或對益品的共同理解。瓦瑟並不是說人類沒有歷史或文化，而是各社會沒有共同的歷史及文化。作為社會中的人，都有習俗、節慶，但不是只有一種形式。不過，由於不同社會中的成員都是人類的一份子，我們因而可以理解及同情其它社會中的人民過去、現在及未來所承受的苦難、壓迫或不公。

瓦瑟宣稱分配正義乃「極大主義道德（maximalist morality）」（Walzer, 1994: ch.2）。他認為，雖然分配正義乃極大主義道德，但是這並非意味不可以有論者提出以極細主義形式出現的正義論，只是任何關於如何分配社會資源的完整論說都會展示道德極

大主義的特性，亦即是說正義的表達語言是慣用的，具體內容
是特定的，在實質考量上則是具有場境性的。瓦瑟強調：「任何
分配正義的實質論說都是在地的」，而「人民對地方、榮譽、工
作及其他各種的東西構成一種共享的生活，正義就是紮根於此」
（Walzer, 1983: 314）。

很顯然，瓦瑟並不接受我們所說的一般主義，原因是各社
會的發展過程都有其獨特性。他清楚地指出，任何社會中的分
配正義原則及程序是經過長期複雜的社會互動逐漸形成（Walzer,
1994: 21）。過程中的社會互動包括各種社會衝突、政治角力、理
性辯論以致各式各樣的文化及宗教因素。瓦瑟強調整個過程是不
可能再重新構造的，這意味由於各社會發展的獨特性，某一社會
有關分配正義的考量都不可能會與其他社會一樣。

瓦瑟承認當然會有理論是以單一而全面的普世原則來概括分
配正義的考量，可是，任何單一而全面的普世原則都是抽象化及簡
單化的結果，一旦加以研究便會發現其特定性及場境性。他以古
希臘的格言「給予每個男人其應得」為例，指出若將該格言的實
質內容充分展現出來，大家會發現其充滿階層性及帶有性別歧視。

米勒也認為概括性的正義原則本身沒有辦法展示正義實質內
容，例如：「正義要求給予每個人一切屬於他們（justice requires
giving each person what is rightfully theirs）」（Miller, 2002a: 13）。
除非我們能夠具體地說出如何決定什麼資源應該屬於誰，否則會
是毫無實質意義的。假若我們提出，在某些場境中，屬於 A 君
的東西乃應得原則來決定，而在另外一些場境中，屬於 X 的東
西乃需要原則來決定，在其它的一些場境中，屬於 A 君的東西
乃平等原則來決定，那麼我們所提出來的是系絡主義論。他認為

系絡主義不會反對關於正義的一般和簡化的定義，但會堅持認真對待場境的差異性。瓦瑟與米勒在這一點上的看法是一致的；不過，兩人對於如何界定系絡並不一致，米勒認為系絡的差異性在於人際關係的差異性，瓦瑟則認為系絡的差異性在於被分配的資源之差異性。

值得注意，兩人的理論之另一個重要分歧在於系絡主義是否同時是一般主義的。如前所說，米勒認為 P_1-C_1，P_2-C_2，P_3-C_3，……，P_n-C_n 等原則與系絡的單對單關係能夠確立，而這種方程式是放諸四海皆準的。雖然瓦瑟本人沒有在米勒的討論框架中作出回應，但是由於他認為不能忽視各種不同社會文化的差異性，其理論是反對一般主義的。瓦瑟強調：

> 正義要求維護差異——不同的益品以不同的理由分配給
> 不同群體的人——正是這種對維護差異的要求令正義成
> 為一個厚的或極大主義的道德意念，並反映特定文化與
> 社會的厚度（Walzer, 1994: 33）。

對瓦瑟而言，有關正義的考量非但不能超越系絡，亦不能跨越各國的社會文化。有趣的是，米勒誤認為瓦瑟的理論是跨越各國的社會文化，亦即是與米勒本人的理論一樣屬於一般主義。米勒低估他本人與瓦瑟在這面向上的分歧，若要瞭解此分歧，有必要探究為何米勒錯誤理解瓦瑟的理論。

米勒以瓦瑟就古希臘時代公民身分的論點為例，斷定瓦瑟認為多元主義是跨越各國文化的。按照米勒的解讀，瓦瑟之所以能夠指責古希臘人排除外來居民（resident aliens）享有公民身分為

不正義的做法，是由於他認為所有永久居民都應該平等地享有公民身分（Miller, 2002a: 12; Walzer, 1983: 52ff）。可是，米勒對瓦瑟觀點的理解是值得商榷的。

首先，瓦瑟的意思是原則上不能排除外來居民有機會成為公民，當然實際上並非意味所有外來人士都可以立刻成為公民。瓦瑟所質疑的是亞理斯多德等古希臘先哲反對外來居民原則上有機會成為公民的想法。瓦瑟正確地指出，亞理斯多德認為單單作為某社會的居民並不足以成為該社會的公民，原因是作為公民需要具備一些其他人沒有的優越特性，這些特性是參與政治的必備條件（Walzer, 1983: 54）。外來居民為了生計無法擁有這些特性，公民都是優閒的貴族，亦只有這些貴族才能成為公民。當然從現代的公民觀出發，大家會質問，為何貴族不用幹活？為何不用幹活的才能成為公民？瓦瑟質疑的方式並非如此，他嘗試理解古希臘人對公民身分的看法。

根據歷史事實，瓦瑟認為確實有外來居民成為公民，這證明在概念上而言，公民身分是可以被分配的（Walzer, 1983: 55），但我們必須注意，這並不能否定只有貴族才能成為公民的想法。假如只有貴族才能擁有公民身分，而貴族毫無例外的都是世襲的，那麼公民身分就不可能被分配。不過，假如貴族並不一定是世襲的，那麼即使只有貴族才能擁有公民身分，公民身分是可以被分配的。例如，古希臘人可以將貴族身分授予護國有功的外來居民，但同時堅持只有貴族才能擁有公民身分，因此原則上外來居民是有可能成為公民的。

然而，討論重點並不應該在於公民身分是否可以被分配，而是在於是否只有貴族才能擁有公民身分。瓦瑟認為亞理斯多德

有關公民身分的思考重點並非在乎是否貴族而是在於是否優閒
（Walzer, 1983: 54），瓦瑟在這一點上對亞理斯多德的詮釋有值得
商榷的地方，但為了方便討論，我們大可先接受這個詮釋。假如
古希臘人接受這個想法的話，那麼原則上他們沒有理由堅持只有
貴族才能擁有公民身分。若有優閒的外來居民，他們應該可以成
為公民。可是假如古希臘人不接受這個想法的話，那麼瓦瑟會如
何回應？米勒會認為，瓦瑟必然以簡單平等原則來批判只有貴族
才能擁有公民身分的想法。假如瓦瑟對只有貴族才能擁有公民身
分的想法作出批評，他是否以違反簡單平等原則為由？在討論古
希臘的實踐時，瓦瑟並沒有直接提出這一點。

　　瓦瑟指出在人類歷史中，公民對非公民或共同成員對陌生
人的管治或許是「最常見的暴政形式（the most common form of
tyranny）」（Walzer, 1983: 62）。這個說法跨越時空，有著非常明
顯的一般意涵。對瓦瑟而言，此種暴政是不道德和不正義的。反
對暴政是屬於薄道德的範圍，這是為何瓦瑟會提出跨越時空的說
法。可是，這跟平等原則有什麼關係？瓦瑟在《正義諸領域》中
沒有清楚說明。

　　不過，他在《厚與薄》中提出，「簡單而直接的平等是一個
非常薄的意念，反覆以不同形式出現在（差不多）所有分配系統
中，於批評某些重大不正義十分有用，但不能主導所有資源的分
配」（Walzer, 1994: 33）。然而，簡單平等原則可以用來批評只有
貴族才能擁有公民身分的想法。作為正義原則，簡單平等原則是
用來分配社會益品，因此，若要瞭解簡單平等原則與公民身分的
關係，我們先要理解公民身分在什麼意義上是一種社會益品。

　　瓦瑟在這一點上的看法有矛盾的地方，一方面，公民身分

乃政治社群中成員間相互分配的一種基本益品（Walzer, 1983: 31），另一方面，瓦瑟卻指出，公民身分作為社會益品乃大家的理解所構成的，雖然大家共同主導其分配，但是並非將其分配給我們自己（它本來就是我們的），而是給予陌生人（Walzer, 1983: 32）。不能將其分配給我們自己的原因是公民身分並不是實實在在可分割的物件，而是一種身分。

廣義上用「分配」來處理公民身分並非完全不可接受，可是，更貼切來說，公民身分乃政治社群中成員間共同分享的益品，意味大家同享一樣的地位。瓦瑟強調，公民身分不管對男或女之所以那麼重要，是因為只有在作為某政治社群成員之前提下，我們才可冀望能分享所有其它的社會益品。在談論安全或福利的分配時，瓦瑟假設「所有夠資格的男或女擁有同一種政治地位」，而這個假設並不排除其它場域的不平等（Walzer, 1983: 62）。瓦瑟並沒有說否定某一位夠資格居民之公民身分會違反簡單平等原則，這有可能是因為簡單平等原則乃用來分配實實在在可分割的物件（如蛋糕）或相同種類但為數眾多的不可分割的物件（如船上的救生衣），而不是政治地位。

米勒或許會指出，廣義來說，若提出公民身分乃平等地分配予各社會成員並無不妥。當然，瓦瑟不一定會反對這個用法，事實上，在這一點上的爭議並非必要。我們所關心的議題是，即使瓦瑟運用簡單平等原則來批評古希臘只有貴族才能擁有公民身分的想法，亦並不會意味瓦瑟的理論是一般主義的。

對瓦瑟而言，無論是反暴政或是簡單平等原則，都屬於薄道德，源自於各社會文化中的厚道德。瓦瑟強調：「沒有社會的出現就不可能有正義的社會」（Walzer, 1983: 313）。任何完備的分

配正義考量都屬於厚道德，視乎各社會特定的文化及歷史而定（Walzer, 1994: 21）。瓦瑟認為正義的相對性源自於古典的非相對性定義：「給予每個人屬於其所有的」；若能滿足這個要求，社會就是正義的。至於如何滿足正義的要求則視乎身處的文化以及其歷史。

對不同的社會來說，滿足正義的要求有不同的模式，我們無法判斷哪一個社會比較正義（Walzer, 1983: 312）。瓦瑟特別指出其論說中最重要的主旨是：「所有人都是締造文化的生物，營建及群居於不同的具有意義的國度裡。由於無法基於各國裡的人如何理解其社會益品來為這些國度的優越性排序，我們只能尊重每個國度的營建以示公正」（Walzer, 1983: 314）。

對瓦瑟而言，即使 $P_1\text{-}C_1$，$P_2\text{-}C_2$，$P_3\text{-}C_3$，……，$P_n\text{-}C_n$ 等原則與系絡的單對單關係適用於社會 S_x，這並不代表其適用於社 S_y。即使 S_x 與 S_y 兩個社會都有 C_1 到 C_n 等 n 個系絡，適用於社會 S_y 的有可能是 $P_3\text{-}C_1$，$P_1\text{-}C_2$，$P_2\text{-}C_3$，……，$P_m\text{-}C_n$ 等組合。相對來說，對米勒而言，假設 $P_1\text{-}C_1$，$P_2\text{-}C_2$，$P_3\text{-}C_3$，……，$P_n\text{-}C_n$ 等原則與系絡的單對單關係適用於社會 S_x，那麼若然 S_y 擁有 C_1、C_2、C_3 以致 C_n 等系絡，則 $P_1\text{-}C_1$，$P_2\text{-}C_2$，$P_3\text{-}C_3$，……，$P_n\text{-}C_n$ 等原則與系絡的單對單關係也適用於 S_y。

米勒的理論屬於一般主義，其倡議的正義原則考量是跨越不同社會之間的差異性；相對而言，瓦瑟的理論屬於特定主義，適用於個別社會的社會正義原則在應用上可能完全不適合其他社會。若要進一步瞭解多元主義與系絡主義之間的理論關係，我們必須分析正義原則與系絡的關係在瓦瑟及米勒各自的理論中之角色。

正義原則在實踐上是充滿不確定性的，而以多項正義原則為

基礎發展出來的多元論，有可能出現不協調的情況，除非我們可以確定所謂的「第二層次原則（second-order principle）」，也就是發展系絡主義面向。讓我們在下一節先探討在瓦瑟及米勒理論中社會正義原則的多元性，並分析瓦瑟如何以益品的社會意義來發展其系絡主義，從而避免正義原則的衝突。不過，我們將會發現瓦瑟的系絡主義論充滿內在張力。

三、益品的社會意義與瓦瑟的系絡主義

（一）多元正義論及第二層次原則

如前所述，當代英美社會正義論中的一項重要分歧乃一元主義與多元主義之間的區別。一元論只接受一條基要原則或一系列相關原則的組合；多元論則採納多項正義原則，而這些不同的正義原則是不能互相化約的，當中亦不會有任何一項正義原則擁有絕對的優先性。多元論的基礎是正義原則的多元性，雖然不同的多元論提出不盡相同的正義原則，但是這些理論有一個共同的立場，那就是拒絕任何基要原則。

根據米勒的理解，需要、應得及平等是應用在評斷分配狀態的標準（Miller, 1999a: 93）。相對而言，瓦瑟認為需要、應得及自由交易是應該用於判斷社會正義的考量（Walzer, 1983: 21-26）。兩人對於正義原則的理解不盡相同，當中最重要的分歧在於對自由交易及平等的看法。米勒認為自由交易並不能算得上是正義原則（Miller, 1999a: 102-105）；瓦瑟則反而認為自由交易與社

會正義考量有高度相關性。另外，瓦瑟提出「複合平等」的概念
（complex equality），而平等本身並不是分配原則；米勒則接受平
等原則，但其主要功用並不是用來分配物質上的益品，而是分配
公民權利與自由（Miller, 1999a: ch.3）。米勒提出在兩個情況下
我們可以考慮平等分配益品（Miller, 1999a: 236），第一，當接受
益品的人之間沒有跟分配考量相關但不一樣的地方時，我們應該
以平等為分配原則；第二，當我們沒有足夠資訊或證據或計算技
術，無法決定如何分配時，平等分配是最接近正義的要求。兩人
在分配原則上的分歧固然是十分重要的議題，但我們的討論重點
並不是在這個層次的差異，而是在於運用什麼樣的準則來決定如
何應用這些不同的原則。

　　由於各項正義原則都是獨立的，不同的多元論必須提出合理
的方式來決定在什麼情況下運用什麼正義原則。因此，若要瞭解
這方面的分歧，我們必須探討第二層次原則，第二層次原則決定
如何運用正義原則。為了凸顯米勒及瓦瑟兩人理論的差異性，我
們有必要瞭解他們在第二層次上的分歧，並藉此對他們支持的正
義原則之多元性及相關的背後信念有所掌握。

　　第二層次原則指定用來界定系絡的元素 Y，其一般形式乃
「指定 Y 原則（principle of Y-specificity）」。大致上來說，我們可
以設想兩個第二層次原則並以此分析米勒及瓦瑟兩人的理論：
「指定益品原則（principle of goods-specificity）」及「指定關係原
則（principle of relationship-specificity）」。這分野是受到艾爾斯
達（Jon Elster）所啟發（Elster, 1992: 11），他在分析瓦瑟的理論
時提出「指定益品原則」，而我們所提出的「指定關係原則」是
用來分析米勒的理論。當然，除了這兩項原則外，還有可能存在

其它合理的原則。事實上，除了指定益品原則外，艾爾斯達提出另外一個原則來分析瓦瑟的理論，亦即是所謂的「指定國家原則（principle of country-specificity）」。根據這個原則，我們用什麼樣的分配原則要視乎指定益品的社會意義，由於這個原則實質上所關注的是我們如何理解指定益品，而不是國家的特質，以指定國家原則來談論益品的意義容易誤導。我們應該將指定益品的社會意義納入指定益品原則中討論。要詳細討論這一點須另文論之，在此只要強調不能否定其它合理的第二層次原則的可能。另一點值得注意的是，艾爾斯達並沒有提出所謂第二層次原則，但為了清晰起見，我們有必要將指定益品原則及指定關係原則定性為第二層次原則，與第一層次的應得及需要等原則作出區分。

　　「指定益品原則」指定「益品」來界定系絡；「指定關係原則」指定「人際關係模式」來界定系絡。瓦瑟接受前者而米勒則接受後者。對瓦瑟來說，益品的多樣性之事實不單是用來解釋為何應該要採納多項正義原則而非單一原則，而且更意味要「分配什麼」會決定該運用什麼分配原則。正如稍後的討論顯示，米勒並不認同瓦瑟的做法，反而認為人際關係的因素才具有決定性。

　　另外必須關注的是每個系絡中所運用的原則之數目以致原則與系絡之間的關係。如前所述，根據米勒對系絡主義的定義，原則與系絡之間的關係乃單一關係，也就是說，每種系絡中只有一項原則適用。單一關係有兩種，其一是排他性（exclusive）單一關係，亦即是 P_1 配 C_1，P_2 配 C_2，……P_n 配 C_n，如此類推，亦即是同一原則只可以應用在一種系絡。其二是包容性（inclusive）單一關係：P_a 配 C_i，P_a 配 C_j，P_b 配 C_k，P_b 配 C_l 等等，亦即是同一原則可以應用在超過一種系絡。我們將會指出瓦瑟的理論假設

了包容性單一關係，而米勒的理論則假設了排他性單一關係。

　　單一關係對於區別普遍主義與系絡主義有著十分重要的意義，假如我們能夠指出，某一系絡主義理論沒有辦法堅持單一關係，那麼該系絡主義論將被推向成為普遍主義論，亦即是必須承認正義原則是超越系絡的。我們將要在第四節指出，米勒本人的系絡主義的困難正是如此，原因是他無法完全抹煞所要分配的資源之多樣性會影響大家如何運用正義原則。我們會進一步指出，基於米勒理論的複雜性，他不能堅持正義原則與系絡之間的單一關係，而必須接受兩者之間的多重關係，亦即是對於某一種系絡 C_i，他所提出的三項分配原則（即應得、需要和平等）都適用於分配益品。相對來說，正如我們接下來在下一小節指出，瓦瑟的理論反而更能堅持正義原則與系絡之間的單一關係。

（二）「指定益品原則」與益品的多樣性

　　根據「指定益品原則」，大家須要分配的是什麼決定大家須要運用什麼分配原則。假如某多元論接受「指定益品原則」，提出該理論的論者如瓦瑟必須能夠清楚回答以下的問題：

　　G-Q（1）：有沒有出現任何的組合（G_i, P_i），益品 G_i 應該是以 P_i 作為分配原則的？

　　G-Q（2）：對於某一種益品 G_i，有沒有任何一項分配原則 P_j 是不應該用來分配 G_i 的？

　　G-Q（3）：對於某一項分配原則 P_i，有沒有任何一種益品 G_j 是不應該用 P_i 來分配的？

G-Q（1）所關注的是系絡與原則之間的關係，但並沒有處理 P_i 以外的原則能否適用於分配 G_i，或 P_i 是否只適用於分配 G_i 以外的益品。G-Q（2）及 G-Q（3）則是有關排他性及包容性的考量。若然 P_i 以外的原則都不適用於分配 G_i 及 P_i 不適用於分配 G_i 以外的益品，那麼益品與原則之間的排他性單對單關係就得以建立。若然 P_i 以外的原則都不適用於分配 G_i，但 P_i 卻能適用於分配 G_i 以外的益品，那麼益品與原則之間的包容性單對單關係就得以建立。

瓦瑟的正義論之所以接受正義原則的多元性是因為被分配的益品之多樣性他認為所要分配的益品包括安全、福利、金錢、商品、公職、認同、閒暇、教育、愛、政治權力等。瓦瑟自己並沒有像米勒明確地列出益品的清單，這裡的清單是從瓦瑟的《正義諸領域》書中歸納出來的。值得注意，瓦瑟的清單包括愛，意指家庭中的愛（Walzer, 1983: 232ff）；米勒雖然曾經簡略地談到家庭，但是他沒有提及愛的分配（Miller, 1999a: 27, 272-n. 23），如我們第三章指出，米勒所談到的是家庭裡的物質資源應該按照需要原則來分配，重點是在什麼人際關係模式中作分配，而不是要分配什麼。

如前所述，瓦瑟的理論屬於系絡主義，試圖認真對待社會內場境的差異性。場境裡的主要元素乃「誰分配」、「分配給誰」、「分配什麼」、「透過什麼程序」、「為了什麼理由」以及「在什麼處境下分配」，而瓦瑟的理論認定「分配什麼」在決定用什麼原則時乃最重要及最具有決定性的元素。他認為若要決定如何分配某一種益品必須瞭解該益品的社會意義。每一種社會益品的意義決定如何分配此種益品。因此，只要瞭解該益品的社會意義，

我們就能知道要用什麼原則來作分配。另外,他意圖建立 G_i 與 P_i 之間的單對單關係。按照上列的問題 G-Q(1)中的(G_i, P_i)來看,瓦瑟實際上認為只要對 G_1,G_2,……G_n 等的社會意義有正確的認識,我們則可以找出相關的 P_i 作為分配原則。

當瓦瑟談論將要分配的益品時,他所指涉的是益品的類別而並非個別具體的益品。另外,瓦瑟的理論屬於特定主義,該如何運用社會正義原則視乎不同民族與文化。整合這兩方面的考量,瓦瑟的特定主義確立不同類別的益品在不同社會中有不同意義。這也是為何他在《正義諸領域》中運用非常多具體的例子,指出不同歷史時空中各民族的實踐。不過,對瓦瑟而言,最具有相關性的是歐美民主國家。在這些國家裡,教育領域中的正義考量與機會平等及應得有關,基礎教育應以機會平等作分配,較高等的教育則以應得原則作基本考量(Walzer, 1983: ch.8)。公職是以應得原則分配(Walzer, 1983: ch.5)。在安全保障及福利領域內,正義考量是按需要原則處理(Walzer, 1983: ch.3, esp.78)。至於金錢及商品,則是以自由交換作為分配原則(Walzer, 1983: ch.4)。以上是多種社會益品及相關的原則,瓦瑟意圖建立(G_i, P_i)等組合的單對單關係,如(公職,應得)的單對單關係。根據瓦瑟的理論,很顯然,P_i 以外的原則都不適用於分配 G_i,但 P_i 卻能適用於分配 G_i 以外的益品;因此,他的理論隱含了益品與原則之間的包容性單對單關係。

瓦瑟的「正義即複合平等」想法衍生了兩項要求:(1)益品要以適切的原則來分配(Walzer, 1983: 8-9),(2)在某個領域的益品的分配不能跨越領域地影響到其它領域內的益品之分配(Walzer, 1983: 10-13)。對瓦瑟而言,在當代西方自由民主國家

中，若以有別於應得原則來分配公職，就是違反「正義即複合平等」的第一項要求。若在自由競爭及交易中賺大錢的人可以用錢買官，那是違反正義即複合平等的第二項要求，只有在正義諸領域的自主性及獨立性得到尊重下才能達至複合平等。

「正義即複合平等」這個想法得到不少政治哲學家的重視，很多的討論集中在第二項要求（Andre, 1995; Rustin, 1995; Waldron, 1995）。有關第二項要求的討論對複合平等論十分重要，但跟多元主義與系絡主義之間的關係等議題的相關性不大。我們比較關注的是第一項要求。事實上，米勒對瓦瑟的評論也是著重第一項要求（Miller, 1995a），這方面的討論能讓我們在比較瓦瑟與米勒的理論時找到焦點，當中牽涉三項議題：（1）益品的社會意義如何決定該用什麼原則？（2）為什麼益品與正義原則之間是單對單的關係？（3）大家若對該用什麼原則有爭議，應如何處理？

瓦瑟指出分配原則及安排是內在於（intrinsic to）社會益品（social goods）並非益品本身（the good-in-itself）。正義論所關注的益品是「社會益品」（Walzer, 1983: 7），對瓦瑟而言，社會益品就是具有社會意義的益品，而社會益品的意義（the meanings of the social goods）也是益品的社會意義（the social meanings of the goods）。益品的社會意義決定用以分配該益品的原則。問題是：什麼是益品的「社會意義」？瓦瑟所謂益品的社會意義不只包括其字面的意義，亦包括其性質及用途，更重要的是該東西在社會中的價值。瓦瑟強調同一樣的東西在不同社會中因為不同理由被賦予價值，也許亦會出現某一種益品在某社會被珍惜的同時在別的社會被否定的情況（Walzer, 1983: 7）。

　　瓦瑟主張，所謂的社會意義必須是實質上在社會中共享的
（Walzer, 1994: 27）。這是為何瓦瑟認定分配原則及安排是「內在
於社會益品（intrinsic to social goods）」而非益品本身。益品本身
沒有社會意義，只有當一種益品與它所在的地方的人有價值上的
關聯時，該種益品才有社會意義，而社會意義能決定運用什麼
正義原則，我們亦能瞭解「如何」並「透過誰」以及「為了什
麼」分配該種益品（Walzer, 1983: 8-9）。然而，益品的社會意義
如何決定運用什麼正義原則？那就要視乎社會意義與正義原則的
關係。米勒認為，瓦瑟並沒有提出社會意義與正義原則的關係
是概念上的關係。若是概念上的關係，則任何人提出另類的看
法都顯示她無法真正理解其意義（Miller, 1995a: 6-7）。米勒將瓦
瑟的想法理解為，當看到某益品如醫藥，這立刻觸發（*triggers*）
我們認定用以分配所有該種益品的某一分配原則，可是，米勒
亦無法解釋為何會觸發相關的認定，這似乎是一種直覺主義
（intuitionism）。

　　瓦瑟本人似乎提出比直覺上的觸發關係更緊密的關係，他
用「意味（entail）」來表達兩者之間的關係，社會意義意味所要
運用的原則及過程（Walzer, 1994: 32）。瓦瑟實際上提出的是概
念上的關係，他明確指出有關益品的觀念及創建是先於並操控分
配（the conception and creation precede and control the distribution）
（Walzer, 1983: 6），世上益品之所以分享共有意義是因為益品的
概念及創建是社會過程，亦因為如此，益品在不同社會有不同意
義（Walzer, 1983: 7）。即使概念是文化的產物而且有可能會慢慢
變化，這並不代表社會意義與正義原則的關係不是概念上的關
係。對瓦瑟來說，我們不必假設概念上的關係是永恆不變的邏輯

關係。米勒嘗試弱化瓦瑟的立論，其主要理由是他認為我們沒有辦法理解正義原則與社會意義之間的概念上關係。可是，米勒自己所提出的直覺上觸發關係更難讓人理解。

另外，米勒指出，瓦瑟並沒有認定益品的意義決定恰當的分配（Miller, 1995a: 6）。可是，瓦瑟清楚地指出「所有的分配是正義還是不正義必須視乎益品的社會意義」，他強調：「社會意義的性質是歷史性的，分配型態以致何謂正義及不正義的分配隨時間而改變」（Walzer, 1983: 9）。對瓦瑟來說，我們不必假設什麼才是恰當的分配乃永恆不變的。

瓦瑟理論的另外一個困難是如何建立正義原則與益品的單一關係。雖然瓦瑟沒有像米勒一樣明確地提出要建立正義原則與益品的單一關係，但是按照社會意義與正義原則的概念關係，正義原則與益品的單一關係是唯一的可能。若要理解這一點，我們不妨進一步探析社會意義與正義原則的概念關係。當瓦瑟發展其理論時，他忽略了十分重要的一點：由於他只提出三項原則，也就是自由交換、需要及應得，益品的種類實質上就變成只有三大類別。第一類益品是回應足可支撐個人持續生活（individual sustainability），一般稱為必需品（necessities），這些東西是用需要原則來分配。第二類益品是回應個人所付出的努力及其對社會的貢獻，一般稱為對付出的獎勵，這些東西是用應得原則來分配，第二類益品是回應個人物質上的偏好，一般稱為商品，這些東西是用自由交換原則來分配。據此推論，益品的社會意義在一定程度上視乎益品作為必需品、獎勵及商品在社會上的價值。有關社會正義的爭議實際上是如何理解不同的益品應該歸到什麼類別。即使我們同意益品的社會意義可以決定該用什麼原則，並且

正義原則與益品之間存在著單一關係，可是，瓦瑟的理論不能排除益品的社會意義是有爭議性的。

瓦瑟似乎忽略了文化多元性對其社會正義論的影響。既然正義的表達語言是慣用的，其具體內容是特定的，而在實質考量上則是具有場境性的，那麼瓦瑟不能完全忽略社會內的文化多元性，文化多元性意味不同種族文化很有可能對不同的益品賦予不同的意義，同一個國家裡的不同種族文化會對如何分配某種益品有不同的看法。這也凸顯瓦瑟在處理文化多元性與正義之間的關係時的矛盾，一方面，他認真對待不同國家之間的文化差異在社會正義論中的意涵，但另方面，他卻忽略一個國家之內的文化差異對他的正義論之影響。除非瓦瑟假設他的理論只適用於文化差異性極少的社會，否則他必須處理個別社會中的種族文化多元性。有趣的是，瓦瑟身處的美國正是種族文化十分多元的社會，而他本人最關心美國的狀況。不過，我們必須懷疑瓦瑟的理論能否適用於文化多元的社會。

值得重視的是，儘管是文化同質性強的社會，在益品的社會意義之議題上亦難免出現爭議。事實上，不少論者對瓦瑟理論的批評都集中在這方面的問題（Miller, 1995a; van der Veen, 1999; Gutmann, 1995; den Hartogh, 1999）。這些論者並不是要去否定瓦瑟的多元正義論而是建議去修正它，不過，我們所關心的並不是這些建議的詳細內容，而是接受這些建議會對瓦瑟理論的系絡主義面向有何影響。

論者們提出三種處理爭議的方式，首先，哈托（Govert den Hartogh）認為我們應該認真地對待正義原則的多元性，但這並不意味要把個別原則生硬地規範在特定系絡內。他主張多項原則

都可以應用在不同的場合中，至於運用什麼原則以致如何運用則要視乎具體的情況（den Hartogh, 1999: 516）。據此，我們不必完全依賴所謂的社會意義來決定如何運用社會正義原則。按照我們的分析架構，哈托所主張的是，假如我們有 P_1，P_2，P_3……P_n 等正義原則，在考慮要如何分配 G_i 時，單單考慮 G_i 是什麼或 G_i 的社會意義亦不能明確地解決我們應該用什麼原則。換句話說，我們無法建立（P_i, G_i）的組合，亦即是沒有正義原則與益品的單對單關係。因此，若瓦瑟接受哈托的主張，就等於是放棄其正義論中系絡主義的面向。

其次，吉敏（Gutmann, 1995）認為除了特定應用於系絡的原則外，我們不能忽略其它與正義考量相關的跨系絡原則如個人責任。按照我們的分析架構，吉敏所主張的是，假如我們有 P_1-G_1，P_2-G_2，P_3-G_3……P_n-G_n 等組合，但不能忽略可能有 P_a 或／及 P_b 適用於所有組合。因此，我們實際上有的組合是（P_a, P_b, P_1, G_1）、（P_a, P_b, P_2, G_2）、（P_a, P_b, P_3, G_3）……（P_a, P_b, P_n, G_n），因為 P_a 及 P_b 這些原則是跨系絡的，而在實際情況下，P_i 與 P_a 或／及 P_b 之間很有可能是充滿張力的。按照吉敏自己提出來的例子，也許醫療基本上是按需要來分配，但卻不能忽略個人應付出的責任。根據吉敏的這種想法，我們無法建立（P_i, G_i）的組合，只有（P_a, P_i, G_i）或（P_a, P_b, P_i, G_i）等組合，亦即是沒有正義原則與益品的單對單關係。因此，若瓦瑟接受吉敏的主張，也就等於是大大削弱了其正義論中系絡主義面向的作用。

最後，韋恩（van der Veen, 1999）提出一項超然原則以解決可能的爭議，那項超然原則是平等公民身分（equal citizenship），他同意在決定運用什麼原則時應該先尋找社會上關於被分配的益

品的社會意義之共同理解，可是，若然大家的理解不盡相同，並指向互相排斥的方向，那麼我們只能求助於平等公民身分。當然，平等公民身分本身並不是分配原則，因此並不是要以平等公民身分原則來取代引發爭議的不同原則，之所以必須求助於平等公民身分原則是因為要在引發爭議的不同原則中間找出最恰當的原則，所謂最恰當的原則就是可以最適切地體現平等公民身分的原則。

按照我們的分析架構，韋恩的意思是，一般而言是可以排列出（P_i, G_i）的眾多單一關係組合。不過，假如我們有 G_j 需要分配，但單單探討 G_j 的社會意義無法在決定用什麼正義原則的問題上達成共識，那麼我們就必須引用平等公民身分原則來作最後裁量的參考。若瓦瑟接受韋恩的主張，並不會很大程度削弱其正義論中系絡主義面向的作用，原因是（P_i, G_i）等眾多單一關係組合仍然存在。

哈托及吉敏的建議實質上在很大程度上保留多元主義，但卻嚴重衝擊了瓦瑟的系絡主義。弔詭的是，這兩種途徑不一定能減少就應該運用什麼原則及如何運用所引發出來的爭議，實際上，爭議似乎變得更多。若按照哈托的方式，差不多每一件要被分配的益品都有可能引發爭議。若按照吉敏的方式，P_i 與 P_a 或／及 P_b 之間的張力實際上可能造成矛盾。相對而言，韋恩的方式表面上也許可以解決爭議。可是，韋恩的方式看起來比較優勝的原因是他基本上就假定（P_i, G_i）等組合沒有爭議性，哈托正是挑戰這一點。更重要的是，韋恩提出以公民身分來解決瓦瑟的困難，但實際上變相否定以「指定益品原則」發展出來的系絡主義。

綜合上述的討論，我們可以發現系絡主義的一項優點，由於

場境的多變性，提出所謂的系絡可以在一定程度上創造正義原則在應用上的簡便性，否則就像哈托的建議一樣，每個場境下的分配都要仔細討論。然而，瓦瑟所提出的想法充滿困難，但若接受哈托的想法，那就是在一定程度上必須放棄系絡主義面向。我們在下一節指出米勒理論面對更嚴重的困難。

四、多重的人際關係模式與米勒的系絡主義

（一）指定關係原則

　　米勒受到瓦瑟的啟發，嘗試建構其自身的系絡主義面向，若要探討米勒正義論裡多元主義與系絡主義之理論關係，我們首先要注意，他認定被分配的益品是多樣的，亦堅持正義原則是多元的；不過，正義原則的多元性與益品的多樣性並沒有必然關係，米勒並不願意像瓦瑟一樣從大家所要分配的益品及其意義中推敲出相關的正義原則，他認為民眾採用什麼正義原則視乎大家如何理解各人之間的關係，故此，不同的原則運用在不同的「社會系絡」中（Miller, 1999a: 245），而他所謂的社會系絡就是以人際關係來界定的。米勒選擇從「人際關係模式（modes of human relationship）」出發來推敲如何運用多項正義原則，因此，我們可以斷定他所運用的第二層次原則實質上是前面提到的「指定關係原則」。米勒認為關注人際關係模式等同於關注系絡，不過，系絡很顯然要比人際關係模式寬闊許多。在此我們不必深究系絡有多寬闊，只須指出系絡主義的發展空間要比米勒想像的大。根

據「指定關係原則」，大家在什麼樣的人際關係中作出分配決定大家應該用什麼分配原則。

假如多元正義論接受指定關係原則，提出該理論的論者如米勒必須能夠清楚回答以下的問題：

R-Q（1）：有沒有出現任何的組合（R_i, P_i），在人際關係 R_i 中應該是以 P_i 為分配原則的？

R-Q（2）：對於某一種人際關係 R_i，有沒有任何一項分配原則 P_j 是不應該運用在 R_i 關係中的？

R-Q（3）：對於某一項分配原則 P_i，有沒有任何一種人際關係 R_j 是不應該用 P_i 分配原則？

R-Q（1）所關注的是系絡與正義原則之間的關係，但並沒有處理 P_i 以外的原則能否適用於 R_i 或 P_i 是否只適用於 R_i 以外的人際關係模式。R-Q（2）及 R-Q（3）則是有關排他性及包容性的考量。若然 P_i 以外的原則都不適用於 R_i 及 P_i 不適用於 R_i 以外的人際關係模式，那麼人際關係模式與原則之間的排他性單對單關係就得以建立。若然 P_i 以外的原則都不適用於分配 R_i 但 P_i 卻能適用於 R_i 以外的人際關係模式，那麼人際關係模式與原則之間的包容性單對單關係就得以建立。

我們所關心的是「指定益品原則」及「指定關係原則」兩項第二層次原則是否互相排斥。在此不妨嘗試從兩個角度剖析米勒的理論，第一，視「指定關係原則」為完全獨立的原則，亦即是說在決定應該用什麼分配原則時，大家只要考慮人際關係。那麼問題是：在決定應該用什麼分配原則時，能否真的不需要考慮所

分配的是什麼益品？第二，我們視「指定關係原則」及「指定益品原則」互不排斥，那麼要討論的問題是：在決定應該用什麼分配原則時，那一項第二層次原則比較優先。我們將會首先討論及批判米勒自己對這兩方面提出來的想法，繼而指出米勒不單無法解決他認為瓦瑟的理論所帶出來的爭議，反而讓爭議變得更複雜。

米勒的正義論最獨特的地方是在不同的人際關係中運用不同的正義原則。如我們在第三章提到，米勒將人際關係模式分為三大種類：團合性社群、工具性聯合體及公民聯合體（Miller, 1999a: 26ff）。讓我們用這一章接下來的篇幅更深入地以上述的分析框架逐一探討正義原則如何應用在不同的人際關係模式。第一個問題是 R-Q（1）：有沒有出現任何的組合（R_i, P_i），在人際關係 R_i 中應該是以 P_i 為分配原則的？

首先，在團結性社群中，成員分享共同的身分及團結精神，人際關係靠緊密接觸建立，家庭是最明顯的例子。另外，很多不同類型的組織都屬於團結性社群，其中包括宗教團體、各種會社及專業組織等（Miller, 1999a: 26）。在這些團體裡，成員間建立友誼、付出忠誠及隨時願意互相協助。

其次，在工具性聯合體中，每位參與者視其他人的貢獻為工具，具有利用價值，而各人的目標是要透過與其他人的合作才能達成（Miller, 1999a: 27-30）。一般的「經濟關係」都屬於工具性聯合體，米勒特別指出，市場正是工具性聯合體的典範，各人以商品生產者或購買者的身分互相聯繫。根據米勒的定義，「經濟市場」是各人透過契約及交易的機制進行資源交換的程序，資源包括個人工作能力等（Miller, 1999a: 108）。另外，企業成員之間

的關係及政府公務員之間的關係都是屬於工具性聯合體。

　　最後，在公民聯合體中，每個人都屬於政治社會的一份子，任何公民都有一系列的權利和義務。由於每個人都擁有公民的身分，故此應該擁有公民自由與權利以及享用政治社群所提供的各種服務（Miller, 1999a: 30）。

　　米勒認為這三種關係正好與他所提出的三項正義原則匹配。首先，適用在團合性社群的是需要原則。一般來說，在這種關係中，每位成員都會考慮其他成員的需要，各自根據其能力作出貢獻以滿足彼此的需要，這似乎是與馬克思的明言「各盡所能，各取所需」吻合。不過，米勒似乎認為這只適用於少數場境中，如家庭裡的分配。

　　其次，適用在工具性聯合體中的是應得原則，在這類關係裡，每位成員帶著她的技術、經驗及才幹自由地參與其中。各人貢獻其努力並期待獲得其應得的，由於各人所付出的並不一致，正義的考量讓參與者所得到的並不是平等的。

　　最後，適用在公民聯合體中的乃平等原則，同樣作為公民，每個人應該得到平等的公民自由及權利，任何人的公民自由及權利若被侵犯或剝奪將淪為二等公民。

　　綜合米勒的想法，我們有三個（R_i, P_i）組合：（公民聯合體，平等原則）、（工具性聯合體，應得原則））及（團合性社群，需要原則）。米勒意圖建立正義原則與人際關係模式之間單對單的關係，但是三項正義原則為何分別適用在（appropriate to）三種人際關係模式？米勒訴諸於社會心理研究的實驗性結果，並認為社會哲學家應該更重視這些成果（Miller, 1999a: 34）。儘管米勒接受這些成果的真實性，但他自己亦承認從規範性的角度出

發，這些經驗性結果並不具有決定性。不過，米勒指出若是要求個別人際關係模式與相關的正義原則有邏輯上的關係則是過高的要求。他希望找出一個比經驗性結果強，但卻比邏輯上的關係弱的聯繫。

米勒提出兩個理由去解釋三項正義原則為何分別適用在三種人際關係模式。第一，某一種人際關係讓某一項正義原則變得可用（*feasible*）（Miller, 1999a: 34）。米勒以平等原則為例，除非我們能夠就有關何謂社會成員找到一個具體的觀念以指定公民所擁有的權利及義務，否則平等就是一個空洞的概念。第二，某一項正義原則若是應用在某一種人際關係中會具有更直接的適切性（*fitting* in a more direct sense）（Miller, 1999a: 35）。在深入探討這兩點前，讓我們先透過研究前述的問題 R-Q（2）來探討人際關係與正義原則之間的關係。前述的問題 R-Q（2）是：對於某一種人際關係 R_i，有沒有任何一項分配原則 P_i 不應該運用在 R_i 關係？

先就公民聯合體作出討論，牽涉的議題是：有沒有任何一項分配原則（應得、需要、平等）是不應該運用在公民聯合體中？米勒認為平等原則適用於公民聯合體，亦即是每個公民有相同的公民權。因此，我們要關注的是應得及需要是否不應該運用在公民聯合體中。關於應得原則，米勒本人同意對於建立軍功或其他對國家有功的公民，國家對她們所頒授的勳章或榮譽是其應得的（Miller, 1999a: 31）。至於需要原則，米勒指出醫療、住房及最低收入對某些人來說應該按需要原則來分配給有需要的公民（Miller, 1999a: 31）。

值得注意的是福利權與需要之間的模糊關係，假如米勒接受

公民權，則他可以把公民對滿足基本所需的要求都放進福利權的保障範圍，並以平等原則作為基本考量，那麼就不必考慮需要原則。可是，米勒似乎認為，即使是在公民聯合體中，需要原則亦是不可或缺的。不過，同時接受運用平等原則來分配福利權以及運用需要原則來滿足對基本所需的要求會產生理論上的不一致。不管這個不一致的情況對米勒理論的影響有多大，我們更在意的是，米勒本人並不願意否定需要及應得原則可以應用在公民聯合體中。

接下來我們討論工具性聯合體，有沒有任何一項分配原則（應得、需要、平等）是不應該運用在工具性聯合體中？米勒認為應得原則適用於工具性聯合體，因此，我們要關注的是平等及需要是否不應該運用在工具性聯合體中。工具性聯合體最典型的例子是企業中員工的關係，讓我們以有薪假期為例。一般來說，每位員工最少會有固定數目的有薪假期，在這個層面上是平等的。在基本有薪假期之外，一個員工的有薪假期是按照她的位階來分配，其背後理念是有薪假期按其貢獻來定奪。另外，分娩期間的有薪假期是按照需要來分配的，沒有分娩需要的女士不能投訴給予有分娩需要的同事適量的有薪假期是不正義的。據此而論，米勒不能否定需要及平等原則可以應用在工具性聯合體中。

最後要探討的是團合性社群，有沒有任何一項分配原則（應得、需要、平等）是不應該運用在團合性社群中？按照米勒的想法，家庭是典型的例子，而需要是這種關係中的分配原則。米勒指出給予孩子的東西應該是合理的需要，而不應該是沉迷的嗜好，他似乎認為音樂課程屬於前者而最新款的電子遊戲機則屬於後者（Miller, 1999a: 27）。然而，我們同時可以舉出平等及應得

能夠適用在家庭裡的例子。負責任的父母親當然是不會完全按照小孩子們的要求購買最新款的電子遊戲機，但會以之為獎勵給予考試成績優異的小孩；只要這個承諾是在考試前一段時間提出來，成績不好的小孩當然不能投訴成績優異的小孩拿到獎勵。另外，假如父母買了小孩們都喜歡的巧克力蛋糕，若非有特別的原因，平等分配是合理的分配方式。如前面所指出，米勒同意當接受益品的人之間沒有跟分配考量相關但不一樣的地方時，我們應該以平等作為分配原則（Miller, 1999a: 236）。由此看來，米勒不能否定平等及應得原則可以應用在團合性社群之中。

透過上述的探析，我們對 R-Q（2）的答案是：不是只有某一項正義原則才可以運用在某一種人際關係中，其它所有米勒提出的不同原則亦可以運用在任何一種他所列舉的人際關係模式上。以上對 R-Q（2）的答案無形中亦解答第三個問題，亦即是 R-Q（3）：對於某一項分配原則 P_i，有沒有任何一種人際關 R_i 是不應該用 P_i 分配原則？按照我們對 R-Q（2）的答案所推敲而來的關於 R-Q（3）的答案是：沒有任何一種米勒所提出的人際關係模式是不應該用應得、需要或平等三項原則中的任何一項原則。接下來就這一點提出論證。

讓我們回到米勒本人用以解釋三項正義原則為何分別適用在三種人際關係模式的兩個理由。前述的第一個理由是：某一種人際關係模式讓某一項正義原則變得可用。然而，從我們以上的分析可以看到，這並沒有排除其它原則在某人際關係模式的可用性。換句話說，公民聯合體模式讓平等原則變得可用，也讓應得及需要原則變得可用；工具性聯合體模式讓應得原則變得可用，也讓需要及平等原則變得可用；團合性社群模式讓需要原則變得

可用，也讓應得及平等原則變得可用。既然單單指出某一種人際關係模式讓某正義原則變得可用並不能排除其它原則在該人際關係的可用性，米勒必須提出正義原則與人際關係模式之間更強的關係，而這似乎是他提出的第二個理由所想要表達的。

　　前述的第二個理由是某一項正義原則應用在某一種人際關係模式中具有更直接的適切性（*fitting* in a more direct sense）。不過，假若上述的分析是合理的話，我們看不到正義原則與人際關係模式之間存在單對單的直接關係。不過，我們可以設想米勒對這個質疑可能提出來的兩個回應。

　　米勒的第一個可能回應是：人際關係模式是所謂的理想型態（ideal-type）（Miller, 1999a: 27），而在理想型態下，正義原則與人際關係模式之間具有排他性的單對單關係。在理想型態下，團合性社群的成員是生命共同體，成員間互相支持，如米勒所說：「成員間的團合性衍生強化的彼此責任，這自然表現在運用需要原則在分配正義上」（Miller, 1999a: 35）。可是，如前面所引用的家庭例子中，儘管我們認同成員間的團合性甚至一體性，但仍不能排除平等甚至應得兩項原則。至於理想型態下的工具性聯合體，米勒提出各人都是陌生人，為了利益的交換才合作，因此，應得是分配正義的原則（Miller, 1999a: 35）。在米勒的論述中，他並沒有提到公民關係的理想型態，但是我們可以設想，公民關係中的成員之間的陌生程度要比工具性聯合體中的要高，那麼我們似乎也應該用應得原則而非平等原則作為公民關係中的分配正義原則。總而言之，即使在理想型態中，米勒很難堅持正義原則與人際關係模式之間具有排他性的單對單關係。讓我們的焦點轉移到真實存在的關係，這似乎亦是米勒另外一個可能回應的焦點。

米勒的第一個可能回應是，正義原則與人際關係模式之間具有主導性的單對單關係。亦即是說，在某一種人際關係模式中，某一項正義原則占有主導的角色，其它的原則是次要的。在公民聯合體模式中，米勒明確表示，相對於平等原則而言，需要原則及應得原則的角色是比較次要的（secondary）（Miller, 1999a: 32）。不過，特別要注意的是，他同時指出部分公民的需要若不被滿足，她們的平等地位就會受到影響。言下之意實際上是每位公民的基本需要得到滿足似乎要比得到相同的投票權來得重要，或最少不會比得到相同的投票權來得次要，因此，需要原則似乎要比平等原則來得重要，或最少不會比平等原則來得次要。另外，米勒同意應得是用來回報個別公民為國家所額外付出的代價，保國禦敵與抓賊滅罪都是為了社會的生存及健康發展，重要性似乎要比選舉時投票來得重要，或最少不會比選舉時投票來得次要，因此，米勒認為需要原則及應得原則在公民關係中的角色是比較次要的想法是值得商榷的。

就這一點來說，米勒的可能反駁會是，在公民關係中，依靠平等原則所分配的益品在種類上要比用應得原則及需要原則所分配的要多。可是，此回應等同於表示我們必須先行決定用什麼原則來分配什麼益品，這是對米勒理論的一個嚴重破壞，原因是既然我們要決定用什麼原則要先看所分配的是什麼益品，那麼我們似乎就毋須先討論在什麼人際關係模式下作分配，這亦即是等於是放棄「指定關係原則」而接受瓦瑟的「指定益品原則」。

事實上，我們可以從另外一個視角去理解三項原則在公民關係中的角色。大家之所以同意三項原則都可以運用在公民關係中是因為所要分配的東西有別。基本所需如兒童補貼應該以需要原

則來分配、選舉權及人身安全權應以平等原則來分配、而國家榮譽要以應得原則來分配。

剛剛的討論集中在公民聯合體中三項原則如何分配三種益品，在此必須指出，即使是同一樣的益品（如前述的工具性聯合體中的有薪假期），我們亦無法決定那一項分配原則比較優先，原因是運用什麼原則在很大程度上取決於不同的成員的不同訴求，一位責任重大並為公司賺大錢的總經理及一位負責打掃並將要分娩的員工之訴求並不一樣，因此，總經理因其貢獻及辛勞所獲得比其他員工更多的有薪假期是她所應得的，快要分娩的員工獲得比其他員工更多的有薪假期是她所需要的。這顯示人的因素是不能忽略的，亦即是說，在分配的考量上不能忽略「分配給誰」這個議題。

綜合以上的討論，即使我們能夠在個別的情況下將主導性賦予某一種人際關係模式中的某項原則，也不能將其主導性一般化，系絡主義正義論無可避免地要認真對待場境中的特殊性及各項其它元素。不過，假如米勒認同這一點的話，他的系絡主義特色在很大程度上被削弱，原因是訴諸人際關係模式的重要性大大減少。我們甚至可以進一步指出，既然需要、應得及平等都可以應用在所謂的不同系絡，亦即是三種人際關係模式，那麼米勒的理論實際上是普遍主義的，也就是說，社會正義原則的應用是超越不同系絡，相同的社會正義原則適用於所有系絡。

當然，社會正義原則實際上如何應用要視乎具體的客觀情境，但人際關係模式只是要考慮的其中一種元素。除了人際關係模式外，若然米勒同意引入益品來界定系絡，那麼他要解釋為何另外其他的分配場境裡的元素不被納入來界定系絡。可是，若將

其它重要元素都納入考量，那就等同放棄系絡主義，原因是根本就毋須劃分系絡。

（二）分配上的爭議

從米勒的角度看，其多元主義正義論的另外一個特色是在解決各種分配爭議上的優越性，以下的討論就這方面作出探討。多元論反對以單一原則來概括社會正義考量，而米勒及瓦瑟所分別建構的正義論意圖論證正義原則的多元性，眾多正義原則各自擁有指定的應用範圍。不過，如前所述，他們對於如何界定這些特定的應用範圍及其源起有不盡相同的看法。瓦瑟的做法是先界定什麼益品是社會正義所要關注的，然後將其分門別類並找出用以分配不同類別的益品之原則。

問題是每個人對某些益品應該以什麼原則來作分配可以有不同的理解，爭議之所以出現的其中一個源頭是私心。在分配益品R的時侯，對某些人來說，以 M 原則來分配對他們有利；而對某些人來說，以 N 原則來分配對他們有利。不過，從瓦瑟的角度看，他的理論在某個程度上消除這類型的爭議，原因是某種利益在某一社會中的意思有其傳統，而不是少數人當下的意願可以隨意改變。然而，米勒認為從私心而來的爭議並不是最重要的問題。很多時候，爭議的源頭不是私心，亦即是說，在分配益品 R（如教育）的時侯，X 贊成用 M 原則並不是因為 X 會得益，Y 贊成用 N 原則並不是因為 Y 會得益。爭議可以是獨立於私人利益而真實存在的，這是米勒認定瓦瑟要面對的問題（Miller, 1999a: 25）。不過，瓦瑟的可能回應是，只要在謹慎及準確的詮釋下，

應該可以找出恰當的原則。當然，由於不同社會對不同的益品在社會中的意義有不同的詮釋，對社會正義的要求之理解在各個不同文化中是多樣性的。瓦瑟的理論背後的想法是正義考量的處境化，但從他的理論出發，能否一定可以找出恰當的原則確實是一個問題，原因是誰來決定什麼詮釋是準確的詮釋。

不過，對米勒來說，能否找出準確的詮釋並不是問題。米勒以教育為例，他認為我們對教育的意思及其價值的爭議性不大，但即使如此，我們仍然會在該用什麼原則來分配教育上出現實在的分歧（Miller, 1999a: 25）。某些人相信容許家長為子女購買更優質的教育是不正義的，另外的一些人會認為只要所有孩子都已經有受基本教育的機會，容許部分家長為其子女追求更優質的教育並不是不正義的。米勒認為這是實在的分歧，並容許理性的討論。面對這類爭議及分歧，米勒的處理方式能否更明快及得到更明確的答案？要研究此問題，我們可以提出下列的議題：

（1）米勒本身以指定關係原則為基礎的理論在實踐上的爭議是什麼？
（2）是否能訴諸米勒的理論就能解決他認為瓦瑟不能解決的爭議？
（3）米勒的理論是否帶出更多的爭議？

米勒本人承認關於團合性社群的正義考量及工具性聯合體的正義考量會互相衝突（Miller, 1999a: 36）。為了清晰起見，我們將他所舉出的例子簡化。假設有兩個找工作的人 J 及 K 到同一間企業應徵一份工作，J 是企業中很多員工的親屬，而 K 跟企

業毫無特殊關係，J 及 K 都滿足該份工作的基本要求，但 K 比較能幹，那麼應該聘用誰？這個例子所展示的衝突是對 J 來說，她跟企業的關係是團合性社群關係，分配原則應該是需要原則，但對 K 來說，這是工具性聯合體，分配原則應該是應得原則。

若要論證米勒自己的理論之優越性，他必須討論的是，企業是否必然是工具性聯合體？但是這要面對大家對人際關係的不同理解，這似乎有可能沒法得到共識。在不少國家，家庭式工廠及農村企業都是團合性社群，或充其量是工具性聯合體及團合性社群的混合體，因此，從米勒本身以指定關係原則為基礎的理論出發，實踐上的爭議確實會出現。

不過，值得注意的是，米勒並不是這樣的去理解他的理論所引發的爭議，他反而訴諸於我們對工作應該以什麼原則分配來處理爭議。不過，若要論證米勒自己的理論之優越性，他不能引入工作之所以成為益品的性質來作討論。換句話說，按照指定關係原則，我們只須瞭解在分配時是在那一種人際關係模式中作分配，就能決定用什麼原則。可是，米勒在論證其立場時討論工作的性質，他認為根據對工作的定義，工作是在工具性聯合體的範圍（Miller, 1999a: 36）。對他來說，這意味大家應該以應得原則來分配，亦即是 K 應該得到該份工作。可惜的是，這實質上是等於認為工作應該用應得原則來分配，那麼我們對人際關係模式的討論似乎變得多餘，而且「為何工作應該用應得原則來分配？」這個問題還是存在，我們不能夠訴諸他的理論以解決爭議。

米勒理論的唯一出路是同意我們在考慮應該用什麼原則時不能忽略要分配什麼。當他指出一個人該得到什麼視乎所要分配的

是什麼及在什麼人際關係模式下分配（Miller, 1999a: 233），他似乎認同這個想法。可是，我們應該先考慮人際關係模式還是所要分配的是什麼？米勒沒有明確表示，不過，既然他認為引入人際關係模式的作用是讓其理論比瓦瑟的理論優勝，問題是這個看法有沒有辦法解決他認為瓦瑟理論所無法解決的爭議。

　　米勒之所以提出要考慮人際關係是因為他似乎想要建立一個事前推定，意思是說，假如我們先斷定大家是在某一種人際關係，那就可以對要用什麼原則來分配作出推斷，這是第一個步驟。例如：我們斷定大家所談論的是工具性聯合體，那麼除非有特別的理由，否則就應該以應得原則作為分配原則。然後，作出事前推定之後再探討要分配的益品是否屬於這個人際關係模式中要分配的，如果答案是肯定的，那麼就用相關的原則作為分配原則，這是第二個步驟。例如：米勒將工作以定義的方式放在工具性聯合體的範圍內，從而推斷我們應該用應得原則。

　　先談第一個步驟，正如之前的討論所顯示，我們要決定大家到底是在什麼人際關係中是有爭議的（對 J 來說，企業 E 是團結性社群；對 K 來說，企業 E 則是工具性聯合體）。即使大家對此沒有爭議，除非知道要分配什麼，否則亦不能決定要用什麼原則。再來談談第二個步驟，首先，米勒將某一種益品以定義的方式放在某一種人際關係的範圍是十分值得商榷的。以前述的例子作說明，農村企業並不是工具性聯合體，將工作以定義的方式放在工具性聯合體是有問題的。其次，即使我們能將某一種益品以定義的方式放在某一種人際關係的範圍內，也不能說只有某一項原則才是該用的分配正義原則。再以前述的另外一個例子作說明，即使我們能將有薪假期以定義的方式放在工具性聯合體的範

圍中，也不能說只有應得原則才是該用的分配正義原則。簡言之，米勒以人際關係模式為基礎的理論，不但不能解決他認為瓦瑟理論所帶來的爭議，反而會引入更複雜的爭議。

五、結論

身為左翼社群主義者，米勒及瓦瑟多元論發展出來的系絡主義面向就是在反對超越系絡的自由主義正義論之下而形成。系絡主義的特點是認真地對待場境的差異性，特別是系絡的多重性。兩人的正義論揉合了多元主義與系絡主義兩方面的主張，與其它理論相比別樹一幟。

瓦瑟與米勒的理論很顯然是充滿反一元論色彩，兩人理論的共同特色包括三項主要元素：益品的多樣性、正義原則的多元性及系絡的多重性。根據本章分析，米勒的多元論屬於我們所說的一般主義，而瓦瑟的多元論則屬於特定主義。米勒誤解瓦瑟理論為一般主義，原因是他低估了瓦瑟對不同社會之間的文化差異性的重視程度，更重要的是，米勒完全忽略瓦瑟的詮釋主義道德哲學。事實上，多元論不必然如米勒設想都是屬於一般主義的。

瓦瑟及米勒認為他們所分別提出的多項正義原則不單在實踐上是合理的，而且是不會互相隸屬的。為了盡量避免在應用上的可能衝突及確立應用時的簡便性，瓦瑟及米勒都認為，既然當考慮應該採用什麼正義原則的時候，要考慮場境的差異性，那麼就必須清楚界定系絡。瓦瑟建議用益品作為劃分系絡的元素，意思是大家要先詮釋益品的社會意義，才能決定運用什麼正義原則。米勒則建議用人際關係模式來劃分系絡，意思就是人際關係模式

決定運用什麼正義原則。

　　兩人的正義論同時包涵多元主義及系絡主義，從理論研究的角度出發，最值得探討的是：多元主義論能否成功發展系絡主義面向？假如本章的論說是合理的話，答案是傾向否定的。多元論發展系絡主義面向，試圖認真地對待場境，我們的討論展示多元主義的三條可能進路，第一條進路是假如堅持系絡主義理論的優越性，亦即是只要認定在那一種系絡作分配就能決定用什麼原則，那麼就要面對大家對系絡的不同理解，這似乎在很多情況下是沒有辦法得到共識。

　　就瓦瑟的理論而言，在眾多場境裡元素之中，他以益品為基礎，認定我們只須瞭解益品的社會意義，就可以知道其它與分配正義相關的元素應該如何安排。瓦瑟的理論必須面對大家關於益品的社會意義之理解會出現基本上的分歧，特別是由社會內文化差異所造成的分歧。瓦瑟在處理文化多元性與正義之間的關係時出現了矛盾，一方面，他認真對待不同國家之間的文化差異在社會正義論中的意涵，但另方面，他卻忽略一個國家之內的文化差異對他的正義論之影響。不過，即使我們對益品的社會意義有共識，並能決定應該用什麼正義原則，亦難以決定其它的安排。因此，以益品界定系絡是值得商榷的。

　　面對瓦瑟的困難，米勒自己試圖以人際關係模式作為界定系絡的決定性元素，但我們論證，米勒必須接受多項正義原則都可以同時運用在不同系絡。即使米勒能夠堅持系絡的存在，他的理論實際上變成我們所說的普遍主義，也就是說，正義原則與系絡無法建立單對單關係，多項正義原則的應用是超越系絡的，相同的社會正義原則適用於所有系絡。

　　另外，米勒以人際關係作為基礎來劃分系絡，但大家關於人際關係之理解會出現基本上的分歧。更重要的是，既然我們所分配的是一些公認的益品，在探討應該採用什麼正義原則的時候，不能不考慮要分配的是什麼。假如我們要考慮分配的是什麼，那麼問題是從人際關係模式推敲出來的正義原則，跟從要分配的益品推敲出來的正義原則之間很有可能發生不協調的狀況。反觀瓦瑟的理論只考慮我們要分配的是什麼，米勒的理論比瓦瑟的要複雜許多，這複雜性削弱了米勒理論之說服力。

　　另外，假設米勒同意，在探討應該採用什麼原則時不能不管我們要分配的是什麼，那麼他的理論還有其餘的兩條進路。其中一條進路是在討論要用什麼分配原則時只關注要分配的是什麼而不必關注人際關係。若米勒接受這個立場，那就是等於否定以「指定關係原則」為基礎的論點，回到瓦瑟的進路。另一條進路是我們先關注在什麼人際關係下分配，然後再看要分配的是什麼，又或者是先關注所要分配的是什麼，然後再看在什麼人際關係下分配。若接受這個立場，跟以「指定益品原則」為基礎的正義論相比之下，米勒的多元主義理論引發更多的爭議，結果是我們在考慮使用什麼分配原則上（應得？平等？還是需要？），更難作出明確及不具爭議性的判斷。

　　多元論發展系絡主義面向掉入進退維谷的困境，一方面，若不認真地對待場境，則不能找出運用多項正義原則的規範；另方面，「分配什麼」或「在什麼人際關係下分配」是具體場境的其中兩個元素而已，若要認真地對待場境，更要考慮如「誰分配？」、「透過什麼程序分配」、「分配給誰？」以及「在什麼處境下分配？」等其它元素，但米勒跟瓦瑟一樣面對相似的問題，

亦即是沒法忽視其它分配場境內的元素。

　　米勒及瓦瑟認定多元主義必須認真對待分配場境，並試圖劃出明確的系絡，卻面對各種困難。假如兩人真的接受多元主義必須引入其它元素作為分配考量，他們將被迫放棄劃出明確系絡的企圖，結果是無法堅持系絡的存在，並必須認為正義的判斷要視乎每個不同的處境。認真對待場境反而大大增加理論的複雜性，降低多項正義原則在應用上的簡便性，亦減少作為規範性理論的可用性。另外，這種做法所要面對的困難，特別是在處理分配爭議上，似乎不會比瓦瑟甚至米勒原來的理論為少。多元主義啟發正義論的另類思考，值得深究。多元論必須面對兩個層面的議題：（1）不同社會的差異性（這牽涉一般主義與特定主義的對立），（2）社會內部的差異性（這牽涉普遍主義與系絡主義的對立）。根據我們的分析，米勒及瓦瑟的理論實質上都有觸及這兩個層面的議題，但卻遇到本章所呈現的困境。多元主義正義論者能否找到更可行的進路有待進一步的思考。

第六章

權利、民族責任與全球正義的複雜性

一、前言

　　上一個世紀九〇年代前蘇聯解體，冷戰結束對很多全球主義者來說，標誌著資本主義的勝利，既然社會主義已經成為歷史，那麼讓資本主義贏得徹底又何妨。不過，資本主義全球化帶來的問題逐漸浮現，金融資本的大肆擴張造成了一波又一波的全球性金融泡沫爆破，這亦間接令全球不平等狀況日益嚴重，貧者愈貧而富者愈富的情形已經不局限在各國國內發生，而更是跨國的現象。跨國企業在全球攻城掠地，環境污染和血汗工廠等問題伴隨全球不平等，世界貿易組織成立後促成了各種貿易協議，但同時令各地農民及勞工權益受到影響，激發此起彼落的反全球化浪潮。

　　越來越多政治哲學論者深知不能漠視這些全球化問題，受到羅爾斯對正義關懷的影響，不少學者著重全球不平等及貧窮等跟正義相關的問題。不同的全球主義者擁抱不一樣的意識型態，支持全球化的大同主義者分為自由大同主義及平等大同主義兩派，

299

兩派都認為資本主義全球化對財富不均的負面影響必須被矯正。自由大同主義者比較關注的是貧窮，更正確的說是赤貧，而平等大同主義者倡議的則是全球範圍的機會平等，甚至資源平等。

在全球分配正義的討論中，論者們大多是以大同主義與社群主義的對立來呈現全球分配正義中的爭論。最重要的議題是社群或個人孰先孰後的問題，以及個人或社群（即國家或民族）的道德地位如何確立。大同主義與社群主義的對立其實是個人與社群的對立。另外，相對於大同主義者，社群主義者在較早期的著作中，似乎完全沒有關注甚至提及全球不平等或貧窮，有關社群主義的討論也只集中在社群主義者跟自由左派在本土正義上的爭議（Mulhall and Swift, 1996; Tam 1998）。

右翼社群主義者如桑德爾至今都沒有具體談到所謂全球正義的問題，他沒有解釋為何會無視全球範圍的正義問題，其中一個原因可能是右翼社群主義者堅持正義是要為共善服務的，即使可以在社會裡大談所謂的共善，在全球範圍談共善在理論上遇到難以克服的困難，因為只有在共處於同一個大社群下，在共享身分及歷史文化傳承下長大的人之間才談得上共善的存在，但在整個世界範圍下的人們由於沒有共享的身分及歷史文化之情況下，要談全球共善似乎不太可能，所謂的「地球村」及「世界公民」都容易被質疑為充滿詭辯的說法而已。既然沒有全球共善，也就談不了什麼全球正義了。

至於左翼社群主義者如米勒及瓦瑟，既然是左派學者，受到包含比較多大同主義元素的社會主義影響，他們較易關心全球問題，對資本主義採取批判性的看法更是其理論重視不平等及不公不義的根本原因，面對資本主義全球擴張於前蘇聯的崩解後所帶

來的問題，他們當然也就不能迴避；除了會探討瓦瑟關於全球平
等的簡單論述外，我們討論重點會放在米勒的理論上，原因是他
發展出較有系統的全球正義論。由於左翼社群主義沒有建立在共
善的前提下，故比較能夠跟大同主義對話，但也同時容易失去社
群主義的特色，我們將會看到米勒理論的問題正是在於：若對大
同主義退讓太多，那就失去社群主義的特色；若對社群主義堅持
太多，那就難以處理世界性場境下的不平等或貧窮問題。

　　大同主義者如辛格、拜斯、奧妮爾、博格及梳爾等論者在上
一個世紀七〇年代末及八〇年代初就已經關注全球貧窮及不平等
的狀況，而當時左翼社群主義者卻都只在關心西方國家內的分配
正義或所謂的「社會正義」議題。直到 1990 年代中，米勒才開
始注意到國家本土以外的正義問題。[1] 米勒的正義理論之發展大概
可以分成前、中、後及近期四個階段，前期的論述聚焦在多元社
會正義論、市場社會主義及社群主義論的建構，代表作包括《社
會正義》（1976）及《市場、國家及社群》（1989），當中基本上
沒有關心國族層次以上的正義問題；中期的論述側重民族論及本
土正義論的系絡主義面向，代表作包括《論民族》（1995）及《社
會正義原則》（1999），米勒即使在中期論述中開始關心全球化，
亦只探討經濟全球化對各國在實踐「社會正義」上的衝擊，他簡
單的探研了所謂「國際正義」元素，但沒有深入討論全球正義。

　　後期的論述集中探討社群主義如何回應全球正義議題，代
表作包括《公民身分與民族認同》（2000）、《民族責任與全球正

---

[1] 關於全球分配正義的中文討論，可參見、（曾瑞明：2014）、（葉家威、
曾瑞明：2019，第三章）及（梁文韜：2021a）。

義》（2007），米勒意識到全球化所帶來的全球不平等及貧窮問題之嚴重性，並提出以權利為基礎的所謂「全球最低標（global minimum）」論。或許是由於後期的論述對大同主義退讓太多，米勒在近期的論述中強調不能忽略社會正義，代表作包括《關於地球生物的的正義》（2013）、《在我們中間的陌生人》（2015）及《自決是否危險假象？》（2019a）。[2]

　　米勒的思想不斷蛻變，我們會發現他不同時期有關正義的思維有所不同，故不可能協助他重構其論述成為具融貫性的理論，只能剖析不同時期論述本身之特色及內在問題，繼而比較這些論述之間的異同及前後不一致的地方，並嘗試解釋為何會出現論述上的轉變，最後會提出左翼社群主義者可以抱持的立場。

　　第二節首先探討瓦瑟關於全球化的反省及他對全球不平等的看法，繼而透過勾劃米勒的全球最低標權利論來凸顯他與瓦瑟之間的根本分歧，並指出最低標論造成米勒理論整體的內在矛盾；第三節分析米勒如何一方面反對某些大同主義者眨低社會正義的重要性，卻同時在另一方面反對將正義只框限在社會正義之討論中而不談全球正義的偏見；第四節研究米勒如何將在全球層次所要訴諸的正義本分改變為正義責任，我們將指出，他發展出來的責任觀為後果論，並對此論進行批評，最後則提出他無法說服大家他建議的責任乃正義責任而非人道責任，繼而勾劃左翼社群主義者要如何處理相關問題。

2　關於米勒的全球分配正義論的不同面向，可參見（De Schutter and Tinnevelt, 2011）。此文集的論文大多都沒有探討米勒正義論的整體融貫性，跟我們的討論比較相關的是（Wernar, 2011），之後會稍作討論。

二、大同主義、權利與全球最低標

（一）「弱」大同主義、「薄」與「厚」的道德

　　一般來說，在政治哲學之討論中，社群主義被視為是一種跟大同主義對立的學說（Held, 2010; Moellendorf, 2001; Anderson-Gold, 2001; Cochran, 1999），大同主義者奧妮薾認為雙方陣營的爭議實際上取決於不同地域的人在道德地位上的差異，大同主義者認定所有人不管身處何方都有平等的道德地位，距離及陌生程度不會產生影響；但社群主義認為只有同國人才有完整的道德地位（O'Neill, 2000: 190, 191）。

　　另一位大同主義者博格將大同主義劃分為法定的（legal）與道德的（moral）兩個面向（Pogge, 1994b: 90）：法定大同主義（legal cosmopolitanism），意指在全球秩序下，人人都是「作為政治理想的一個全球秩序（political ideal of a global order）」之一員，享有個體平等的法定地位、相同的法定權利與義務；而道德大同主義（moral cosmopolitanism）指的是，因為個體皆是大家最終關注對象，人與人之間有相互尊重的道德關係。這樣的分野下，我們清楚看見，道德大同主義沒有假設必須要有一個強而有力的世界政府存在於真實的世界中，來賦予個體相同地位的權利。個人是大同主義者的最終極關注對象，只要身為人，不需要世界政府，我們都有義務去關心世界上的任何一個個體，也有權利要求他者同樣地關注自己。

　　博格認為，不同的道德大同主義論都具備三項元素（Pogge,

1994b: 89；梁文韜，2021a）：個人主義（individualism）、普世性（universality）及普遍性（generality）。「個人主義」是指最終極的關注單位（ultimate units of concern）乃個人而非氏族、部落、種族、文化或宗教社群、國家；「普世性」是指作為最終極的關注單位之地位乃平等地聯結每個人；「普遍性」則是指世界上每個人乃所有其他每個人的最終極關注單位，個人並不單是其同國人（compatriots）的最終極關注單位。博格的大同主義強調的是人與人之間的道德關係，而不是政治和權力關係，它意味某種「道德普世主義（moral universalism）」，其特徵是堅持在道德意義上，無一人例外的自由、平等和尊嚴。

道德普世主義的起源是古典的自由主義中的哲學人類學、自然法與自然權利，普世性的關注點是落實在每位活生生的個人身上，而不是家庭、部落、宗教群體、種族或民族這樣的集體身上。每個人皆為普世道德秩序的成員和維護者，都享有同樣的權利和義務。道德大同主義者堅持，既然每個人都是他人的道德關注最終對象，而不是手段，每個人的行為乃至政府官員的做法都因涉及具體的他者而必須有所節制。然而，跟道德大同主義相關的道德普世主義具有相當的彈性，它能支持許多不同形式的人際關係，如宗教、文化、種族群體，民族國家，也能支持這些群體之間的相互尊重。

大同主義者將個人主義注入道德普世主義裡，博格提出，道德觀念之所以具普世性的必要及充分條件：所有人都服膺於同一基要的道德原則，此等原則賦予基要的道德益處及負擔，而這些基要益處及負擔是以普遍語句來呈現，以避免隨意地圖利或損害特定的個人或團體（Pogge, 1994b: 98）。可是，博格不認為道德

普世主義本身能有正式的定義，它不會有非常具體的內容，充其量只有個別道德觀念的可接受性之條件，這條件只要求道德具有系統的融貫性，也就是說，對個體及其行徑以致社會規則及狀況的道德評斷都必須訴諸平等地適用於所有人的基要原則，任何偏離都需要合理的根據。博格所說的道德普世主義其實就是某種平等人權論（equal rights theory）（梁文韜，2021a），我們將會看到米勒的全球最低標理論在要求再分配的程度上比博格的全球人權論竟然來得更高，是完全跳脫了社群主義的框架。

　　面對大同主義的壓力，米勒區分「弱」跟「強」大同主義，並聲稱他可以接受所謂的「弱大同主義」；不過，所謂的弱大同主義其實是類似拜斯及博格提到的道德大同主義。就米勒的理解，弱大同主義以不同形式表達，他列舉三項：（1）每個人都有平等道德價值、（2）每個人都是平等關注的對象、（3）我們對每個人的訴求都要平等關顧。米勒指出，不管是那一項，其中的意涵在於我們對所有人虧欠了某種道德關顧，他認為實現這種平等關顧的正好是他全球最低標論的基礎（Miller, 2007: 98ff）。米勒認為弱大同主義並不意味強大同主義，而所謂「強」大同主義是具備實質分配意涵的平等原則，如機會平等原則。我們必須瞭解，他所謂的「弱」跟「強」大同主義在什麼意義上其實是兩種平等主義。

　　米勒在中期著作《社會正義原則》裡區分兩種「有價值的平等」，第一種跟分配有關，它要求「某些利益如權利」要平等地分配，原因是正義考量要求這樣做，第二種跟分配沒有關係，人都是平等的個體來彼此關照及關注，這是一種平等身分，或稱「社會平等」（Miller, 2007: 231-2）。可是，為何米勒會認為平

等身分跟分配正義無關？大家不正是由於具有平等的公民身分才有平等的權利？值得注意，當時米勒忽略了大家常用的道德平等（moral equality）這個概念，亦即所有人都有共同尊嚴下的平等。

我們大可稱道德平等為基礎性平等（foundational equality），而牽涉益品分配的則是分配性平等（distributional equality）。所謂的「弱」大同主義其實就是在說基礎性平等主義，而「強」大同主義則是指分配性平等主義，米勒的立場是接受基礎性平等主義不必然要在世界性場境採納分配性平等主義。不過，我們將會看到由此推論出的全球最低標論跟中期著作裡關於權利的論述不一致。

既然本土分配正義視權利為可以平等地享有，而且是一種分配性平等，那麼假如米勒的全球分配正義論也要視人權乃平等地享有，為何我們不能視之為一種意味分配性平等的主張？米勒以平等權利為本的全球分配正義論，在這種意義上，其實也是一種他自己說的所謂「強大同主義」。每個人作為人的平等身分使得大家可以平等地享有人權，平等權利所展現的就是應用在世界性場境中的分配平等主義。既然全球平等主義者提倡的機會平等所展現的也是應用在世界性場境中的分配平等主義，米勒不能以此反對他們的全球分配平等主義原則。接下來我們進一步分析米勒的全球平權論述的具體內容及其理論弱點。

按照米勒的分析，合理化人權的策略可分三種：一是訴諸實際考量、二是訴諸交疊共識、三是訴諸基本需要。拜斯後期的理論屬於實踐論，而瓦瑟的則是交疊共識論，米勒分別批評了兩人的理論。按照森拿的分類，常規性權利分成三類（Sumner, 1987）：法律權利、制度性權利及非制度性權利，若用森拿的理論去分析拜斯的人權觀念的話，我們發現透過闡釋人權作為實踐

這個觀念，拜斯的人權論其實是想要建構一種以人權為本的國際
常規權利論（梁文韜，2021a：第四章）。問題是拜斯的理論中的
人權是屬於那一種常規性權利？不少國際法及條約都是用於保障
人權，但國際法有別於各國的國內法。嚴格來說，沒有世界政府
的狀況下，國際法要保障的權利不算法律權利。拜斯眼中的人權
比較像是非制度性權利，如果人權乃非制度性權利，人權實踐可
以被視為是一種關乎全人類的社會道德，而人權實踐具有一般社
會道德的特性（Beitz, 2009）。

　　拜斯訴諸國際人權的實踐來建構關於權利的「政治觀念」，
大家難免會質疑這些所謂的權力根本缺乏道德力，米勒具體地提
到拜斯的實踐論，但他批評實踐論缺乏批判力。跟我們的討論比
較相關的是米勒如何批評瓦瑟的「交疊共識」理論，因此，接下
來我們將探討米勒如何認定瓦瑟的薄道德概念能如何應用在全球
正義的討論上。根據瓦瑟的理論，分配正義廣義上來說屬於道德
議題。瓦瑟對分配正義的看法基本上跟其對道德的看法相同，
他認為分配正義乃極大主義道德（maximalist morality）（Walzer,
1994: ch.2）。我們在此重溫一下上一章提到的瓦瑟之薄（thin）
與厚（thick）道德論說；薄道德理論是極細的（minimal）及接
近普世性的（almost universal）（Walzer, 1987: 24），這些極細的
道德律都是屬於負面的限制如對謀殺、欺騙、背叛、殘酷、凌
虐、壓迫及暴政的禁止（Walzer, 1987: 24; 1994: 10）。以權利的
方式表達的話，這是消極權利保障的範圍。

　　瓦瑟強調極細主義所包涵的不是客觀的道德真理，而是「重
覆的特殊主義式（reiteratively particularist）」及具有「在地意義
的（locally significant）」，並緊密地跟存在於不同地方及時間的

極大道德（maximal moralities）連繫在一起（Walzer, 1994: 7）。值得注意，瓦瑟並不是說我們有兩種道德或道德理論，他所說的是人類道德的兩種表達型態，這意味道德理論必須同時處理這兩個面向，而非二選一。道德同時是普世的（universal）及特殊的（particular），人類道德的兩方面反映「人類社會」的必然特性。由於「人類社會」是指「人類的」社會，因此是普世的；由於「人類社會」是指人類的「社會」，因此是特殊的（Walzer, 1994: 8）。

米勒質疑如果「薄道德」只要求對謀殺及壓迫的禁止，那麼使得政府提供維生所需的積極義務會被忽視。但這是對瓦瑟薄道德的誤解，「薄道德」存在的前提是「厚道德」，所謂的「厚道德」其實就是森拿或我們一般所說的常規性道德，每個社會都各自有其常規性道德，各社會的常規性道德有其自身的內容。

既然瓦瑟認為分配正義屬於「厚道德」，福利的提供如果是在分配正義範疇內，那麼維生所需也就屬於「厚道德」。若有政府忽視維生所需或間接導致維生所需受到剝奪，不是如米勒所說不可以被追究責任的，只是可以追究責任的人是共享同一常規道德的人們。米勒應該要向瓦瑟提出的質疑是：不屬於同一常規道德的非同國人為何不能指責那個忽視人民維生所需的政府？

我們大可同意瓦瑟認為分配正義屬於厚道德的看法，但必須指出，瓦瑟似乎忽略了一個可能：分配正義中的一些元素可以出現在所有常規道德之中，而這些元素也就屬於「薄道德」。有趣的是，瓦瑟在其較早期一點的說法中似乎同意這一點。在 1986 年出版的《此時此地的正義》一文中，瓦瑟提出分配正義要求「一個群社供給的系統」，「國家必須是福利國家」，而這是關於「國家的普遍真相」，是一項「道德事實」（Walzer, 1986: 139）。

　　為何瓦瑟會認為這是「普遍真相」？其解釋是，在「研究歷史及比較政治」中發現「每一個國家」都投身或宣稱一直都在投身於提供其人民福利之中。這樣的說法似乎跟前述厚與薄的討論不一致，既然分配正義的各項要求中關於福利供給的部分是普遍真相，那麼福利供給不就是應該屬於「薄道德」？當然，瓦瑟的意思不是說所有國家都會像美國一樣提供同一樣的福利，他同意各國具體怎麼做要視乎其「在地政治文化及當地人民共享的的社會生活」。簡言之，瓦瑟不能反對大家可以去探索那些福利供給是所有國家都會提供或宣稱提供給人民，而認定恰當地分配這些福利正是屬於「薄道德」的範圍。

　　值得強調的是，在更早一點的重要著作《正義諸領域》裡，他似乎正是有這樣的想法，根據他著名的「複合平等」論，分配正義在福利及安全領域中有關於「需要」及「成員身分」的雙重認定。益品是要給予有需要的人，而供給的方式要看如何維持成員身分，但這並不意味成員們可以對任何特定組合的益品提出訴求，至於具體地能提供什麼，則視乎各地的狀況及大家的決定（Walzer, 1983: 78）。不過，到底有沒有所有國家都會提供或宣稱會提供的益品？

　　令人感到意外的是，瓦瑟認為國家成員可以正當地提出訴求的是「普遍一種權利」如「霍布斯式生命權（Hobbesian right to life）」及「最低度存在所需的群社資源（communal resources for bare exsistence）」（Walzer, 1983: 79）。不論是霍布斯式生命權或是洛克式自我保存權，這種普遍的權利乃自然權利論的基礎。如果瓦瑟承認這種自然權利存在，分配正義考量可以不必考慮益品的所謂社會意義而是看看什麼是需要保護的自然權利，這就會衝

擊他的系絡主義論的一致性。瓦瑟後來沒有在這一點上深入討論，也似乎沒有意識到上述的理論問題。在此值得一提的是，我們將會指出米勒的全球低標論會遇上類似但更嚴重的問題。接下來我們先進一步去探討瓦瑟後來改變其想法的更深含意。

　　根據上一章裡的分析，由於瓦瑟抱持特殊主義立場，他應該不能同意具體運用某單一原則在世界性場境中。事實上，他在《政治與激情》中提出改善全球不平等的方式是全球解放（emancipation）及賦權（empowerment）而非實踐某些分配正義原則（Walzer, 2004a: 131-140）。全球解放是透過國際公民社會的建構，來自全球的男男女女聯合在一起透過組織，去保護環境、終結童工、改變貿易條款、進行資源再分配。

　　即使瓦瑟提及要爭取資源再分配，但他所強調的是透過政治鬥爭而非找出什麼分配正義原則並將其應用到全球範圍；另外，賦權則是強化「落後社會」的國家體制，「落後社會」能自立自強才是解決之道。對瓦瑟來說，不干預原則是世界性場境中的重要原則，先進國家不宜對「落後」國家干預太多，可惜的是，瓦瑟沒有深入討論如何在不干預原則下去賦權「落後社會」。

　　對瓦瑟而言，要改善全球不平等就必須雙管齊下，但他對於改善全球不平等的呼籲主要不是從分配正義考量出發，他亦並沒有提及因何要改善不平等而不是只要處理貧窮便可。當然，對瓦瑟來說，世界性場境中並非不能談正義，但卻不是什麼分配正義。第一，戰爭的正義性並非全球分配正義範圍內的議題，這並不是說戰爭與全球的分配正義沒有關聯。事實上，歷史上的多少戰爭都是為了爭奪經濟資源而起，由不正義的戰爭所牽涉的資源掠奪都是不正義的。然而，有關正義戰爭的討論大都集中在戰爭

本身的正義性上，有關戰爭罪行的懲處中所伸張的正義亦跟全球分配正義無關，也跟全球分配正義的爭論沒有直接的關係。第二，國際貿易中的紛爭所產生的正義議題亦非在全球分配正義的範圍內，國際貿易組織對成員國的約束是為了保護成員國的利益，國與國之間的任何爭議是由相關的國際仲裁機構來作出調解。個別貿易商或企業夥伴之間所訂定的契約產生法律規範，任何爭議可按相關國家的法律處理。從瓦瑟的角度看，國際貿易當然牽涉全球資源的轉移，但與分配正義沒有直接的關係。

米勒批評瓦瑟沒有將福利供給放在薄道德的範圍內，這令人無法批判因錯誤政策而導致人民飽受饑荒之苦的政府，不過，他的這個批評只針對瓦瑟後期的論述。米勒只選擇批評瓦瑟較後期的理論是可以理解的，但瓦瑟在《正義諸領域》中以需要為本的較前期論述是可以回應米勒的批評，前期的瓦瑟論述等於是把生命權及最低度生存權納入薄道德範圍，重點不是要批判，而是找出原因去協助，因為沒有一個國家的政府會故意令人民捱餓。我們之後將會指出米勒本身的全球正義論是比瓦瑟較前期的理論更具有平等主義色彩。在此先指出，即使將以需要為本的權利放進薄道德的範圍，也不一定意味具有普世的規範力。

在瓦瑟的論述中，「薄」跟「厚」道德是一種描述性道德，只能說明某些道德規範是普遍存在，而另外一些則不是。以上述的例子來說，外人即使可以對不能滿足人民最低度存在之所需的政府大肆批評，也不代表非同國人有義務提供該國饑民糧食。米勒似乎也看到薄道德論述的問題，人權論不能只適用在某社會內，不管受害者是誰，謀殺、虐待及欺騙一定是錯的。所以對米勒來說，即使瓦瑟最終回到其較前期的理論，也不會是具有足夠

規範力的全球分配正義理論。

或許我們可以先替瓦瑟想出重構其理論的方向，視最低度生存權的考量為人道主義考量但不屬於分配正義範圍，人道及分配正義兩者都是道德考量，前者屬於薄道德，後者屬於厚道德，滿足最低度生存權的需要是在滿足人道主義的要求，其它的福利則屬於分配正義範疇。米勒會認為這樣的人道主義薄道德仍不是具有足夠規範力的理論，這亦會是重構後的薄道德論述所要面對的根本問題。可惜的是，瓦瑟在較後期的論述中實際上排除了採納我們重構的方向，因此，接下來會集中探討米勒如何嘗試發展全球再分配的權利論。

米勒跟瓦瑟的理論分歧其實是在更深層次的方法論上，也就是如何看待事實或現實。在《關於地球人的政治哲學》一文中，米勒指出，大家談到的當然是跟地球相關的事實，所以跟火星人相關的事實與人類無關，亦不在討論範圍內。他認定，相關的事實分為兩類，一是關於人類狀況的普遍特性，自由原則屬於這個領域，二是其它的因地而異的事實，「民主」、「平等」及「社會正義」等原則屬於這個領域。

米勒提出不管是一般意義上的政治哲學還是比較具體的分配正義論，當中提出的規範性原則都是「依靠事實（fact-dependent）」（Miller, 2013: 16-21）。由此，我們可以作出下面的推論，根植於普遍事實的原則具有普世性，基於其它事實的原則不具有普世性。表面上看來，這樣的區分跟瓦瑟的薄／厚道德論的中的薄／厚區分相似，一方面，按照瓦瑟的薄道德，人類社會都禁止的謀殺、虐待及欺騙等等不就正是跟保護自由有關？而按照瓦瑟的厚道德，分配正義正好是跟上述米勒的「平等」或「社會

正義」有關。

　　可是，既然跟瓦瑟的看法類似，米勒憑什麼提出我們前面探討過的那些對瓦瑟之批評？我們大可替米勒回應，如前所述，瓦瑟提出的是描述性道德論，他只是將所有人類社會中都出現的道德規範加以描述，假設 N 是其中一項這些道德規範，若 A 社會中有一個人 Y 向瓦瑟詢問為什麼她要遵守 N，瓦瑟的回答不會是「因為所有人類社會的人都視 N 為道德規範」而是「因為 Y 身處的社會中的人都視 N 為道德規範」。

　　由於米勒期待他自己的全球最低標理論能適用於全球範圍，所以他必須提出其它能適用於全球範圍的原則，並說明該原則或該些原則為何是出自正義考量。我們將會指出，米勒名義上是要發展以人權為本的全球最低標理論，但實際上是倡議基本需要原則乃應用在全球範圍的分配正義原則。接下來我們先瞭解米勒關於需要的論述。

（二）需要與全球最低標人權論

　　米勒在前期的著作中將內在需要（imtrinsic）跟工具性（instrumental）及功能性（functional）兩種需要作出區分，工具性需要包括駕駛人需要的駕照，功能性需要包括大學老師需要的書，內在需要則包括所有人都有需要的食物（Miller, 1976: 127）。他將食物理解為內在需要是值得商榷的，食物之所以是一種需要皆因為它可以讓人維持生命，所以其實是工具性需要，實際上所有人的大部分外在需要都是工具性的需要。人體裡的不同器官勉強可以稱為所謂的功能性需要，因為人要有器官才可以

正常運作。

　　米勒所謂的內在需要似乎亦指涉心理需要，他以人「需要被理解」來闡述內在需要之所以是「內在的」乃由於此需要是人的精神福祉的一部分，所以不單是精神福祉的工具。這樣的話，我們不就是可以進一步推論人也有「被尊重的需要」和「被關注的需要」？若是如此，德沃金著名的「平等尊重及關注」理論不就成了需要理論？當然德沃金期待的是從平等尊重及關注推導出以物品分配為本的平等主義正義論（Dworkin, 1985）。如果米勒所指的是心理需要，那麼就跟我們在談的物質需要沒有直接關係。

　　關於什麼是「需要」經常引發客觀論述及主觀論述之爭（Doyal and Gough, 1991；Baker and Jones, 1998），假如我們將「X需要a」詮釋為「X欲求a」或「X冀望a」，那麼由於人的欲求或冀望大多被認為帶有強烈的主觀性，「需要」亦然。假如我們將「X需要a」詮釋為「a是X的利益所在」，這似乎是一種比較客觀的說法，一個人對她的利益所在可能沒有興趣或根本不是她所希望得到的，不過，有論者可能會質疑利益也可能被主觀地理解。另一個常用的做法是以傷害來定性需要，「X需要a」被理解為「缺乏a對X構成傷害」，米勒以「人生規劃」為出發點建構需要論述正是以這種方式處理（Miller, 1976: 134-5）。這容易受到兩種質疑，每個人的人生規劃是完全不同的，而且是主觀的，人生規劃所需會是相當多的益品。米勒為了避免主觀性，便以「易明瞭的人生規劃」來作基礎，可是，「易明瞭的」也不代表是客觀的。

　　以需要為基礎的人權論，其實沒有必要糾纏在關於需要的主觀／客觀的爭議之上，我們不妨替米勒提出，只要是能滿足三個

條件的需要便有可能成為人權要保障的需要，第一個條件是主體中立（agent-neutral），大家關心的不是誰的需要，一個住在沒有公共交通工具而又距離上班地方很遠的人，她需要私人交通工具，私人交通工具是她的需要，但不會是大家期待人權要去保障的需要，這種主體相對的（agent-relative）需要大多都不是人權論關心的需要。第二個條件是普遍性，交通工具本身具有普遍性，公共交通的權利可以在很多國家被認為屬於公民身分權利，但大家不會認為這是人權。第三個條件是必要性，某種需要之所以具必要性是因為它跟某種意義上的人的共抱基礎目的有直接關係。

　　米勒的權利論是否可以成為合理的理論，端看相關的需要論述是否滿足上述三個條件。讓我們分析米勒不同時期的需要理論是否能滿足這三個條件，先談他前期的人生規劃論述，我們不難發現，由於每個人「易明瞭的人生規劃」都不同，相關的需要都是主體相對的而非主體中立的，另外，有人甚至會質疑很多人或許根本就沒有什麼人生規劃，相關的需要不具有普遍性。米勒在中期的論述改為訴諸「得體生活」（Miller, 2007: 184），我們可先將他的得體生活視為人的共抱基礎目的，也就是說，只要是人，都應該是以得體生活為人生目的，那麼得體生活牽涉什麼需要？

　　值得注意的是，米勒的後期理論將不同類型基本需要加以細分，他訴諸所謂的內在需要，但同時談到「基本需要」及「社會性需要」（Miller, 2007: 184-5）。我們不妨將他的所謂基本需要分為兩類，第一類跟人身正常運作有關，可以稱之為人身需要，所以食物、衣服、健康照護及遮蔽所等等都屬於這種需要，第二類跟群體生活有關，可以稱之為群社需要，所以教育、身體安全、思想自由、行動自由、表達自由等等，沒有了這些益品就不能存

在於社會之中。米勒認為這兩類基本需要構成了人權的基礎，我們大可同意以上的需要是主體中立及普遍的，而且對維持得體生活是必要的。但基本需要跟社會性需要有什麼差別？米勒認為由社會性需要衍生出來的是公民身分權利而非人權，遮蔽處的權利是人權而固定住處則是公民身分權利，不是所有國家都有這樣的公民身分權利。

米勒對社會性需要及相關權利的界定是值得商榷的，遮蔽處及固定住處的差別在於前者是普遍需要而後者是特殊需要，因此，保障這兩種需要的分別是普遍及特殊權利。米勒所說的公民身分權利大多以普遍權利形式出現，他提到在英國的教育、表達自由及思想自由等人權以普遍權利的方式白紙黑字寫進英國 1998 年頒布的人權法案內，具體的人權法所呈現的當然就是公民身分權利，如果米勒所說的社會性需要乃特殊需要，那麼這些特殊需要根本不會寫進人權法裡面。英國人所要關心的是有否保障人權法裡的普遍權利，關於什麼特殊需要能滿足英國人權法的要求就要視乎政府的具體政策及人民的集體決定，政府為自閉症兒童提供特殊教育就是為了保障那些兒童所擁有的教育權，這是一種衍生自人權的公民權利。

米勒之所以提及社會性需要的構思，或許是擔心被國族主義者批評他對全球主義者讓步太多，不過，我們會指出，他這樣做也掩蓋不了其理論比大部分自由大同主義者在全球再分配的要求上都要「基進」，並背離社群主義，我們不妨將米勒的名單跟自由大同主義者博格作出比較。博格的人權論述充滿不少內在張力，他使用不同的方式描述需要受到人權保障的東西：「基本益品（basic goods）」、「更基礎的基本益品（more elementary basic goods）」、「基本需要（basic needs）」、「普世基本需要」及「基本所需（basic necessities）」（Pogge, 2007, 2008a: 55-57）。

先討論博格在《人的盛旺與普世正義》的分析，「更基礎的基本益品」包括身體完整性、維生品供應、遷徙及行動自由、基本教育及經濟參與，其他的「基本益品」有思想自由及政治參與。或許是擔心被批評需索過度，博格指出人類所真正需要的是對這些益品之最低度足夠份額（Pogge, 2008a: 55），社會制度的設置是要令「全人類」對人權要保障的東西獲得「安全的擷取（secure access）」。博格面對的困難在於如何界定人權要保障的東西，如果定得太寬，就缺乏廣泛應用的可能，如果定得太窄，那人權就保障不了什麼。或許我們可以視人權要保障的是博格所說的「普世基本需要」，「普世基本需要」包括「基本自由及參與、食物、飲用水、衣服、遮蔽所、教育及醫療」，「普世基本需要」實際上包括上述的「基本益品」及「更基礎的基本益品」（梁文韜，2021a：136-7）。

在此我們大可建議，對博格來說，保障「普世基本需要」的權利就是基本權利。若將這種權利分野應用全球分配正義上，會遇到另一種問題，既然用來保障「普世基本需要」的權利（如教育及醫療）都是基本權利，那麼落後國家的貧者是否可以訴諸這些基本權利來要求強國的富者提供他們基礎教育及醫療？博格、拜斯、梳爾及奧妮薾都是針對人之維生所需的提供發展其再分配理論，不管是以權利為本或義務為本，他們期待是要消除極端貧窮（梁文韜，2021a：第四章）。

如果大家仔細審視米勒全球最低標所要保障的人權，就不難發現除了教育及健康照護可能比較有爭議的益品外，還包括「工

作」及「閒暇」（Miller, 2007: 184）。這就等於是包括西方福利國家裡人們都熟悉的社會經濟權利所要滿足的需要及由此衍生出來的權利，不單瓦瑟甚至連自由大同主義者都會覺得這實在太「厚」。很顯然，米勒的全球最低標所提出的根本不是什麼「最低標」，我們之後會指出其理論實際上跟他一直批評的全球平等主義差別不大。接下來全球最低標理論如何破壞了他的本土社會正義論，及試圖解釋為何他的理論會出現嚴重的不一致問題。

在中期著作《社會正義原則》裡之需要論述中，需要是跟人的「得體生活」緊扣在一起，這跟後期在《民族責任與全球正義》中的陳述雖相似但有兩個不盡相同的地方，其一是米勒在前者只區分生物性的最低要求及在生物性最低要求以上的需要，而並沒有再細分出後者中其實無關重要的所謂社會性需要。其二是米勒在前者談的是「最低度得體生活」，在後者談的主要是「得體生活」。米勒針對本土社會正義的中期論述訴諸比較「薄」的「最低度得體生活」，反而在針對全球正義的後期論述中訴諸比較「厚」的「得體生活」，此做法令我們明白為何他在中期論述都不至於提及後期論述中的工作權及閒暇權，但這卻令人困惑，原因是社群主義者怎麼可能支持在全球範圍的正義考量竟然納入工作權及閒暇權，而在本土層次的正義考量反而沒有這樣做？

不過，有趣的是，我們發現在針對國際出現的人權問題上，米勒在另一中期著作《論民族》中引用梳爾的看法（Miller, 1995: 73-80），認定基本權利包括「維生權利」，所謂維生權利是用來保障維生所需，但他沒有討論除了維生權利外，是否包括其它梳爾提到的其它基本權利，如安全權利及自由權利。不過，既然梳爾的基本權利沒有包括教育權、工作權和閒暇權，那麼米勒當時

的基本權利論述也沒有包括這些「厚」權利。總括來說，米勒的中期論述比較符合社群主義論述，「本土」正義要保護的是「厚」權利，而「國際」正義則是保護「薄」權利。

米勒中、後期思想之間的最大分歧在於，為了挖掘適用於世界性場境中的分配正義元素，他在後期的著作裡視「需要」乃一項能夠為人權提供規範性基礎的原則，既是如此，他不正是將應用在社會正義的原則拿到全球範圍來使用嗎？當然他可以回應說兩組原則不完全一樣。米勒在中期的著作中則強調需要原則的獨立性，並將需要考量跟權利區分開來，用意是使「平權」作為「公民身分」的社會關係中之規範，可是，大家不禁要問平等公民身分權利中的權利之規範性基礎是什麼？米勒似乎沒有正面回答，但一般認為，其基礎正是人權。然而，按照常理來說，在不同層次的分配考量中，「需要」跟「權利」的理論關係必須一致，否則會導致理論變得不融貫。

在正義的社會裡，每個人得到該屬於她的益品；同樣地，在正義的世界裡，每個人得到該屬於她的益品。米勒理論優勝的地方在於他將正義的規範性元素作出仔細的分析，可惜的是，他沒有意識到上述的不融貫本身是一個嚴重問題。若要使得其分配正義理論融貫，我們可以替米勒針對益品透過什麼方式分配來做陳述。透過社會政策處理的是跟公民身分權利有關的，而這些權利都是以需要為理論基礎，透過市場分配的是跟經濟參與者有關的，從市場所得就是其應得。米勒理論的困境在於他將應用在社會正義的同一樣「需要」元素拿到全球範圍去用，然後卻將此元素跟人權連接在一起，如果他在全球範圍將兩者連接，但卻在本土範圍內將兩者作出區隔，這是不合理的，使得不同時期的論述

之間出現不融貫的狀況。

米勒整體正義論其中一個最大的爭議在於，如果權利或人權的規範性基礎是「需要」，那麼人權在全球範圍或本土範圍要受到保障的根本原因都應該是一樣，也就是為了滿足人的需要。更具體的說，公民身分權利作為人權在本土的實踐方式，其規範性基礎也應該是需要，所以這對米勒的全球最低標論述對其本土正義論中的多元主義及系絡主義構成了衝擊，若要遷就全球最低標論述，需要原則在本土正義理論中就不再完全是獨立的原則，而是用來作為權利的規範性基礎，這會令其理論中的多元主義受到影響。需要原則不能再被視為只適用於團合性社會關係中的原則，而是可以在其它社會關係裡，這就破壞了他的系絡主義之完整性。事實上，如前所述，米勒在近期著作中反駁社群認同是社群作為分配正義場域充分條件時聲稱，即使一群人有足夠的社群認同，也不代表分配正義的考量就可以在該社群運用；人們在具有團合性的社群中，作為分配原則的需要並非一種正義考量（Miller, 2013: 158-161），這跟他在中期的看法不同，當時他認定需要原則乃正義原則（Miller, 1999a: 203-229）。

要理解米勒為何在不同時期會有不一致的看法，大家或可參考他認為政治哲學研究能怎樣進行才不會是保守的論述。他指出，政治哲學可以在兩方面變得「保守」，一是接受太多關於什麼是可能的改變之限制，二是受到太烏托邦式構思的影響令大家不需要操心如何現實地探究目前可以做些什麼。大家對米勒關於「保守」的定性可能有質疑，原因是烏托邦式構思一般會被認為是基進而非保守。不過，比較重要的是我們會發現他自己的非「保守」態度決定了其理論不融貫的命運。

三、平等主義、社會正義及全球正義

（一）不談全球正義的「保守」思維

　　米勒是少數先建構本土分配正義論，再談全球分配正義的政治哲學家。他的立場首先是：重點雖在社會正義，但在世界範圍可以談正義，特別是分配正義，這是針對羅爾斯（1999b）、拿高（2005）及瓦瑟（2004a）的「保守」思維。其次是：平等不能成為全球分配正義的原則，這針對將平等原則同時應用在國族及全球層次分配正義考量的全球平等主義（global egalitarianism）。最後是：社會正義與全球正義是兩個不同的「概念」，所以不能運用同樣的原則，這可以用來針對博格（1989）及拜斯（1979a）早期嘗試將羅爾斯正義原則直接拿到界範圍來應用的大同契約主義（cosmopolitan contractarianism）。

　　先談瓦瑟的「保守」思維，瓦瑟認為分配正義這個意念假設一個界限，當中的人參與益品的攤分、交換和分享。當大家想到分配正義，就會聯想到獨立的國家正義地或不正義地去安排攤分和交換益品的式（Walzer, 1983: 31）。瓦瑟眼中的界限是所謂的政治社群，他似乎假設社群被賦予權力去決定分配的方式。米勒嘗試分析並反駁三種令大家覺得只能在政治社群內才能談分配正義的論點（Miller, 2013: 151-161）。第一個論點訴諸於合作，在政治社群中一直存在著由大家一同參與的合作體系，此體系由大家都認同的一套完整規則所管制，參與者都瞭解他們是為了促進相互的利益，而這些利益是單靠個人一己之力所不能獲取的，利

益如何分配則是沒有預設了的固定形態。以上是米勒對羅爾斯關於合作論點的解讀，他同意在此狀況下，「合作性實踐」的確可以成為在政治社群談分配正義的充分條件；但他認為這並非必要條件，原因是社會中存在著根本沒有工作能力的人，他們不能參與合作體系，但這卻不代表他們的處境跟正義無關。然而放任自由主義者會認為，大家或許可以從人道立場出發去協助天生有缺陷的人，這跟正義無關。全球主義者對羅爾斯的回應一般是認為全球經濟本來就存在合作體系，我們不能將正義縮小在政治社群的界限內。

第二個論點是，只有在國家的政治強制下，再分配才可能。沒有具備強制性公權力負責資源再分配，大家很難去談什麼分配正義。米勒同意大家對社會正義的看法受到一般人認為正義的要求是強制性法律及政治系統所引導之這個思維影響（Miller, 2013: 156）。不過，他指出，我們在非強制性場域如教會、大學、工作地方等都可以談分配正義，他的意思是強制性並非實踐分配正義的必要條件。可是，分配正義之所以可行是由於有權力作為後盾，益品之所以能被分配是由於有能動者行使相關的權力。教會、大學、工作地方都是相關的能動者，重點或許不在強制性的權力，米勒大可參考部分全球主義者的看法，他們認為全球分配正義的主旨是影響益品分配的制度，而制度是可以改革的，全球制度若是不正義的話，是需要改革的，這就跟強制力沒有直接關係。

第三個論點是，共同認同是只能在社會中談分配正義的充分及必要條件，這點跟我們所說的弱社群主義有十分密切的關係，米勒的立場正是弱社群主義，即使他反對共同認同是只能在社會

中談分配正義的充分及必要條件，但這並不代表他改變自己的弱
社群主義。關於共同認同的其中一個詮釋方式認為，分配正義之
所以可能是由於分配正義需要大家對要被分配的益品之性質及運
用什麼原則，以至於國族社群裡對益品的理解都有共識，大家也
對什麼樣的條件構成應得及需要原則的基礎有共識。米勒認為，
即使在沒有共同認同的一般共同實踐之中也可以對如何分配及分
配什麼有共識，只要大家肯認共同實踐中的共同目的便可，所以
共同認同不是分配正義的必要條件。米勒訴諸次國族團體的狀況
來否定共同認同乃分配正義的必要條件是值得商榷的，因為共同
認同在這些團體一般比國族社群更強。分配正義難以避免地必然
假設某種共同性，社群主義者不必否定次國族社群可以談論分配
正義，但必須堅持在超國族的情境下根本沒有具實質意義上的共
同性，所以要談分配正義是有困難的。

　　另一個出自共同認同的相關觀念是推動力（motivation），也
就是說，大家只有在社群中才有推動力。如果有人不願意按照分
配正義原則的安排去行事，那麼她必須對受到其決定所影響的
人提出足夠的理據，之所以要這樣做假設她跟其他人有一定的
團合性，而大家只有在社群裡才能合理地期待所有人的互相性
（reciprocity）會被尊重。米勒認為，次國族社群中只要大家認清
跟隨規則會帶來利益或相互貢獻的利益，就會願意遵守。然而，
米勒關於推動力的看法是重點錯置，社群主義者不用否定次國族
社群裡人們會有推動力遵守正義原則，但必須堅持在超國族的情
境下根本沒有具實質意義的推動力去按照某些分配正義原則去
做。

　　值得注意的是，米勒認為共同認同甚至不一定是分配正義的

充分條件，他指出，如果社群中出現很強的團合性時，分配正義的考量可能根本不適用；可是，在中期著作《社會正義原則》中，他卻又明確指出，需要原則適用於團合性社會關係中，是要有多強的團合性才使得需要原則適用呢？這反映了米勒對「需要」此一正義論元素沒有定見。

社群主義者不必將合作及政治強制性視為實踐分配正義的必要條件，但米勒不去將共同認同視為必要條件甚至充分條件，使得他似乎已經放棄了社群主義對分配正義在實踐上該有的限制。當然米勒不認同界限是不重要的說法，他只認定分配正義考量不能局限在國族界限內。他認為，國族界限依然是有意義的，雖然以上三種因素並不構成實踐分配正義的必要條件，但是本土範圍是一個同時有這三種因素出現的地方，所以國族在實踐分配正義上依然是特別的場域。

米勒之所以放棄社群主義對分配正義在實踐上該有的限制其實跟他接受前述所謂的「弱大同主義」觀點有關。米勒低估了接受他所理解的「弱大同主義」對其社群主義思維的影響，「弱大同主義」以三種形式出現：人的平等道德價值、人乃平等關注對象及我們對所有人的訴求要有平等關顧。米勒忽視這三項表達形式其實具有不同意思，每個人具有平等道德價值的意思是指世界上所有人都同樣是人且具有相同的尊嚴而已，並沒分配正義的意涵，這是社群主義者可以接受的。可是，平等關注及平等關顧卻有分配正義意涵，平等關顧或關注是指平等的人必須被平等地關顧（consideration）或關注（concern），平等道德價值加上平等關顧或關注能衍生完整的平等主義再分配論證：

（1）平等關顧（或關注）：

每個人都有平等的道德價值

平等的人必須被平等關顧（或關注）

每個人的得體生活值得關顧（或關注）

基本需要得到充實才能體現得體生活

這些需要構成基本人權的規範性基礎

所以大家要保障所有人的基本人權

　　以上正是我們重構下的論述，如果米勒視平等道德價值、平等關注及平等關顧屬於弱大同主義，那就意味他接受平等道德價值的同時接受平等關注及平等關顧，這等於是將兩個層次的平等考量混為一談。米勒認為弱大同主義跟強大同主義不同的地方在於，前者只意味他的全球最低標論，後者意味他所反對的全球平等主義正義論。這樣的論述牽涉兩個問題，其一是這排除了其它分配正義考量（如效益論）可以成為強大同主義的可能性，另外，弱大同主義跟強大同主義這樣的區分意義變得不大，如果硬要分強弱，比較有意義的做法是保留博格對道德大同主義的理解，而去區分道德大同主義帶出的跟基礎性平等相關的弱平等意涵及跟分配性平等相關的強平等意涵。接下來我們會指出，米勒對全球平等主義的批評其實也可以被用來針對他自己的理論。

　　米勒針對全球平等主義的批評分為兩個層次，一方面，他具體地批評特定的全球平等主義之倡議，另一方面，由於部分平等大同主義者將應用在社會正義的原則直接拿到全球正義範圍來運用，米勒質疑這樣的做法將社會正義及全球正義兩個概念混為一談。我們先討論前者，米勒針對「資源平等」論及「機會平等」

論提出批評（Miller, 2007: 56-67），要在全球範圍內實現資源平等及機會平等無可避免牽涉比較，針對資源平等，他認為不同文化傳統對自然資源及各種益品的價值的量表是不同的，某種自然資源對不同文化及發展階段的國家有不同的價值，要找出一個文化中立的全球量度似乎是不可能的，沒有這樣的量表就沒有進行合理的分配。至於平等機會，米勒以教育為例，教育在不同國家有不同形式，我們很難斷定一個兒童在國家 A 還是在國家 B 的教育機會有較多的教育機會。

米勒對上述兩種平等主義的批評其實也能被質疑者用來批評他自己的理論，既然如前所述教育、健康照護甚至工作及閒暇都是米勒眼中的得體生活所需，用人權來包裝這些需要不能隱藏它們的「厚」度，大家也不能找到文化中立的量表來衡量它們被用來進行全球再分配的價值考量。米勒將平等關顧（或平等關注）跟「平等對待」作出區分，他的全球最低標論訴諸於平等關顧，並認定全球平等主義則訴諸平等對待，我們不清楚他作出如此區分的理由是什麼，或許他認定平等關顧（或平等關注）乃一種態度而平等對待則是一種行為或措施。可是，我們不禁要問米勒從平等關顧中推導出以平等人權去充實跟得體生活之需要的做法不也是一種平等對待的行為或措施。

我們不妨以人權來列出資源平等與機會平等論證：

（2）平等對待與資源平等：
每個人都有平等的道德價值
平等的人必須被平等對待
平等對待意味享有資源平等相關之基本權利

所以大家要保障所有人的基本權利

（3）平等對待與機會平等：
每個人都有平等的道德價值
平等的人必須被平等對待
平等對待意味享有機會平等相關之基本權利
所以大家要保障所有人的基本權利

米勒自己使用的平等關顧其實可以取代上述的平等對待：

（4）平等關顧與機會平等：
每個人都有平等的道德價值
平等的人必須被平等關顧
平等關顧意味享有資源平等相關之基本權利
所以大家要保障所有人的基本權利

按照我們之前提到的分析框架，平等對待及平等關顧（或關注）同屬基礎性平等，屬於弱平等論。接受屬於基礎性平等的「平等道德價值」不必然意味分配性平等。可是，米勒的理論跟以機會平等為出發點的理論實際上都指向豐富的基本權利，到底米勒的全球最低標論有多「厚」？這要視乎我們如何理解得體生活，如前所述，除了保障維生所需及一些基本自由外，米勒將教育、醫療、工作及閒暇都放在基本需要的清單上，保障相關的權利才能確保得體生活。米勒提出的名單內容要比自由大同主義者豐富多得多，儘管他聲稱其理論乃全球最低標，可是實際上其要

求已經跟大部分中高等發達國家裡政府所提供的福利相若。

　　既然人權是要確保需要得到充實，而每個人的人權是一樣的，要去平等地使得人權受到保障，等於是平等地令大家的需要得到充實，這很顯然是一種平等對待。值得討論的是，既然米勒將教育納入為跟得體生活掛鉤的基本需要，他無可避免地必須支持平等的教育機會，平等地保障教育權跟平等大同主義者會倡議教育的平等機會實際差異不大。在某種意義上，米勒的理論在效果上等同於將平等福利原則應用在全球範圍。假如我們這樣的解讀是可以接受的話，米勒對全球平等主義的批評其實是站不住腳的。

　　我們能否替米勒重構其理論來滿足他自己的要求？其中一個似乎可行的方式是在全球正義範圍訴諸於「最低度得體生活」而在社會正義範圍維持訴諸於「得體生活」。最低度得體生活只要求維生所需、最基礎教育及最基本健康照護，卻排除工作和閒暇。不過，這種做法違背了「平等的人必須被平等關顧」之要求，米勒必須解釋為何在中高等發達國家的人可以享受得體生活，而其它落後國家則只能有「最低度得體生活」。

　　「得體生活」是米勒正義論中最關鍵的價值，個別論者如正是忽略了這個概念而令他對米勒關於全球平等主義的批評變得沒有說服力。華拿正確的指出米勒想要建立「足夠但非平等」的理論（Wernar, 2011），但他認為由於米勒沒有真正地提出人權理論，所以無法告訴我們為何要接受「足夠但非平等」。或許由於華拿沒有發現米勒以需要為本的人權理論的規範性基礎是「得體生活」，所以他認為米勒沒有發展人權論，其實米勒的理論不夠詳細並不代表他沒有提出人權論。米勒人權論的問題反而在於他

要在全球範圍保護的需要太「厚」，在實踐上跟他批評的全球平等主義相差不大。

米勒對全球平等主義的另一項不滿，在於相關論述實際上是將適用於社會範圍的原則直接運用到全球範圍，他認為這是將社會正義及全球正義兩個不同的概念混淆，也是漠視了不同正義範圍的界限。先談界限論證，根據米勒的解讀，全球主義者用了一項消極及兩項積極觀點來佐證在正義考量中「界限」並不相關。消極觀點認為在分配正義的討論上沒有道德上相關的界限，作為世界公民是唯一舉足輕重的身分。此觀點跟其中一個積極觀點乃一枚硬幣的兩個面，該積極觀點認為界限特別是國界都是道德上隨機的，因此不具備道德意涵。米勒並沒有明確指出哪一位全球主義者抱持這些看法，但他認為，世界公民不會是唯一具道德意涵的身分。事實上，每個人有多重身分，這些身分是由不同界限所衍生。既然每個人有不同身分，當然會在不同界限內衍生不同道德本分。大部分全球主義者其實都不會否定「大同本分」之外的其它道德本分，只是大同本分的重要性不比其它界限內道德本分來得少。

跟我們的討論比較相關的是另一個積極觀點，根據米勒的理解，全球平等主義者認為由於所有人都具有平等的道德價值故值得平等尊重，但如果因為國界的關係而不去平等對待他國的人，那就沒有給予所有人平等尊重，亦不再視所有人具有平等道德價值。米勒的回應是由於某些其它道德理由而不去平等地對待他國的人，並不表示不給予他國人平等尊重或否定所有人具有平等道德價值。不過，關於界限的分歧，全球主義者其實不必認定國界是完全無意義的，自由大同主義者如奧妮薾只是認為國界具有高

度滲透性。奧妮薾在一定程度上認同康德及羅爾斯對世界政府的保留態度，並認定世界政府在沒有疆界的世界中帶來權力過度集中的威脅，因此，完全廢除疆界會造成風險。建構正義制度必須清楚考慮哪類型的疆界應該對誰及對什麼具有開放的滲透性，而滲透性是可以調節的。然而，只要有眾多的國家存在，就有疆界，只要有疆界，就有排他性；但疆界所設置的排他性並非無可避免地是不正義的（O'Neill, 2000: 200）。

　　奧妮薾力言，我們不能假設正義之唯一場境及保障者是一組相互獨立並排斥的「疆域性單位（territorial units）」（O'Neill, 2000: 181-2）。非疆域性制度所運作的實質權力是超越疆界的，不少這類型的制度是所謂的「網絡制度（networking institutions）」，當中包括國際銀行系統、跨國公司、國際非政府組織等等，這些制度及組織的權力運作跟國家及其相關制度之權力運作有根本的差異。更重要的是，這些制度並不服膺於某一或某些國家之下，其本身成為不同的網絡。對奧妮薾來說，既然這些網絡在很大程度上能避過國家的掌控，我們應該視它們為造就正義或不正義關係的基本制度；任何正義論說所要關注的並不能完全是正義國家的建構，而是正義的全球制度。要建構全球正義就必須認清不是所有重要制度都是或必須是受限於疆界內的（O'Neill, 2000: 183, 185；梁文韜 2021a：181）。

（二）社會正義與全球正義乃不同的概念

　　米勒分析及批評兩種認定社會正義及全球正義乃同一回事的論證，第一種論述認為，由於正義乃一種普世價值，因此同一項

原則適用於所有系絡。米勒沒有特別針對那一位或那一群提出此論述的論者，最吻合此描述的似乎是效益主義者，傳統效益主義者期待「最大多數人最大的快樂」成為全球能應用的道德原則。辛格是少數直接將效益主義應用在消除全球貧窮上的論者，然而，傳統效益主義中的效益原則並非必須要被解讀為一項正義原則，廣義來說，道德可以區分為正義及人道（或善行）考量。甘寶在分析辛格的論述時便將它歸類為人道理論（Campell, 1974, 2010），米勒在另一個場合討論辛格的責任觀時似乎將他的理論視為正義論（Miller, 2007）。另一類可能有這種想法的論者或許是正統馬克思主義者，他們會認為在共產社會真正出現時，大家都按需分配，全球共產社會出現的話，需要原則便是當中的單一分配原則。不過，泰勒曾經提到，如果這樣的狀況出現，那就不用談分配正義。的確，如果這樣的情況出現，羅爾斯提到的正義場境根本就不再存在，原因是這代表物質生活已經充裕到一個不用談分配正義的程度。

將正義視為普世價值當然不代表同一項正義原則適用於所有系絡，除了可能將效益主義視為正義論的非傳統論者或將需要原則視為在共產社會實現的非正統馬克思主義者外，或許沒有一位論者會認為同一項正義原則適用於所有系絡。米勒對他心目中的所謂普世主義者的質疑是，我們很難想像「法律正義、政治正義、家庭中的正義」這些不同的「系絡」會沿用同一原則。在此必須強調，米勒在這裡對「系絡」的理解相當寬廣，在上一章我們看到按照米勒原來的用法，「系絡」主要是指瓦瑟理論中關於益品的社會意義或米勒自己理論中的社會關係，上面提到的家庭正義就是米勒系絡主義中應用需要原則的場所。

　　另外，如第一章的分析指出，法律正義及政治正義屬於不同的正義場域（area）並非系絡。我們不會說以上米勒對所謂普世主義者的批評犯了稻草人謬誤，因為即使再少的人支持那種「普世主義」觀點，那仍然是一種可能存在的觀點。米勒心中的所謂普世主義者其實應該稱為全球主義分配正義論者，如上一章提及米勒本身是我們所界定的普世主義者，也就是說，不管在哪一個社會，不同社會所有相同系絡都用同一項原則。

　　米勒進一步指認另一種視社會正義及全球正義乃同一回事的論述並予以反駁。按照他的理解，該論述認為即使分配正義是具有多元性及系絡性，畢竟全球是一個大社會，所以應用在全球及本土社會的分配正義原則在兩個範圍是沒有差別的。不過，針對此論述，我們的確想不出那位論者有這樣的想法，同時抱持多元主義及系絡主義的只有瓦瑟及米勒，如果我們對瓦瑟的解讀是他所期待的全球社會民主的話，那麼瓦瑟可能要成為米勒的批判對象。比較有趣的是，如果我們之前的解讀沒有錯誤，米勒後期的所謂全球低標論實際上就是同時將需要原則及應得原則應用在本土社會及全球範圍的原則，實際的效果是在全球範圍實施社會民主主義，而此種效果對米勒自己的多元主義及系絡主義造成衝擊。

　　為什麼米勒那麼在意大家不能不談「社會正義」？或許他是要自始至終地反對放任自由主義者海耶克堅決否定「社會」正義的觀點，海耶克認為，由於根本就沒有所謂「社會」，只有個人及他們之間有意識創建的團體，因此，「社會正義」是無任何意義的。其實米勒所要討論的是國族層次中屬於分配正義範疇的議題，社群主義者不須要堅持使用米勒所用的「社會正義」，「社

會正義」可以是用來討論如社會流動、人口販運、毒品、性別等這些大家視為社會問題所牽涉的正義考量。「社會正義」可以被理解為跟文化正義、環境正義、政治正義及法律正義一樣，都是屬於正義的不同場域。事實上，正義論的主旨不必要針對「社會」，也就是說，大家追求的目標不是所謂的「正義社會」，而是正義制度或羅爾斯所說的基本結構，既然如第三章所分析，米勒「社會正義」理論主旨也是制度，那他就不必堅持用他的「社會」正義。

如果要談分配正義，任何相關的理論者都須要明確表明其探討的範圍（scope）或場域是什麼，在哪一個層次（level）談，以及在當中的哪一個場所（site）。跟全球正義作對比的是本土正義屬於範圍問題。由於米勒堅持用「社會正義」一詞來表達國族層次的分配正義範疇議題，故此，他才不會執著於討論社會正義與全球正義兩種價值有否衝突，這個問題實際上牽涉哪一個範圍的益品分配比較具有優先性；要解決此問題指向正義負重（burdens of justice）的分擔，以米勒的論述語言來說明的話，就是國族責任跟全球責任那一種比較重要。我們轉向這個問題之前，先討論米勒第三種反對將社會正義原則直接運用到全球正義的論點。

米勒在中期的理論裡指出國族自決原則會跟全球正義有潛在衝突（Miller, 1995: 103-108）。對米勒及其他社群主義者來說，國族自決是其中一項核心政治價值。米勒一直嘗試引導大家去思考國族自決的價值何在，他認為國族自決沒有內在價值，但同時既不採取右翼社群主義所訴諸的共善之策略，亦不訴諸促進個人自主的中間派社群主義模式。米勒有兩條進路，一是訴諸某種共同性乃個人認同的關鍵條件，二是論證國族自決乃實踐社會正義

的先決條件。

先談前者，米勒不同意右翼社群主義提出「嵌入的自我（embedded self）之想法，他的理由或許是不想採納背後的整體式社會本體論（holistic social ontology），海耶克在反對談論「社會正義」時其實正是拒絕整體式社會本體論，但反對整體式社會本體論的社群主義者不必接受海耶克個人主義式社會本體論。對米勒而言，社群主義自我認同觀不必然假設整體式社會本體論，在一個集體中的自我認同的形塑是一個心理事實，個體的價值觀及信念系統都是在集體生活中孕育的，某個具體集體生活是偶然的，但人的集體生活是必然存在的，集體生活產生的共同性就是每個個體的自我認同之關鍵條件。據此，米勒認為國族自決具有初步證明的價值。

走到 1990 年代末，米勒的多元主義及系絡主義社會正義論已經成熟，國族自決自然而然是社會正義實踐的先決條件，若屬於同一個國家的人民無法自己決定如何使用資源及運用其產出，那麼便談不上國族層次的分配正義。不過，米勒認為國族自決原則本身受到正義考量的限制，以個人層次作為類比，維護個人自決或自主的同時不能破壞別人的自決或自主。米勒在操作國族自決原則的時候非常謹慎，避免採納強版國族自決原則。根據強版原則，國族既然必須擁有自決權及集體自主，那就不必理會全球範圍的所謂分配正義要求，任何帶有強制性資源再分配的要求反而是違反自決權利。不過，全球化在 1990 年代之後大肆擴張，不止強版國族自決被挑戰，連米勒式的弱版國族自決也是受到很大的壓力，國家不能獨善其身，也不能漠視國際責任。

由於全球民主及全球治理等政治全球化議題在近年成為討論

熱點，米勒在最近期的著作中，甚至要為自決辯護，並討論自決是否「危險的幻想」，他要處理的問題是國族層次的自決為何值得珍惜（Miller, 2019a）？米勒在處理此問題之方式跟他處理社會正義與全球正義之間衝突有異曲同工之妙，如前所述，按照我們的論述語言，他探討的「社會正義」問題其實要問在國族層次談分配正義仍有意義嗎？宏觀來說，全球化使得米勒及其他社群主義者必須處理如何因應各個面向的全球化對國族及社群的整全性之衝擊。由於全球民主及全球治理不是我們的探討重點，故不會深入討論。

面對政治全球化的挑戰，米勒認為在三項條件下，在國族層次的自決有其特別意義，它們分別是審議民主的實踐、公民及政治權利的保障及對移民權的尊重。對米勒而言，這並不代表缺乏此三項條件的國族就沒有自決權利，只是如果這三項條件在某一國族成立令人很難質疑該國族自決的正當性。此論述進路跟米勒證成國族層次的分配正義的不可或缺性相似，如前所述，米勒在回應羅爾斯及拿高等堅持只能在國族層次談分配正義的看法時，雖指出合作、政治強制及共同認同並非社會正義的必要條件，但卻強調此三者同時出現在國族層次的條件令國族成為談分配正義的獨特場所。米勒用此來批評全球主義分配正義論者否定國族層次分配正義的不可或缺性之思維缺陷。

不過，在深入分析米勒的論述語言下，我們發現他的問題意識並不清晰，他一直在探討社會正義跟全球正義是否一樣的「概念」，但這其實不是兩者是否不同的正義「概念」，而是牽涉不同範圍（scope）的正義考量。根據一般的理解，正義概念是指「得其該得的」，正義概念如何演繹及展開視乎不同論者採納

什麼樣的觀念，舉例來說，羅爾斯明確表示採用「正義即公平（justice as fairness）」作為開展其正義論的觀念。米勒對羅爾斯及拿高等傳統自由平等主義者的不滿，其實在於他們將正義考量限縮在社會的範圍，他認正義考量應該超越本土社會才對。米勒對全球主義者的不滿其實在於他們認為既然大家已經將全球作為正義考量的範圍，國族作為分配正義的場域就無關重要。那麼米勒到底跟大同主義者的立場有什麼差別？米勒面對的最大挑戰是如何證成既然正義考量同時適用於本土及全球範圍，那麼為何同一個或同一組原則不能同時適用於兩個範圍？

　　大同契約主義倡議者如拜斯以類比論證方式建議將羅爾斯認為只適用於本土範圍的正義原則也應用於全球範圍，類比論證的說服力建基在兩個考量上，其一是本土及全球社會兩者相關的相似性，其二是兩者不相關的不相似性。本土及全球社會兩者有多少相似的特性，而這些相似的特性同時要跟想要證成的結論實質上有多大的相關性，相似而又相關的特性愈多，論證的說服力就愈大。

　　反對者若要削弱某類比論證的說服力，她可以指出（1）被認為是相似的特性實際上是不相似的，（2）即使被認為是相似的特性實際上確實是相似的，但這些特性跟想要證成的結論沒有實質上的相關性。類比論證本身並沒有討論本土及全球社會不相似的特性，可是，假如論者有意或無意之間隱藏一些不相似性，而同時這些不相似性跟打算要證成的結論是相關的，那麼，該類比論證並不具有足夠說服力。簡單來說，某一類比論證若要有強大的說服力，其論證中基本的相似之處必須有高的相關性，有足夠能力支持推敲出來的相似之處；另外，表面上不相關的不相似

之處實質上真的是要不相關的。

一般論證：

W1：本土社會有特性 C（w）1，C（w）2，⋯⋯ C（w）n，
　　並需要受制於分配正義的要求

W2：全球社會有特性 C（w）1，C（w）2，⋯⋯ C（w）n

_____

Cw：全球社會需要受制於分配正義之要求

一般（一元論）論證：

W1：本土社會有特性 C（w）1，C（w）2，⋯⋯ C（w）n，
　　並需要受制於分配正義的要求

W2：全球社會有特性 C（w）1，C（w）2，⋯⋯ C（w）n

_____

Cw：全球社會需要受制於**跟本土社會一樣**的分配正義之要
　　求

　　拜斯認定本土社會與全球社會都要受制於同樣的正義原則（Beitz, 1999: 128-9），我們大可以稱此為一元論（梁文韜，2021a：第三章）。但對米勒而言，即使同意全球社會必須受制於分配正義之要求，但這並不必然意味是要受制於跟本土社會一樣的正義原則。對全球主義者來說，即使他們願意讓步，承認國族層次的分配正義具有獨特怪，但仍會堅持談論分配正義必須先從世界範圍著手探討；若不先在世界範圍討論，那就根本不知道如何在國族層次進行益品分配。對米勒而言，由於國族自決不是內

337

在價值，故必然跟其它價值有所衝突，當然也跟全球主義的價值體系有所衝突，為瞭解決這個衝突，米勒發展出集體責任觀。

四、全球正義與後果責任觀

（一）從本分（義務）到責任

　　在米勒的理論裡，行動的指引來自本分、義務及責任；有趣的是，他在不同時期使用不同的語言。受到羅爾斯的影響，在其中期的論述裡，米勒仍然假設威斯伐利亞世界秩序，只談到國際正義及相關的本分（或義務），但是怎麼樣的本分（或義務）是正義的本分（或義務）？他確認五種本分（或義務）（Miller, 1995: 104-105）：第一是不去傷害他國的本分，第二是不去剝削比較脆弱的國家，第三是遵守自願加入的國際組織中的協議及規則，第四是互惠的義務，國家在有危急之需時有互助的義務，第五是確保比較公平的天然資源分配。第五點比較有爭議性，米勒否定平等分配天然資源的義務，他只接受富國給予貧國足夠的資源及協助以令其能成為有意義的自決國家。此觀點跟羅爾斯的觀點相似，但羅爾斯認為此本分是一種人道本分。

　　米勒當時的立場非常另類，出於對民族自決的重視，他似乎視這五種本分都是人道本分，只有滿足基本權利要求的普世義務屬於正義義務。不過，這有違一般的共識，一方面，即使是羅爾斯，也會接受第一及第三項乃正義本分，而非人道本分；另一方面，米勒反而將對基本權利的保障視為正義義務，在此中期理論

中，基本權利是跟饑荒帶來的饑餓有關，面對他國無法處理人民饑荒的前提下，我們有協助的義務，但大家一般的解讀是這份義務乃人道義務。這米勒眼中的正義義務跟上述第四種義務有什麼分別？互惠義務其實是國際間不成文的承諾，當他國因天災導致傷害，我國有義務協助，同樣的狀況發生在我國，他國有義務協助，這跟我們保障因饑荒導致的饑民之基本權利之義務有什麼分別，而在一般理解中，這是出自人道考量。既然米勒關於這方面的中期論述非常令人混淆，我們不妨考察他在較後期在《公民身分與民族認同》中提到的三種正義「義務」，第一種是在世界範圍保障基本人權的義務，而所謂基本人權是跟「最低度足夠生活」掛鉤；第二是拒絕剝削其他社群及個體的義務；第三是確保社群有必需的資源去追求自決及社會正義（Miller, 2000: 177-78）。

　　值得一提的是，米勒在後期的論述中沒有再用「本分」而是用「義務」來描述這些該做的事情，而他所說的是「全球正義」義務而非「國際正義」義務，米勒沒有明確解釋到底是什麼原因做出這兩項改變。為什麼他不再提到不得使用武力或不得汙染傷害他國的本分（或義務）及遵守國際協議的本分（或義務）？是他真的認為這些是人道義務而非正義義務？在此我們不妨替米勒提出一種跟他理論不會產生不一致的立場：不得使用武力或不得汙染傷害他國的義務及必須遵守國際協議的義務乃國際法律正義中的義務，而當談到全球正義時，他是在談超越國家層次的非法律正義及非政治正義的其它正義考量。上述的第一項義務乃出自分配正義考量，第二項則是出於交易正義考量，這兩種義務在他後期理論都有提到。至於第三項義務，為何這是出自正義考量的

義務而非羅爾斯式人道本分？如果第三項義務是正義義務，那麼要令各國能發展到一種程度可以實現自決及社會正義，會意味相當高程度的國家間之資源再分配，若然這只是人道義務，先進國家就只須要出於自願地盡力而為便可。

　　米勒的論述從中期過渡到後期的過程中出現兩項重要轉變：接受談論全球正義及肯認所謂的弱大同主義。我們可以理解在全球資本主義大肆擴張之際，米勒不得不跟博格一樣去談大同主義，但不能理解為何他提出比博格更「厚的」基本權利論。另外，比較實在的問題是，不管接受「厚的」還是「薄的」基本權利論，相關的負擔到底如何分攤？到底是國族、個人還是國際組織乃行動主體？這牽涉多層次及多樣性的考量，本分或義務的詞彙沒法被用來進行更仔細的分析。

　　另外，若沿用本分或義務的框架，難免令大家追問相對於每項本分或義務的是否都存在某些相對應的權利？值得注意的是，米勒在後期論述裡的全球最低標概念假設跟權利相對應的是責任，而這個權利／責任框架應該才是全球分配正義的理論核心。不過，他在近期關於全球正義的說法是全球正義指涉「交流中的公平條款、自決及對物質資源的擷取」（Miller, 2019b: 109-111），這似乎又回到他中期的論述，或許我們不必指摘他後期跟近期論述不一致，畢竟全球正義可以包括分配正義以外的正義考量。米勒全球正義論的問題在於沒有清楚不同範疇（如分配正義、交易正義、糾正性正義等）牽涉的不同正義考量。我們將注意力放在（1）探討為何米勒後期理論中才出現的責任論接受談論全球分配正義及（2）研究肯認所謂的弱大同主義是否令他放棄使用本分或義務概念而採納責任概念？

　　米勒在後期的論述試圖採用責任概念來完善其全球分配正義論，他提到責任論牽涉「確立（identify）」及「指定（assign）」責任，其策略是先建立責任觀及集體責任理論，然後確立國族責任並探討如何分擔責任。先談其責任觀，在仔細分析下，我們會發現其責任觀屬於後果論，也就是說，行動者的責任純粹從考察其後果出發，而這令其責任觀缺乏規制未來行為的能力。米勒責任觀的重點落在區分「結果責任（outcome responsibility）」及「補救責任（remedial responsibility）」之上；先談前者，行動者 P 對其帶來的結果 O 要負上責任，意味這結果是他的行動所導致的，若然當中的因果關係沒有辦法確立，那麼要使 P 對 O 負上結果責任是不會有足夠說服力。然而，米勒認為，在某些情況下，因果關係的確立並不必然意味行動者要負上全部的結果責任（Miller, 2007: 91-95），第一，當行動者帶出結果的過程中是處於一個心智不正常的狀態，例如吸毒後出現幻覺，可是，米勒沒想到吸毒既然是行動者自己的選擇，那麼他必須負上部分責任。

　　第二，當行動者 X 在被 Y 操控的狀況下做出相關行為 a，而 a 帶來了惡果，所謂操控就是 Y 刻意隱瞞 a 會帶來惡果的相關事實，而誤導 X 去做 a。在傳統中國宮廷劇中就有很多借刀殺人的橋段，被誤導的人當然是無辜而不用為結果負責。米勒似乎忽略有些案例不是那麼單純，以發生懷疑接踵疫苗導致死亡事件為例，假若受害者將施打單位告上法院，要釐清責任的事情相當複雜，施打單位會指出，這是政府的政策，他們只是執行者，政府官員或許會指出疫苗商可能在疫苗安全性上誤導，所以政府要去啟動調查看看疫苗商是否隱瞞疫苗的不良影響。當然，最有可能的結果是法官判死因跟疫苗無關；不過，這顯示要以被操控為

由而轉移責任會經常引發爭議。

第三，當行動者 V 在被 W 脅迫的狀況下做出 a，那麼 V 是不用為 a 帶來的惡果負上結果責任。可是，米勒或許認為這樣的狀況表面上爭議會比較少，但現實上仍然要看具體情況，假如一群綁匪，因為跟富商相識而在某種情況被識破身分，由於害怕富商如獲釋他們就難逃法網，故匪徒首領強迫另一匪徒將富商滅口，那麼負責滅口的匪徒不能因他是被強迫而完全不用負上結果責任。

米勒自己沒有點出以上他所提到的三種情況其實跟個人自主及自決有關，自主受到損害，自決能力也會受到影響。在精神能力受損、被操控及被強迫的狀態下，人的自主是受到影響的，行動不是完全出於自決。可是，除了處於長期失智、弱智或精神病的情形外，自主的喪失都是程度而言，要完全免於負上結果責任是不容易的。另外有一種更具爭議但米勒沒有討論的情況，是在長期被洗腦的情況，人的自主受到嚴重影響，假如某民族解放陣線，將同族的小孩從小灌輸要將壓迫他們民族的敵人暗殺，長大後的這些人自己去策劃及進行暗殺，那麼這些人須要負上什麼責任嗎？又或，如果他們小時候就自願當自殺炸彈客去暗殺，這跟長大成人後才去暗殺，有什麼差別？有的說法是十八歲乃成年作為分界點，但十八歲生日前一天跟十八歲當天進行暗殺有何差別？以上述剖析顯示，在自主受影響下要釐清責任也是不容易的，若能認清果責任跟自主及自決程度有關對集體責任的認定有相當大的幫助。我們稍後回到米勒關於集體責任的論述，在此只要指出集體責任論牽涉建立合理的集體自主論及集體自決觀，接下來我們討論補救責任的重要性。

　　在米勒全球正義責任觀中最重要的元素其實是補救責任，他提出六種確立補救責任的方式（Miller, 2007: 100-104）。第一種是找出可以同時是補救責任的「道德責任」，米勒嘗試區分的應該是行動者具有道德相關性的行為與不具有道德相關性的行為。對米勒來說，能找到行動者具有道德相關性的行為，我們就可確立道德責任，而這種道德責任也是補救責任。第二種是找出可以同時是補救責任的結果責任，米勒認為結果責任跟道德責任可以不同，他舉例說，A 跟 P 參與一場公平經濟競爭，結果 P 破產了，我們可以說 A 對 P 的破產有結果責任但沒有道德責任，而除了結果責任也有補救責任。可是，為什麼 A 有補救責任？他既沒有做錯什麼，P 也是自願參與競爭。在某種意義上來說，P 自己有結果責任，也就是說，無論輸贏，參與者既然是自願參與，當然有結果責任。然而，這其實等於是說大家要對自己所做的負責而已。

　　第三種是找出可以同時是補救責任的因果責任，米勒認為因果責任跟結果責任可以不同，他舉例說，行動者 B 在酒吧中為了閃避正朝自己方向推擠的人而往後退，結果打翻站後面的人 Q 之飲料；在這種意料之外的狀況，我們不能說此人 B 有結果責任。當然，米勒的意思不是說他沒有責任，他仍然有補救責任。不過，米勒在這裡所區分的是有意圖的行動所帶來的後果，跟行動帶來不在意圖之內的後果。

　　第四種米勒確立補救責任的方式是找出誰在得利或誰因此失利。他舉例來說，C 獲得本來 R 能拿到的利益，而這個狀況不是 C 的行為所導致的。米勒的意思是在沒有因果責任、結果責任及道德責任的情況下，也有所謂的補救責任。但這是值得商榷

的，以武漢肺炎疫情下的紓困方案為例，不少政府如香港特區政府及中華民國在台北政府，在發放紓困補助時都會選擇特定行業來發放，這些行業中人士拿到了補助，另外不在紓困行列的企業主或勞工卻拿不到補助，一般來說，我們不會說拿到的人對拿不到的人之狀況負責，更枉論這些人有為出現這種狀況補救的責任。

第五種米勒認為可以確立補救責任的方式是找出有能力負上補救責任的人，他舉例說，若見到一個落水小孩，而我是唯一經過的人，那就是我的責任去救他。可是，米勒沒有解釋為何這是一種補救責任，任何責任的先決條件都是擔負責任的人要有能力去影響現實狀況或有帶來其它較好結果的可能。落水小孩這個例子的重點是經過的人有否游泳的能力，而相關責任是一種道德責任。米勒似乎將確立責任跟指定責任兩者混為一談，他在這一點上其實是在談如何指定誰有責任，他應該告訴我們是不是有能力的人都有一定的責任，而愈有能力的人是否愈有責任。

第六種米勒認為可以確立補救責任的方式是先確定 D 跟 S 屬於同一社群的人，當 S 處於一個需要協助的狀況，而 D 作為同一社群的人本身就令 D 有補救責任。米勒似乎又將確立責任跟指定責任兩者混為一談，他在這一點上其實在談同國人因其公民身分而無可避免擔負協助貧者的責任。有趣的是，這一點加上剛剛談到的第五點就是建立民族主義個人責任論的基本考量，也就是說，在同一國族裡，富裕的國民有更大的能力去幫助貧困的人，他們比中產人士有更多的責任。如要應用在全球範圍，米勒要告訴大家的是，同國人是否有獲得資源再分配的優先地位？我們稍後會回到此議題，在此先總結米勒的後果責任觀的理論問題。

　　米勒似乎認為上述六種確立補救責任的方式有優先順序之分，先看有否道德責任同時是補救責任，再看有否結果責任同時是補救責任，然後就是看有否因果責任同時是補救責任，如此類推，我們稍後會回來質疑這個順序。在此先建議，一個比較好的方式去建立關於責任的後果觀是只訴諸於「後果責任（consequential responsibilty）」，將後果責任分為道德及非道德兩種，人要對自己的作為及不作為帶來的道德及非道德後果負上責任，人固然要對有意圖下帶來的後果負責，也可能要對意料之外的行為後果負責，而道德及非道德結果責任都會衍生補救責任。

　　我們無意也沒辦法為米勒發展出以後果為本而較完善的責任論，也不知道他會否接受我們的建議，在此只能指出兩個米勒沒有想到的重點。第一，以後果為本的責任論比其它責任論更容易跳脫權利／義務倫理框架，若以責任來建構正義論，就根本不用依靠權利，又或者說權利的考量充其量只是次要的，這是一種對權利運用上的限制。責任並非從權利所引申出來，責任這個概念反而跟能力或權力相關。第二，以後果為本的責任論難免限制了責任概念的使用範圍，作為在正義論或道德論中的規範性元素，除了對後果有評斷功能外，亦要有規制及導引功能，純後果論做不到規制及導引，後果論中的責任若要有規制及導引功能，就必須要服膺於某種後果主義倫理論如效益主義。要更詳細瞭解這兩點，我們必須分析米勒如何看待辛格及博格的再分配論。

　　先談辛格的效益主義論，他用類似米勒所說的落水小童的例子去推論富國人民有責任去捐款予國際非政府組織如樂施會（Singer, 2002, 2016）。對效益主義者辛格來說，盡可能減少世間的痛苦是符合效益主義要求的，赤貧狀況使貧者陷入長期痛苦

中，由於富國人有十分足夠的能力去解決世界赤貧，他們有責任去做（梁文韜，2021a：第六章）。米勒對辛格論述的主要批評是他沒有先確立結果責任就要求富國人去履行補救責任（Miller, 2007: 233-38），可是，米勒本人在前述第五種確立補救責任的論述中也用落水小童例子去論證有能力的人有補救責任，他亦沒有先確立結果責任。按照前述的順序，我們應該要先看看有否道德責任然後再看結果責任等等，而能力的優先順序是第五位，比結果責任來得次要。既然米勒也只是先訴諸能力而非結果責任，為什麼他批評辛格沒有先看看富國人有否結果責任？另外，如果道德責任先於結果責任，為什麼他不批評辛格沒有先看看富國人有否道德責任？

事實上，對效益主義者而言，富國人有道德責任去扶貧，儘管貧者的狀況不是他們造成的。如果米勒若要合理地批評辛格，他要針對效益主義的道德理論。有趣的是，由於米勒發展出來的責任論是屬於後果主義，他的理論跟效益主義沒有太大的衝突。我們不妨看看他如何談論道德責任，他舉出一例，一位能夠將洪水從一條河導引至另一條河的水利工程師，導引及不作為兩種做法會令下游的不同村莊淹水，假設她將洪水導引至傷害較輕的村莊，米勒認為她對傷害沒有道德責任，原因是她選擇了比較少惡的一個方式，故沒有理由去埋怨她（Miller, 2007: 94）。米勒很顯然是訴諸效益主義考量，這樣的判斷進一步印證是由他的責任觀是後果責任觀。

米勒對辛格另外的批評是我們不能只看窮國受者的需要及富國施者的能力，否則會令大家的注意力離開了要去改變國際制度的重點，這樣甚至會引來壞的決定。米勒認為改變制度才有可能

終結或大規模地減少世界貧窮，當然這是符合制度論的脈絡，可是綜觀他在分配正義考量中的全球最低標人權論及後果主義責任論，都沒有具體提到制度面向。改變制度似乎應該落在米勒自己說過的交易正義的範疇，而他的確有提到富國及國際組織有責任對窮國提供公平的合作條款（Miller, 2013: 174）。或許米勒不是很在意他到底是在談分配正義還是交易正義，重點是要妥當地改變制度，但既然他認為指定責任不是簡單的事，那麼更清楚地區分交易正義及分配正義中的制度考量是必須要做的。米勒如果能將制度考量納入其責任論中，那麼就會發展出在全球範圍應用的制度後果主義正義論。

　　米勒批評辛格完全忽視制度改革是不合理的，畢竟辛格在《一個世界》中花了一整章《一個經濟》來討論世界貿易組織及相關國際制度，只是他沒有直接運用效益主義來提出改革建議，或許他認為制度是國際政治角力問題，道德考量只應用在行為上（Singer, 2002, 2016）。米勒沒有注意到辛格之所著重個人行為是有其原因的，一方面，辛格想要解決的問題是赤貧，而此問題具有高度緊急性、優先性及重要性，關於這些人的狀況，重點已經不是誰要負上米勒所說的結果責任，而且盡量及盡快提供協助，另一方面，辛格認為富國人如果能坐言起行一同提供協助，每個人所要付出的是微不足道，而且是最直接的方式。米勒忽略了一點，如果辛格想要發展制度主義效益論，其成品會是跟米勒自己應該發展出來的後果責任論相差不遠。相對而言，制度考量在米勒另一個批判對象博格的再分配論中就重要得多了。

　　博格的理論並非純粹的責任或義務論，而是兼顧了權利及責任。他在不同時期的著作都強調制度面向的重要性，更特別區分

所謂互動性及制度性大同主義。如前所述，博格提出了一個比米勒「薄」的基本權利論，接下來我們討論米勒跟博格責任論的差別。博格將權利跟責任或本分做出理論連結，彷彿責任跟本分沒有差別；在他理論中，從基本權利論推導出來的是兩種責任或本分：協助那些在嚴重困境的人之積極本分及不去支持不正義制度的消極本分（Pogge, 2008a: 203）。在其全球正義論的框架下，博格所指的互動性大同主義所指涉的是跟倫理有關的，制度性大同主義則是跟正義有關；重點是履行積極責任的是出自倫理考量，履行消極責任的是出自正義考量。

米勒認為他跟博格最大的分歧在於博格跨大富國人所要肩負的責任，而彷彿窮國政府及人民都不用替自己的處境負責（Miller, 2007: 238-45）。米勒認為窮國之所以落入目前的狀況，可以是由於失敗的政府政策，又或是因為政府獨裁而導致經濟敗壞及民不聊生。人民有集體責任去承擔國家的走向，國際間之所以要尊重國族層次的自決，是因為只有這樣人民才會學到如何承擔責任。可是，在沒有民主的專制甚至獨裁國家，決策都是由少數的領導階層所做的，人民為何要集體對其後果負責呢？米勒當然意識到此問題，他提出愈多民主的國家，人民的集體責任就愈大。

在全球層次的分配正義討論中引入集體自決這個元素，是令米勒理論仍然維持是社群主義的關鍵因素，一方面，畢竟在本土範圍的行動者主要是國家，國家之所以可以代表人民去參與改革國際組織及制度的前提，就是人民有集體責任，博格理論的困難在於如何從「不去支持不正義」的消極責任推導出參與改革國際組織及制度的積極責任，即使這是可能，誰負責參與改革國際

組織及制度？我們很難想像是人民各自去參與，這並不是說博格不能接受集體責任，但這會跟他強調個人主義的大同主義產生衝突。

　　米勒認為辛格及博格兩人的理論將現況簡單化，要去處理全球貧窮問題及確立與指定責任就必須瞭解貧窮的成因，他點出了兩個極端的情況，在其中一個極端，全球貧窮完全是富國的結果責任，所以其富國公民們有補救責任去協助窮國貧者，這種責任比為同國人提供更優厚福利來得更重要，而且可被執行的，也就是說，其它國家或國際機構可介入並透過制裁等方法要求履行相關責任。在另一個極端，富國對全球貧窮沒有任何責任，問題完全出在窮國本身，那麼補救責任就只是人道責任，本土的正義責任會比較優先，而且第三方不能去強求富國履行協助窮國的責任。

　　對米勒而言，現實世界處於兩個極端之間，他相信只要按照前述六種確立補救責任，就可以指定誰有什麼樣的正義責任，他似乎認為，確立某責任是否正義責任是要看該責任是否能被強制執行。當然，米勒不會天真地認為在強制操施下所有相關行動者都會害怕制裁而履行正義責任。他提出，確立正義責任後，如果出現行動者沒有履行其正義責任，其他行動者沒有額外的正義責任去填補沒有被履行的正義責任；不過，這些其他行動者有人道責任去協助。可是，如何在一開始確立正義責任？在全球範圍中，誰有足夠權威頒布強制操施？我們又回到拿高對全球正義的挑戰，如果米勒認為關於設立世界政府的構想是烏托邦及不切實際的話（Miller, 2007: 26），那麼認定沒有世界政府之類的中央權威下亦可以出現能夠被強制執行的責任，也是不切實際的。

作為一個倫理概念，責任其實可以同時應用在本土及全球範圍，這對米勒關於社會正義及全球正義的區分之一種說法產生衝擊，他想確立全球範圍的分配正義責任。米勒認為，區分應用在社會正義及全球正義的原則之一種方式是應用在社會正義的是比較性，而應用在全球範圍的是非比較性的（Miller, 2013: 172）。他的想法似乎是全球最低標論中的權利考量屬於非比較性的，而需要跟該得乃比較性的；可是，如前所述，權利考量在米勒的社會正義中也適用，或許他要確立的是只有非比較性考量才適用在全球範圍，假如我們分析是對的話，米勒權利論只是用來包裝需要，比較性跟非比較性是難以在實際上區分的。也就是說，在責任論中，如何分配責任視為誰的什麼及多少需要被納入考量，這必然牽涉比較。採用責任概念跳脫權利／義務傳統框架及能容納多種行動主體與被動客體，故比較容易調和國族自決與全球正義的衝突。可惜的是，米勒仍沒有進一步挖掘責任概念在全球正義研究中的理論潛力，若要走出這一步，則須要區分人道與正義考量。

（二）人道責任與正義責任

以權利為本的全球分配正義論者如梳爾及鍾斯會認為，訴諸權利正是出於正義考量。米勒似乎也認為保障基本權利就是全球正義原則，他跟鍾斯的重要分歧是鍾斯只談論從維生權衍生出來的資源再分配之正義性（也就是我們所說的全球分配正義），但米勒則同時關注其它「厚」的面向。從一個非常廣義的方式去理解正義，這些似乎都是正義考量。不過，當我們考慮的是資源分配時，很顯然，不是所有的再分配考量都是出於正義考量。我們到

目前為止沒有深入研析再分配是基於人道還是正義，在全球資源再分配的範圍內，人道援助所牽涉的考量就似乎有別於正義考量。

　　人道與正義是兩種支持再分配的理據，論者們必須探討基於人道立場與基於正義視角在什麼意義上以及在什麼程序上進行益品再分配。米勒的論述要面對的質疑是，如何確立補救責任乃分配正義責任而非人道責任。其中一種做法是彷效博格的做法，認定跟評斷及改革「制度」有關的責任才可以是正義責任，牽涉「直接行動」的就是人道責任。由於博格關於消極本分的陳述真接納入「不正義」作為考量，他當然就必須提出標準去評斷什麼是他說的不正義及什麼事物或狀況他認為是不正義的。博格似乎認為不正義的來源有三種（Pogge, 2005b），第一是共同的社會制度帶來的效果，首先，目前全球共有的制度是優渥的人所加緒於潦倒的人身上的，其次，此制度秩序不斷延續「極度不平等」，而能令嚴峻及廣泛的貧窮不再持續的另類可行安排是存在的，最後，那些極端不平等不能歸咎於非社會性因素（如天災或天生身體缺憾）。博格似乎是在提出一種規管性正義（regulative justice）考量，要阻止及改善目前「不正義」的情況，目前情況之所以不正義是由於既得利益者透過扶植目前制度而共同製造的。

　　第二種不正義來源是世界上潦倒者在未有補償的狀況下被排除自然資源的使用之外。富足者單向地大量使用自然資源而沒有為那種不成比例消耗給予貧困者任何補償。博格似乎是在訴諸於補償性正義（compensatory justice），富足的人用了不完全屬於他們的資源，所以應作出補償。不過，對保守右派來說，天然資源本來就不屬於任何人，故也不能說是屬於大家的，所以沒有補償問題。

第三種不正義來源是過去共同及充滿暴力的人類歷史所帶來的影響。全球貧者的處境大多是由過去被侵略及被殖民的歷史所塑造的，很多人生下來的起跑點就處於不利的狀況，不平等起跑點源自於充滿道德及法律被破壞的歷史，所以不該支持這種情況。博格強調他不是要求參與過去罪行的人之後代負責，所以不是要報復，他的確不是要訴諸報復性正義（restitutive justice），畢竟犯錯的人不是現存的人，但他似乎是訴諸糾正性正義（rectificatory justice），糾正由歷史帶來的起跑點不平等狀況。我們必須指出，雖然博格沒有用規管性正義、補償性正義及糾正性正義這些觀念，不過，這顯示我們不能純粹以分配正義來做考量。

簡言之，即使以上的三種情形是跟正義有關，也非米勒所關心的分配正義。對博格來說，有關制度改革的考量才能算得上正義考量，若米勒真要確立全球分配正義論，就必須提出改革制度的再分配考量。不過，另外有論者抱持跟博格不一樣的看法，甘寶討論正義考量及人道考量孰輕孰重時，認為不是只有正義考量才能評估制度及推動制度改革，人道考量或許能提供更強的規範力去推動改革，他亦有討論辛格及博格的理論，並準確地指出辛格再分配論出於人道考量而博格的則是出自正義考量。他提出一種實用主義處理方式，建議人道主義途徑及正義途徑其實可以共存，兩派合力推動消除或降低貧窮的目標。

不過，對米勒來說，若然直接牽涉資源再分配的行動或政策都是出自人道考量，那麼在全球範圍就不能談分配正義，所以米勒必須堅持全球最低標論是分配正義論。巴利曾就人道跟正義兩者的異同作出闡釋（Barry, 1991a），他認為無論是基於人道還是

正義立場，我們都必須要求從富國轉移到窮國的經濟資源有大幅度的實質提升。不過，其背後的理念是不同的，而其在實踐上意涵亦然。巴利認為兩種立場最大的差別在於從人道立場推論出來的原則是目標為本（goal-based），而從正義立場推論出來的原則卻是權利為本的（rights-based）；巴利的想法富有爭議性，原因是他排除了效益主義或其它全球分配正義結果論也可以是全球分配正義論之可能，他亦排除了以義務為本的全球分配正義論。巴利本人似乎贊成以權利為本的全球分配正義論，但他沒有理由一開始就否定其他全球分配正義論，認定其跟正義無關。

巴利引用辛格的溺水孩童例子是要告訴大家這是關於人道援助，我們不難看出拯救該孩童的義務乃目標為本的義務，此義務是道德上要求的而並非可做可不做，但道德上要求的不代表這必然是出於正義考量。巴利所說的正義考量包括正義即互惠及正義即平權（Barry, 1991a: 188-203）。正義即互惠包括遵守協議、公平交易及公平參與貿易，正義即平權並非指米勒或博格所說的平等人權，而是攸關對資源的控制之分配。廣義來說，巴利所說的其實是屬於經濟正義的不同面向，可是，由於他似乎認為這些考量只有間接而非直接的再分配意涵，所以我們大可認定相關的責任並非分配正義責任。

巴利所說的「權利為本的」義務實際上是以「制度為本的」義務，正如他本人所說正義要提供對制度進行道德批評的理據（Barry, 1991a: 188）。以這樣的方式定性正義責任比較能跟米勒關於社會正義論的制度考量吻合；不過，由於米勒的全球範圍後果主義分配正義責任觀不容易納入制度考量，這條進路似乎不會被米勒接受。按照巴利的方式去看米勒責任觀的話，由於後果責

任論中的責任是用來針對結果去做補救，所以這是屬於人道責任。從巴利的角度看，這並不是說米勒論述中沒有正義責任，米勒也有提到交易正義，像是上述巴利的「正義即互惠」中的不同正義考量，但這不是分配正義責任。

另一種用以確立責任乃正義責任而非人道責任方式是，認定跟保障基本權利有關的考量都屬正義考量（Miller, 2011a: 24-25），值得注意的是，米勒在另一後期著作建立全球最低標分配正義人權論的過程中認定，宣稱其建立人權論的途徑乃「人道策略」（Miller, 2007: 178）。既然這是人道策略，那麼米勒要告訴大家為何由此發展出來的論述會是跟正義有關。再者，他在近期關於移民權利的討論中認為，我們是基於人道考量才應該願意收留難民，而所謂的難民是有嚴格要求的。難民是那些如果不離開原居地的話，其生命及自由就會有即時危險的人，這是難民之所以跟其他移民不一樣的原因（Miller, 2016: 170-172）。由此看到，對米勒而言，保障人權不一定出於正義考量，可以是出於人道考量，相關的責任不一定是正義責任，也可以是人道責任；米勒無法確立再分配的責任乃正義責任而非人道責任。或許米勒可以採取杭爾的策略，來試圖打破人道與正義的二元對立。杭爾處理人道與正義關係的方式是將所謂的人道義務視為正義義務，但這樣的做法硬是將人道與正義兩個概念混為一談，並不能解決理論問題，而只是一種迴避的做法。

杭爾的正義論就是「關於人權（包括基本經濟權利）的理論」，而其正義原則之內容就是權利及本分所規範的。問題是什麼權利及本分乃正義權利及本分？有趣的是，杭爾在《基本權利》一書中完全沒有討論正義及正義本分，但在討論「人道援助」

時卻認定某些人道援助本分如提供維生所需的糧食是正義本分（Shue, 1989: 16）。對梳爾而言，提供這些維生所需不是送禮，所以不是可有可無又或是非關正義的善行而已。職是之故，富裕國家及其中有能力的民眾有正義本分去援助窮國及其貧民。

梳爾不反對正義及善行都是道德的一部分，而道德有三個面向：限制（constraints）、指令（mandates）及理想（ideals）（Shue, 1989: 13），梳爾指出，「有關正義的指令」是關於滿足正義要求的資金或資源轉移，這種「人道主義」帶有強迫性，跟裁量性的「人道主義」不同。可是，為何帶有強迫性的「人道主義」是攸關正義？如果重點是「強迫性」，「強迫性」的來源在哪？既然梳爾沒有解釋，我們只能認定他以基本權利建構正義論，並認為什麼跟基本權利有關的就是跟正義有關，所以相關的本分就是正義本分。梳爾的做法等於是，令大家除了在緊急時刻外就不必談人道考量，而將大部分傳統上被理解為人道責任都變為正義責任（梁文韜，2021a）。

另一條表面上比較簡單的進路是將用來保障基本需要得到充實的責任定性為分配正義責任。在米勒後期的理論中，保障基本權利的目的是令跟得體生活掛鉤的基本需要得到充實，而這些權利是每個人的平等權利，如前所述，重點是在基本需要的充實。對米勒來說，這反映了他所說的「足夠原則（principle of sufficiency）」，而足夠原則可以是正義原則，換句話說，滿足基本需要的責任可以被視為正義責任。若是如此，權利語言雖不至於可有可無，但充其量只是次要的，而責任處於首要的位置。

不過，甘寶試圖論證基於需要的再分配考量都應該被視為是出於人道而非正義。他認為正義有時候會被理解成涵括所有社會

道德原則，這是將正義等同於「正確（rightness）」。甘寶試圖將「人道」與「正義」都視為「社會道德」考量，並將正義理解為基本上跟「該得（merit）」或「應得（desert）」相關，人道則基本上跟「需要」相關。應得指涉任何應該被稱許或譴責的個人行為、品格或成就。他強調應得是正義必有的原則，沒有任何正義分配能漠視受分配者的應得（Campbell, 1974: 11）。

按照米勒的想法，當我們所說的需要是基本需要時，那麼按照基本需要來分配是正義的。甘寶提出兩個理由去質疑這種想法，首先，正義語言意味牽涉行動的對與錯，但當我們不幫助困苦的人如難民或受創的人會被視為不人道，不管這些人的遭遇及困苦是否有其他人需要負責。假如甘寶的意思是只有某行動者具有意圖的行為之結果才稱得上是不正義的話，那麼這是十分值得商榷的。正義或不正義的結果有可能是非有意圖的行為所造成的，也有可能是制度性結構所模造的。

甘寶提出更深一層次的理由，也就是需要只有跟該得聯繫在一起的時候才能成為正義標準。更準確的說，需要本身必須服膺在該得之下才能跟正義扯上關係（Campbell, 1974: 12-13）。第一，甘寶認定「需要」議題會出現在值得稱許的行為中，只有當需要是跟值得稱許的行為有關時才會是正義議題。例如，士兵為救人而受傷，牧師需要單車去探訪病人，他們應得相關的需要。這個想法實際上是認為有些需要是跟道德行為有關，另外一些則跟不道德行為有關。不過，如果將正義跟該得以定義的方式相連起來，亦將該得與道德行為相連起來，那麼任何道德行為引發的需要當然是要透過該得才能與正義扯上關係，但這是值得商榷的。

　　第二，甘寶認為，「需要」的出現是由於某些人受到另外一些人的傷害，傷害的其中一個形式乃剝削，在剝削者與被剝削者之間的再分配作為一種補償是恰當的。對於那些認為所有貧窮都是由於剝削的論者而言，他們視需要為正義原則是可以理解的，但是即使所有窮人都是被剝削者，這些人匱乏的狀況是由於其應得回報被剝奪，因此正義的基本考量仍然是應得。

　　以上甘寶提出來的第一及第二點表達的是：基於需要的訴求實際上是基於該得或應得的訴求，米勒質疑，並非所有需要都與該得有關，特別是醫療及教育等基本需要不一定能完全化約成甘寶所理解的該得（Miller, 1999a: 227）。當然，甘寶似乎並不認為所有需要都與該得有關，而是表面上與正義有直接關聯的需要實際上並不是跟正義有直接的關聯，至於其它需要則是跟人道而非正義相關。

　　甘寶想論證的是需要原則是出於人道考量，也許他可以直截了當地指出，所有跟基本需要有關的再分配，不管跟該得有否關係，都是出自人道考量。因此，大家先確立需要原則乃人道原則，滿足了基本需要後，各憑自己的努力去獲取資源，其主導原則是該得原則，而該得原則是正義原則。值得注意的是，甘寶的確抱有類似情況的看法，他比較兩類人對僅有資源的訴求，一類是不應得或值得被指責的窮人，另一類是應得的非窮人，他所謂「不應得或值得被指責的窮人」是那些自我損害的人。按照我們前面的描述，這些是沒有能力滿足自己需要的人，而他們的這種狀況或許是自己造成的。甘寶認為如果將資源給予後者而非前者是不對的話，那麼就應該認定人道考量凌駕在正義考量之上；他認定這種例子顯示了「人道先於正義」（Campbell, 1974: 14）。

　　甘寶雖只在針對一般的正義論述，但以上的這一點對米勒後期關於全球正義的論述有一定的理論衝擊。米勒強調各國人民都要集體地對自己國家的政策後果負責，如政策失敗導致惡果，使人民陷入水深火熱中，他國的援助不是他們應得的，我們很難認定他國有正義責任去提供援助。米勒有關需要的論述不斷演變，即使按照他較後期論述中以人權來包裝需要，大家也不能斷定去滿足這些人的需要是正義責任而非人道責任。

　　綜合以上的分析，儘管米勒期待其全球最低標論成為其全球正義論的核心，但他無法確立滿足相關「需要」的責任乃正義責任而非人道責任，而且他想要在全球範圍保障的「需要」太過豐富，相關的責任根本不可能帶有強制性，若要在全球範圍體現那麼「厚」的基本權利，必然牽涉龐大的資源從富國轉移到窮國，我們很難想像富國人會同意這種程度的再分配。

五、結論

　　踏入 2000 年後，左翼社群主義者嘗試正面回應全球化的衝擊，瓦瑟並沒有準確掌握全球化負面的影響之嚴重性，反而視之為發展全球公民社會的好機會，只要各國受壓迫的勞工及族群能團結起來，就能抵禦全球資本主義擴張帶來的負面衝擊。很顯然這是受到 1999 年西雅圖反全球化運動的啟發，可惜的是，那些反全球化的全球串連似乎只是曇花一現，全球公民社會根本不能有長期及有組織的反全球化運動。事實上，就連本土公民社會的活力早已減弱不少，這正是由於資本主義全球化的關係，發展中國家的政府為了吸引外資，刻意壓抑公民社會的發展。

　　跟瓦瑟不同，米勒沿用訴諸正義的路線，其目的是發展出以基本權利為基礎的全球分配正義論。可是，接受談論全球正義及肯認所謂的弱大同主義對社群主義產生衝擊，米勒名義上是要發展以人權為本的全球最低標論，但實際上是倡議基本需要原則乃應用在全球範圍的分配正義原則，暴露了他整體理論的在發展過程中出現的不融貫缺陷。

　　米勒在前、中、後期的論述中，對需要本身及需要跟權利的關係有相當不一致的理解，這是因為他在三個時期分別發展分配正義論的不同理論面向。米勒在前期發展多元主義，故特意將權利、應得及需要視為三種不同的正義原則。不過，空有這三種考量是無法有效實踐社會正義，因此，如同我們在第五章的分析中展示，他在中期論述中發展系絡主義，將權利考量納入平等考量中，使得平權而非權利本身成了正義考量，用意是將平權框限為公民身分社會關係中的分配正義原則，需要則被框限在團合性社會關係中的分配正義原則，應得則是在市場機制中扮演分配正義原則的角色。到了後期，他意識到必須要回應全球化帶來的全球不平等及貧窮問題，人權是最為流行的方式，故此為了替人權找理論基礎，他訴諸於需要，但實際上便是將自由民主國家的社會民主福利模式應用在全球層次。

　　其全球最低標所要求的再分配程度比自由大同主義還要高，甚至可能比平等大同主義的要求更高，他沒有發現他批評平等大同主義太理想是自相矛盾的。另外，他在發展全球最低標論時已經不再像以往一樣視需要為獨立於平等及權利以外的原則，這反過來對其系絡主義及多元主義產生衝擊。

　　米勒在發展權利論的同時卻建構後果責任觀，但他沒有意識

到採取後果責任論的進路可以令他跳脫權利／本分的理論框架，不過，即使他知悉此可能，也不一定會選擇放棄權利論述，原因是他誤以為權利跟正義有直接關聯，可是，他在近期討論保護難民時視那些相關權利所衍生的是人道責任。採用責任概念跳脫權利／義務傳統框架及能容納多種行動主體與被動客體，故比較容易調和國族自決與全球正義的衝突。可惜的是，米勒仍沒有進一步挖掘責任概念在全球正義研究中的理論潛力。不管是訴諸權利、需要或強制性，米勒都無法確立全球最低標論述是關於正義的論述。

　　不過，這亦不表示米勒無法確立所謂的全球正義論，當中其實可以有交易正義及糾正正義，只是不會有明確的分配正義範疇，比較合理的做法是視再分配乃出自人道考量，認定相關責任乃人道責任，而全球最低標論所要保護的需要是維生所需而非各種社會民主制中要保障的福利權。然而，這樣的安排能不能處理全球不平等？資本主義全球化帶來的財富差距愈來愈大之負面趨勢似乎依然無法抗逆。

第七章

結論

　　2021 年 3 月 2 日是戈巴契夫九十歲大壽，他於 1990 年獲得諾貝爾和平獎的原因是，沒有出兵鎮壓反對派而讓前蘇聯及整個東歐共產陣營最終崩解，致使東西方結束冷戰。冷戰結束對知識界刺激非常大，很多人一時之間根本無從回應。這段歷史促使兩大議題浮現，一是如何面對國族主義浪潮的興起？二是社會主義真的沒有未來？這兩個議題正好是左翼社群主義所必須關心的，一方面，前蘇聯政權倒台使得各加盟共和國逐一脫離原蘇聯獨立，這是繼眾多被殖民的國家在去殖民化過程中脫離殖民國的制肘而獨立後，最大一波民族獨立浪潮，也間接促成捷克分裂及南斯拉夫瓦解；另一方面，隨著蘇維埃共產制度的崩潰，西方右翼知識分子都同聲慶賀，有的論者如福山迫不及待宣布資本主義得到最終勝利，甚至高呼「歷史的終結」。不少人認為資本主義這次的勝利標誌著社會主義已死，而且永不超生。資本主義在全球範圍擴張對左翼社群主義的挑戰是什麼？面對這些挑戰該如何回應？

　　對左翼社群主義者來說，政治哲學不是一種抽離於現實世界的哲學推理，而是要緊扣政治問題來做反思，就當下的狀況提出規範性判斷及改善之道。主要左翼社群主義者如米勒及瓦瑟同屬西方二次大戰後湧現的嬰兒潮，在冷戰時代下長大，固然受到

身處的環境所啟發。面對兩大敵對陣營的對立，他們雖為左翼人士，但並非馬克思主義者，雖強調社群，卻非保守主義者。兩人都想找到中庸之道，既非純資本主義也不是馬克思主義，既非傳統自由主義者，亦非強調共善及社會權威的右翼社群主義者。

　　米勒在 1995 年出版的《論民族》正是試圖為民族最終能建立國族辯護，隨著全球化的發展，不少民族逐漸建立自己的國家，其中有和平的演變如捷克一分為二，有的充滿衝突，甚至出現種族屠殺，如前南斯拉夫的分裂。當然這並不是說全球化導致民族建立自己的國家，兩者不必然有邏輯關係，畢竟如果前蘇聯的分崩不能單純地歸因於全球化，那麼其分崩離析令民族建立其國家也不是由於全球化的關係，反而是這些國族確立後令資本主義全球化正式開展，新興國族對跨國企業來說是未被開拓的大市場，西方領導人及企業開始積極推動資本主義全球化。

　　值得一提的是，1995 年發生兩件促進資本主義全球化的重要事件，其一是關稅及貿易總協定正式被世界貿易組織所取代，世界各國陸續加入該組織，而在美國克林頓總統大力支持下，中國在 2000 年正式加入，全球人口最多的國家也被納入全球資本主義尋租遊戲。其二是 NSFNET 的退役，NSFNET 是美國國家科學基金會於 1986 年建立的，是美國超級電腦中心與學術機構之間基於 TCP/IP 技術的骨幹網路。其退役標誌著網際網路在美國已完全商業化，對商業流量的限制終於得到解除。一片樂觀氣氛催生了當代全球化的一次經濟泡沫，網際網路泡沫於 2000 年 3 月爆破，從而令金融資本主導的資本主義進一步全球化。為了減少網際網路泡沫爆破對實體經濟的衝擊，美聯儲持續減息，政府更為了鼓勵民眾買房而將利息壓至非常低的水平，房市泡沫迅

速生成，及後的連續加息令次級貸款垃圾債泛濫之問題浮現，成了壓垮房市的最後一根稻草，次貸風暴帶來波及全球的金融海嘯。

　　前蘇聯及東歐共產陣營的崩解本應是實踐市場社會主義的契機，不少社會主義者認為蘇聯模式並非唯一的社會主義模式，對市場社會主義者來說，社會主義跟市場是可以共融的。瓦瑟早期對市場社會主義或民主社會主義有一定的支持，米勒更具體提出一些方案。可惜的是，後來已經沒有再堅持，米勒在 2014 年的文章中其實已經表示一種放棄的態度，而瓦瑟在 2010 年的文章直接將「社會民主」作為社會主義的一種模式來看待。他們為何沒有堅持信念？或許我們可以歸納為三個原因，其一是正義理論沒有明確納入市場社會主義有關，其二是跟對現實的妥協有關，其三是對全球資本主義的未來沒有任何明確判斷。

　　先談第一個原因，左翼社群主義的正義論該不該及如何納入市場社會主義？瓦瑟及米勒的正義論基本上關心分配正義，如第六章所說，他們所說的社會正義其實是國族層次的分配正義，以「社會正義」的名義談分配正義淡化了分配正義的經濟面向，比較適切的做法是視分配正義分別屬於政治正義、社會正義及經濟正義的其中一部分。經濟正義主要有三個部分：結構正義、交易正義及分配正義。前述的分配正義關注經濟益品及所得的分配，交易正義牽涉益品買賣過程中的正義，結構正義則是在生產過程中利害相關者之間的關係及輸入作為生產資料之物品是否符合正義要求。市場社會主義之所以是社會主義是由於採納某種形式的社會所有制，這是經濟正義中的結構正義問題。

　　可惜的是，米勒似乎在對社群主義如何定性為左翼時，以分

配正義視角來判斷，對平等高度重視者謂之左翼。他沒有明確指出市場社會主義能帶來更平等的分配，這是他對應得原則之重視使然。為了強調市場的重要性，米勒視應得原則為其關鍵分配正義原則。既然如此，對米勒來說，平等原則只是用來規範福利權的實踐，在西方福利國家，這樣其實就足夠了。以上的解讀令大家能理解為何米勒的市場社會主義似乎無法嵌入其正義論裡，其市場社會主義的重點在工人合作社的制度，工人合作社最主要的理據是工作地乃自決場所，實施合作社民主乃關鍵所在，但工人合作社如果未能配合社會所有制，加上如果合作制又不能被廣泛採納，市場社會主義根本就不會是應用在整個社會的制度。霍耐特在近作中認定社會主義理想不會被消滅，並提議以各種小型社會主義實驗來體現社會主義（Honneth, 2017），米勒在回應時指出，大家的確可以在各自的社會裡做一些小規模的社會主義實驗，但即使這些實驗成功，將資本主義社會推向社會主義比較有效的方式是在國族層次（Miller, 2020: 180-181）。

左翼社群主群沒有堅持信念的第二個原因是對全球化及其帶來的負面影響不抱持足夠的批判性，當代全球化的過程中遇到至少三次影響世界的大事件，這三次事件都對全球金融資本主義產生直接或間接的負面影響，第一次是 911 恐怖襲擊，恐怖主義的全球化震驚世界，令前述爆破網路經濟泡沫雪上加霜。對美國世貿中心甚至國防部的自殺攻擊，最終令美國決心清除恐怖組織及任何有可能來自伊斯蘭世界的威脅，可是這激發恐怖組織的報復，導致西方國家不斷遭到恐怖攻擊，美國消滅伊拉克薩達姆政權也導致伊拉克及其周邊地區長期動盪，間接造就了伊斯蘭國的崛起及敘利亞內戰，中東局勢直到川普上台後才穩定下來。

　　第二次是美國次級房貸風暴引起的金融海嘯，除購買了相關金融商品的機構及個人投資者直接受害之外，雷曼兄弟的倒閉引發連鎖效應，多間銀行倒閉，後來波及歐洲，觸發財政狀況不佳的希臘、愛爾蘭及葡萄牙等國的金融危機，冰島更是破產了。金融資本主義遭到前所未見的危機及挑戰，全球陷入恐慌，美國聯儲局及各國央行大舉印鈔，並長期維持量化寬鬆政策才穩住局面。不過，這卻催生另一波金融泡沫，各主要股市指數在不到十年之間漲了兩倍以上，及至一年多前武漢肺炎突襲，全球陷入又一次的恐慌。

　　武漢肺炎大流行是第三次全球化帶來的禍害，武漢肺炎本身不是全球化的產物，但其大流行卻是不折不扣的全球化結果，病毒在武漢確定大規模擴散後北京政府禁止武漢人到北京及其他主要城市，卻沒有禁止他們出國，大批武漢人逃到香港再轉往歐美。之後在武漢肺炎的衝擊下，幾乎所有主要國家的 GDP 都呈現負數，股市及商品價格大跌。為了挽救經濟，各國祭出不同的刺激方案，股市後來逐步回穩，多國股市至今甚至屢創新高，與其說股市指數及企業股價過度反映大家對後疫情時代復甦的樂觀態度，不如說這是量化寬鬆政策堆積出來的資金行情，換句話說這是經濟泡沫的延續，這波泡沫一旦爆破，後果會相當嚴重。

　　這次傳染病大流行對左翼社群主義者而言有什麼值得反思？大家不妨從民族主義（種族主義）及不平等的角度切入。先談經濟不平等，雖然大家對這次武漢肺炎帶來的影響仍未能夠準確掌握，但是從去年第四季開始，投資銀行如瑞士信貸、非營利國際組織如樂施會、商業智庫如胡潤百富研究院、都先後發表調查報告，揭示武漢肺炎對全球經濟的衝擊及全球不平等的影響。

　　國際著名投資機構瑞士信貸在 2020 年 10 月出版的《全球財富報告 2020》中承認短期內雖無法準確估計疫情的影響，但從資料中發現直至 6 月底，全球財富減少 7.2 兆美元。在企業倒閉及失業潮的衝擊下，疫情對收入分配會有負面影響。不過，在相對富裕國家的民眾因為有政府的紓困援助，受到的衝擊比較少，而在低收入國家，民眾所受到的衝擊卻比較大（Credit Sussie, 2020: 39）。樂施會在 2020 年 12 月出版的報告得出類似的觀察，他們指出，若沒有緊急行動，全球貧窮及不平等會加速惡化，並建議富國為窮國提供援助及取消債務（Oxfam, 2020: 11, 2-3）。不過，全球貧窮及不平等加速惡化又有什麼問題？

　　據樂施會 2021 年 1 月的另一份報告中引述之研究顯示，在武肺病毒打擊其間，直至 2020 年底全球最有錢的十位富豪的財富增加了 5 千 4 百億元。武肺正使不平等惡化，最富有的人可以很快再變得更富有；而最貧窮的人則需要數年時間才得以復原。[1] 外國媒體報導，2021 年胡潤全球富豪榜顯示，中國去年創造 200 多名身家逾 10 億美元的富豪。[2] 儘管在 2020 年初，中國採取了前所未有的遏制措施，導致經濟活動驟減，但股市恢復迅速發展和大量新上市公司出現，抵消疫情的破壞。胡潤全球富豪榜顯示，共 3228 名身家 10 億美元以上的富翁。中國新增 259 人身家突破 10 億美元大關，人數超過世界其他國家的總和。總計中國有 1058 人身家破 10 億美元，是第一個突破 1000 人大關的國家。

1　請參考：https://www.oxfam.org/en/research/inequality-virus，查詢日期：2021 年 1 月 28 日。

2　請參考：https://www.cna.com.tw/news/aopl/202103020282.aspx，查詢日期：2021 年 3 月 8 日。

相較之下，排名第 2 的美國新增 70 名富豪，總數達到 696 人。
印度擁有億萬富豪 177 名，位居全球第三。

據《彭博》報導，根據聯準會的家庭財富報告，最富有的
1% 家庭的淨資產，在 2020 年增加約 4 兆美元，意味著他們占據
全國約 35% 的新增財富。相比之下，後 50% 的窮人，只得到約
4% 的進帳。[3] 從美國家庭新增財富變化中看出，貧富差距擴大，
已經成為拜登政府力主對高收入人群加稅的主要原因。以家庭財
富作比較的話，美國家庭財富資產組成最富家庭從股票和共同基
金的上漲中受益最多，此外還有他們在私營企業的股權－這是收
入居底層 90% 家庭所沒有的資產。在收入最高的家庭中，股權
是他們最大的財富增長源。沒有大學學歷的群體，占全國總財富
中的比例下降。大學以上的人財富增加 9.3 兆美元，提高了 1 個
百分點。與其相較，沒有高中學歷的家庭，財富減少 1110 億美
元。這個群體僅占全國總財富的 1.6%，是 1989 年有數據以來最
低。

左翼社群主群沒有堅持信念的原因是對全球資本主義的未來
沒有任何明確判斷，規範性理論不能只看過去，也不能只關注
現在，而更是要思考未來人類生活會變得如何。政治哲學是要面
向未來及改變未來，但我們又如何知道未來？這牽涉到預測。
預測其實是對趨勢的一種判斷，武漢肺炎到底在未來會帶來什
麼影響？據樂施會 2021 年 1 月的報告中引述之研究顯示，在武
肺病毒打擊其間，直至 2020 年底全球活在貧窮線以下的人則增

---

3 請參考：https://news.cnyes.com/news/id/4617944，查詢日期：2021 年 4 月 4 日。

加了 2 億至 5 億之間。世界銀行預估到了 2030 年，假如所有政府容許不平等每年增加 2% 的話，屆時會有多 5 億人每日收入低於 5.5 美元。相反地，如果所有政府都將不平等每年降低 2% 的話，大家可以在三年內回到病毒打擊前的狀況，而且在 2030 年將的貧窮人口會減少 8.6 億。問題是政府有意願做嗎？有能力做嗎？

關於最頂端 1% 富人財富總和占全球比例的演變，在瑞士信貸的 2020 年的報告中發現一個有趣的現象，從 2000 年到 2007 年比例是下降的，我們或許可以推斷這有可能是因為中國及印度逐漸融入全球經濟體系，人民財富迅速增加，全球財富增加的同時，世界最富者能掌控的比例下降。從 2007 年到 2016 年，此比例則上升，我們或許這可能跟金融海嘯有關，最富者受到的影響相對低而即使受到影響，也很快復原了，但非富者受到的影響比較大。我們回看 OECD 在 2011 年報告中對金融大海嘯的影響評估，發現在 2007 年至 2010 年期間，收入不平等在 18 個 OCED 國家中平均增加了 1.4%。最富有的 10% 家戶收入 2010 年跟 2007 年差不多，但最低收入的 10% 每年下降 2%（OECD, 2011）。

簡單來說，過去三次的全球危機，發生後的一段長時期內美國及主要經濟體都推出各種刺激經濟方案，2000-2001 年的全球網路泡沫加上恐怖襲擊之後聯準會採取低利政策，容許銀行批准高風險的房貸，令房價暴漲，經濟成長建基在房市泡沫之上，美國人因房價上漲而變得富有，物價開始上漲，激發通脹。為了壓抑通脹，金融機構及銀行加息，息口一旦開始上，愈來愈多原本就負擔不起買房子的中低收入家庭便再也繳不起房貸，將這些劣

質貸款合約打包起來的金融商品價值大幅下降甚至變成垃圾債權。引發 2007-2010 年的美國次貸危機加上歐債危機的金融海嘯大爆發，資本主義全球化意味資本市場全球化，整體利率上升加上美國次貸危機導致部分歐洲國家暴露債務問題。隨後冰島破產，其它多個歐洲國家如希臘、葡萄牙及愛爾蘭等等都瀕臨破產，亟待紓困。骨牌效應下，全球金融體系近乎崩潰，美國、歐盟、日本甚至受直接影響較少的中國都大幅印鈔及推出多輪的量化寬鬆政策。

　　幾年前全球經濟開始重拾正軌之際遇到 2019-2020 年的武漢瘟疫及全球經濟崩潰，病毒突然來襲，造成了全球恐慌及股市崩盤，經濟快速下滑，大量商店倒閉，失業率恐速上升帶來社會動盪。武漢肺炎這次帶來貧富差距擴大的負面影響跟過去全球化危機所帶來的是類似的，危機對富者及極富者的衝擊是短暫的，對極貧者及相對貧者的衝擊是持久甚至是不可逆轉的。大同主義論者如博格及拜斯認為全球不平等意味不正義，並以正義為由鼓吹實質的及廣泛的全球益品再配置，這並非人道問題，而改善全球不平等有其必要性。國際主義原則上不必然反對以正義為由進行益品再分配，但要視乎實際狀況來作具體安排，堅持國家與個人並重。可是，這些論者都沒有反對全球化，也無辦法解決問題。如果連左翼社群主義者既不反資本主義亦不反大同主義對人類所帶來的苦難，那麼我們除了必須抱持悲觀態度之外，更沒有什麼理由積極思考出路及可行辦法。

　　為了穩定人心及經濟，以防止金融體系崩潰及社會不安，政府大量印鈔。根據各國央行的公開資訊，從 2020 年 3 月至年底，全球主要經濟體（美國，歐盟，日本，中國）等的鈔票總

量，若單純以名目價值來看，已經超過 2008 年之前人類歷史 5
千年中，各國所有貨幣加總的總值（這邊指廣義 M1+M2 的貨幣
總量）。另外，聯準會可是用了 3 年時間，透過 4 輪的 QE，才
把 1 兆美元發放到市場；但單單 2020 年，美國就已印了高達 3.2
兆美元的鈔票，拜登上台後又有 1.9 兆紓困熱錢亂竄。

　　政府瘋狂印鈔應急挽救經濟，這也導致目前美國的債務持
續膨脹，美債從 2019 年底的 23 萬億不到，總額已高達 28 兆美
元，擴張 20%，相當於過去 12 年的借債量。然而，相關政策
也導致美國債務再度增加。2019 年時，美國 GDP 總額約 21 兆
美元。這意味如今美國背負的債務已大幅超過前一年的總產值
20%。若按此發展，未來很可能導致美國債券價值突然崩盤。更
令人擔心的是，根據摩根士丹利的預測，未來 2 年，全球四大行
（美聯儲、歐央行、日本央行和英格蘭銀行）將 24 小時不停轉印
鈔，規模高達 5 萬億美元。[4]

　　以目前的發展趨勢來說，基於以上兩個原因，未來一到三年
如果再有一次金融泡沫爆破也不會導致美元崩盤及金融體系瓦
解，祗是說泡沫爆破後必然會有更長期及更瘋狂的刺激經濟方
案。不過，未來二、三十年替代能源發電及電動車都可以使人類
對石油的需求大減，這無形中令美元系統的體質更虛更弱，這不
表示美元就沒有價值，只是它的相對價值會愈來愈低，過去一年
不斷印鈔更是會大幅降低其相對價值。美元相對價值愈低，其它
類型資產的價值愈高，美元所支撐的金融泡沫就會愈來愈大。另

4　請參考：https://ppfocus.com/0/did557989.html，查詢日期：2021 年 1 月 29
　日。

外一項變數是數位貨幣的興起及蓬勃發展，這會令美元的重要性大幅降低。

若幾年內這一波因應武肺而造就的泡沫爆破後再更大量印鈔，那麼美元相對價值自然而然會變得更低。大爆破之後要再過十多年才會逐漸恢復元氣，但另一波泡沫會在十多年之後出現，終極金融泡沫爆破會在距離現在二十多年後發生，屆時美元系統將會崩潰而拖累全世界，由於資本主義已經徹底全球化，印度及印尼也都完全融入，結局是金融體系在非常短的時間內崩塌，無法恢復。筆者在 2016 年出版的在《二十一世紀共慘世界》一書中稱後金融崩塌的世界為「共慘世界」，至於為何會「共慘世界」，在此就不再重覆當中的論點，不過，武肺大流行事件及其影響或許會進一步令大家相信「共慘世界」的確會到來。

左翼社群主義者該著手思考後共慘世界的重構要如何進行，這牽涉到預測及規範性考量。單單以「社群主義」來形容米勒與瓦瑟的理論不能凸顯他們的差異，我們可以用「國族主義」來描述瓦瑟的理論，這樣可以顯示其理論的重點乃國家；另外，以「民族主義」來描述米勒的理論比較貼切。米勒將注意力放在民族向非國族問題上，是對自由主義退讓太多，更重要的問題是在金融制度的設計與運作上。

後共慘世界有一種可能的方向是，全球金融制度崩潰後，政體的團合性也受到衝擊，所有大國會分裂的多個享有高度自主性的政治社群，中國各省成為多個不同的小國再組成類似大英聯邦的邦聯，美國的各州及加拿大的各省也都獨立並重組成邦聯，原來的各省之後擁有相當大的政治及經濟自決與獨立性，簡單來說，支那大陸及北美大陸都沒有中央集權制度。所有原來的大國

中央貨幣制度解體，從單一貨幣拆解為多款不同的貨幣，兩個大陸都不會有統一的貨幣，歐洲大陸各國也取消使用歐元。貨幣的基礎建立在銀本位制之上，防止政府濫印鈔票。國族自決原則必須擴展至貨幣發行及金融制度運作上。

除了以上的自決原則外，我們將以責任為基礎的理論延伸。責任為本的正義觀將責任跟權力掛鉤，權力愈大責任愈大，責任要有效地被履行，必須愈平均愈好，這意味分散權力相當關鍵，人類在後共慘世界必然意識到共慘世界之所以出現，正是權力過度集中所帶來的，資本主義加上中央金融集權是禍根，政治權力及經濟權力過度集中導致全人類的命運掌握在極少數人身上，只有各地民族政治及經濟上的自主性重新確立後才有可能在後共慘世界找回盡可能免於未來再出現痛苦的金融泡沫爆破。最能夠將權力的運用及責任的分擔公平地配置的政經模式是市場社會主義中的合作社制度及票據經濟混合模式。愈多能夠自決的企業愈好，所謂自決的企業不只是找一個有能力的執行長去做所有決定，而是由下而上的一種決策模式。

左翼社群主義同時面對右翼社群主義及傳統左派的批評，右翼社群主義者會認為不談共善的左翼社群主義沒有辦法凸顯社群的重要性。不過，對米勒來說，如果真的要談共善，那麼就會是自決，人民透過積極參與來做決定，這樣帶來的結果就是共善的一部分。傳統左派會認為後期的瓦瑟將社會民主理解為左派沒有真正去正視資本正義的核心問題在於私有制，被視為市場社會主義者代表人物之一的米勒必須解釋為何他沒有堅持前期論述中的社會所有制。

既然筆者所預測的悲慘世界愈來愈有可能出現，悲慘世界會

在一次最終金融超大泡沫爆破後出現，這樣的終極爆破意味資本主義體系的徹底崩解。如此悲觀的想法受到馬克思論述的啟發，只是結局跟他設想的美好共產世界剛好相反。馬克思理論是唯一特別針對資本主義發展作出趨勢判斷的理論，以辯證邏輯為基礎的歷史唯物論試圖對資本主義的未來結局作出臆測。可是，除了在前蘇聯崩解後突然出現一陣馬克思熱潮後，一切又回復平靜，或許是由於大家善忘，又可能是因為馬克思沒有辦法想像資本主義的全球化會以目前的情勢發展，他的理論被視為不可能回應當今世界的問題。

即使以歷史唯物論為基礎的馬克思歷史觀並不完全可信，大家亦不能輕易否定社會主義政經模式在政治道德上的正當性。市場社會主義者必須指出，我們為何要選擇市場社會主義而非共產主義或自由資本主義。從理論的一致性角度出發，各市場社會主義論者所提出的政治道德考量，是否能成為他們所建議模式的規範性基礎，更是值得更深入探討。比較大的盲點在於，市場社會主義者都沒有認真看待資本主義下的結構正義問題。面對全球化的大肆擴張，左翼人士需要的是信心，部分馬克思主義者如羅默在東歐共產陣營崩潰後提倡市場社會主義模式，至於非馬克思型社會主義者，早在八〇年代面對新右派挑戰之下，米勒對社會主義理論作出深刻反省，並積極提倡市場社會主義。非馬克思型社會主義及馬克思型者因不同的理由先後提出市場社會主義，市場社會主義彷彿成為後共產時代社會主義的不二之選。市場社會主義理論的焦點放在所有制模式上，可是，米勒及其他市場社會主義論者沒有從結構正義角度去為社會所有制辯護。

市場社會主義會有未來嗎？左翼社群主義者需要的是堅持和

定見，在堅持下透過理論的建構及相對可信的預測會帶來定見，有了定見便能提供一個現實烏托邦的遠見，在設想如何達到現實烏托邦的過程中則要倚靠信念。遺憾的是，瓦瑟及米勒做為左翼人士已經不夠「左」，瓦瑟只是期許大家耳熟能詳的社會民主，米勒在 2014 年一篇文章中甚至對市場社會主義失去期待，即使在 2020 年的另一篇回應霍耐特的文章中似乎又不是那麼的悲觀，這顯示他對市場社會主義的未來缺乏定見（Miller, 2014, 2020）。兩人在大同主義的壓力下，已經喪失了不少對社會主義及社群主義的堅持，歸根究底，他們對全球資本主義化的過程中帶來之改變有太大的妥協及對未來發展沒有任何做出判斷。

當然，政治哲學不能跟現實脫節，否則變得天馬行空，但如果對現實有太大的妥協，就缺乏該有的理想性，左翼社群主義者必須嘗試找出一條中庸之道。目前要在國家層次實踐市場社會主義的可行性的確不大，但在後共慘世界中，一切都要重整，或許將羅默的票券經濟跟米勒的合作社模式結合的話會是一個可行方式。

即使本書以批判的角度去評論左翼社群主義正義論述，但大家會發覺釐清米勒及瓦瑟的正義論可以讓我們對當代西方政治哲學的發展現況有更深刻的認識。若要建構以本土出發點的左翼社群主義正義論，批判地承受他們的理論對開創未來有積極及正面的影響。相對於普世主義理論而言，左翼社群主義理論認真地處理社會正義論中各種元素的多元性及特殊性，似乎更適合台灣社會的處境。其論述不僅開拓社會正義的新視野，亦可望能夠為如何制定本土的福利、稅務及教育等政策及回應全球化的帶來啟發。

參考書目

一、外文部分

Ake, C. F. 1975. "Justice as Equality." *Philosophy and Public Affairs* 5: 69-89.

Amsperger, C. 1994. "Reformulating Equality of Resources." *Economics and Philosophy* 13: 61-77.

Anderson-Gold, Sharon. 2001. *Cosmopolitanism and Human Rights*. Cardiff: University of Wales Press.

Andre, J. 1995. "Blocked Exchanges: A Taxonomy." In D. Miller and M. Walzer (eds.), *Pluralism, Justice and Equality*, pp.171-196. Oxford, UK: Oxford University Press.

Arneson, R. J. 1987. "Meaningful Work and Market Socialism." *Ethics* 97: 517-545.

_____. 1989. "Equality of Opportunity for Welfare." *Philosophical Studies* 56: 77-93.

_____. 1992. "Is Socialism Dead? A Comment on Market Socialism and Basic Income Capitalism." *Ethics* 102: 485-511.

_____. 1992. "Socialism as the Extension of Democracy." *Social Philosophy and Policy* 10: 145-171.

_____. 1995. "Blocked Exchanges: A Taxonomy." In D. Miller & M. Walzer (eds.), *Pluralism, Justice and Equality*, pp.171-196. Oxford, UK: Oxford

University Press.

Arnold, N. S. 1990. *Marx's Radical Critique of Capitalist Society*. Oxford, UK: Oxford University Press.

Attas, D. 2003. "Markets and Desert." In Daniel A. Bell and Avner de-Shalit (eds.), *Forms of Justice*, pp.85-103. Lanham: Rowman & Littlefield.

Bailey, J. W. 1997. *Utilitarianism, Institutions, and Justice*. Oxford, UK: Oxford University Press.

Baker, J. 1987. *Arguing for Equality*. London: Verso.

Baker, J. and Charles Jones. 1998. "Responsibility for Needs." In G. Brock (ed.), *Necessary Goods*, pp.219-232. Lanham: Rowman & Littlefield.

Bales, R. E. 1971. "Act-Utilitarianism: Account of Right-Making Characteristics or Decision-Making Procedure?" *American Philosophical Quarterly* 8: 257-65.

Bardhan, P. 1993. "On Tackling the Soft Budget Constraint in Market Socialism." In P. Bardhan and J. Roemer (eds.), *Market Socialism: The Current Debate*, pp.145-155. New York: Oxford University Press.

Bardhan, P. and J. E. Roemer. 1991. "Market Socialism: A Case for Rejuvenation." *Journal of Economic Perspectives* 6: 101-116.

Bardhan, P. and J. E. Roemer (eds.). 1993. *Market Socialism: the Current Debate*. New York: Oxford University Press.

Barry, B. 1973. *The Liberal Theory of Justice*. Oxford, UK: Clarendon Press.

_____. 1981. "Do Countries Have Moral Obligations?" In S. M. McMurrin (ed.) *The Tanner Lectures on Human Value II*. Salt Lake City: University of Utah Press.

_____. 1989. *Theories of Justice: A Treatise on Social Justice, Volume I*.

Berkeley: University of California Press.

———. 1991a. "Humanity and Justice in a Global Perspective." In R. J. Pennock and J. Chapman (eds.), *Ethics, Economics and the Law*, *Nomos 24*. New York: New York University Press. Reprinted in *Liberty and Justice: Essays in Political Theory II*, pp.182-210. Oxford, UK: Clarendon Press (1st publ. in 1982).

———. 1991b. "Can States be Moral?" In A. Ellis (ed.), *Ethics and International Relations*. Manchester: Manchester University Press, pp. 61-84. Reprinted in *Liberty and Justice: Essays in Political Theory II*, pp.159-81. Oxford, UK: Clarendon Press (1st publ. in 1986).

———. 1995a. *Justice as Impartiality: A Treatise on Social Justice, Volume II*. Oxford, UK: Clarendon Press.

———. 1995b. "Spherical Justice and Global Injustice." In David Miller and Michael Walzer (eds.), *Pluralism, Justice, and Equality*, pp.67-80. Oxford, UK: Oxford University Press,

———. 1998. "International Society from a Cosmopolitan Perspective." In David R. Mapel and Terry Nardin (eds.), *International Society: Diverse Ethical Perspectives*, pp.144-63. Princeton: Princeton University Press.

———. 1999. "Statism and Nationalism: A Cosmopolitan Critique." In Ian Shapiro and Lea Brilmayer (eds.), *Global Justice, Nomos 41*, pp.12-66. New York: New York University Press.

Bauer, T. 1990. "Reforming the Planned Economy: The Hungarian Experience." *The Annals of Political and Social Science* 507: 103-112.

Bedau, H. A. 1978. "Social Justice and Social Institutions." In P. A. French, T. E. Uehling, and H. K. Wettstein (eds.), *Midwest Studies in Philosophy*,

III: Studies in Ethical Theory, pp.159-175. Minneapolis: University of Minnesota Press.

Beitz, Charles R. 1975. "Justice and International Relations." *Philosophy and Public Affairs* 4: 360-89.

_____. 1979a. *Political Theory* and *International Relations*. Princeton: Princeton University Press.

_____. 1979b. "Bounded Morality: Justice and the State in World Politics." *International Organization* 33: 405-424

_____. 1980. "Nonintervention and Communal Integrity." *Philosophy and Public Affairs* 9: 385-391.

_____. 1983. "Cosmopolitan Ideals and National Sentiment." *Journal of Philosophy* 80: 591-600.

_____. 1991. "Sovereignty and Morality in International Affairs." In David Held (ed.), *Political Theory Today*, pp.263-54. Cambridge, UK.: Polity.

_____. 1994. "Cosmopolitan and the States System." In Chris Brown (ed.), *Political Restructuring in Europe: Ethical Perspectives*, pp.123-36. London: Routledge.

_____. 1999a. *Political Theory and International Relations* (with new afterword). Princeton: Princeton University Press. First edition published in 1979.

_____. 1999b. "Social and Cosmopolitan Liberalism." *International Affairs* 75: 515-529.

_____. 1999c. "International Liberalism and Distributive Justice: A Survey of Recent Thought." *World Politics* 51: 269-96.

_____. 2000. "Rawls's Law of People." *Ethics* 110: 669-96.

_____. 2001a. "Does Global Inequality Matter?" *Metaphilosophy* 32: 95-112.

_____. 2001b. "Human Rights as a Common Concern." *American Political Science Review* 95: 269-82.

_____. 2003. "What Human Rights Mean." *Daedalus* 132: 36-46.

_____. 2004. "Human Rights and the Law of Peoples." In Deen K. Chatterjee (ed.), *The Ethics of Assistance: Morality and the Distant Needy*, pp.193-240. Cambridge, UK.: Cambridge University Press.

_____. 2009. *The Idea of Human Rights*. Oxford, UK: Oxford University Press.

Bell, Daniel A. and Avner de-Shalit (eds.). 2003. *Forms of Justice*. Lanham, MD: Rowman & Littlefield.

Blackburn, R. 1991. *After the Fall: The Failure of Communism and the Future of Socialism*. London: Verso.

Blocker, H. G. and Elizabeth H. Smith (eds.). 1980. *John Rawls' theory of social justice: an introduction*. Athens: Ohio University Press.

Bonin, J. P. and L. Putterman 1987. *Economics of Cooperation and the Labor-Managed Economy*. London: Harwood.

Brandt, R. B. (ed.). 1962. *Social Justice*. Englewood Cliffs, N.J.: Prentice-Hall.

Breitenbach, Hans, Tom Burden, and David Coates. 1990. *Features of a Viable Socialism*. New York: Harvester Wheatsheaf.

Brown, A. 1986. *Modern Political Philosophy: Theories of the Just Society*. Harmondsworth: Penguin.

Brown, Chris. 1997. "Theories of International Justice." *British Journal of Political Science* 27: 273-297.

_____. 2002. *Sovereignty, Rights and Justice: International Political Theory*.

Cambridge, UK.: Polity.

Brugger, B. and D. Kelly. 1990. *Chinese Marxism in the Post-Mao Era*. Stanford: Stanford University Press.

Brus, W. 1972. *The Market in a Socialist Economy*. London: Routledge and Kegan Paul.

_____. 1973. *The Economics and Politics of Socialism*. London: Routledge and Kegan Paul.

_____. 1975. *Socialist Ownership and Political Systems*. London: Routledge and Kegan Paul.

_____. 1985. "Socialism – Feasible and Viable?" *New Left Review* 153.

_____. 1990. "Product Market and Capital Market in the Light of the Experience of the Hungarian New Economic Mechanism." In Oleg T. Bogomolovv (ed.), *Market Forces in Planned Economies*. Basingstoke, Hampshire: Macmillan.

Brus, W. and K. Laski. 1989a. *From Marx to the Market: Socialism in Search of an Economic System*. Oxford, UK: Clarendon Press.

_____. 1989b. "Capital Market and the Problem of Full Employment," *European Economic Review* 33: 439-447.

Campbell, T. D. 1974. "Humanity before Justice." *British Journal of Political Science* 4: 1-16.

_____. 2010. 3rd edition *Justice*. London: Macmillan.

Caney, Simon. 1999. "Defending Universalism." In Iain Mackenzie and Shane O'Neill (eds), *Reconstiting Social Criticism: Political Morality in an Age of Scepticism*, pp.19-33. London: Macmillan.

_____. 2000. "Cosmopolitan Justice and Cultural Diversity." *Global Society*

14: 525-551.

_____. 2001. "Cosmopolitan Justice and Equalizing Opportunities." *Metaphilosophy* 32: 113-34.

_____. 2003. "Global Egalitarianism: An Indefensible Theory of Justice." In Daniel A. Bell and Avner de-Shalit (eds.), *Forms of Justice: Critical Perspectives on David Miller's Political Philosophy*, pp.287-314. Lanham: Rowman & Littlefield.

Cochran, M. 1999. *Normative Theory and International Relations*. Cambridge, UK.: Cambridge University Press.

Cohen, G. A. 1986. "Self-ownership, World Ownership, and Equality." In F. Luncash (ed.), *Justice and Equality: Here and Now*. Ithaca, N.Y.: Cornell University Press.

_____. 1988. *History, Labour and Freedom*. Oxford, UK: Clarendon Press.

_____. 1989. "On the Currency of Egalitarian Justices." *Ethics* 99: 906-944.

_____. 1993. "Equality of What? On Welfare, Goods and Capabilities." In M. Nussbaum and A. Sen (eds.), The *Quality of Life*. Oxford, UK: Clarendon Press.

_____. 1995. *Self-ownership, Freedom, and Equality*. Cambridge, UK.: Cambridge University Press.

_____. 1997. "Where the Action is: on the Site of Distributive Justice." *Philosophy and Public Affairs* 26: 3-30.

_____. 2000. *If You're an Egalitarian, How Come You're so Rich?* Harvard: Harvard University Press.

_____. 2009. *Why not Socialism?* Princeton: Princeton University Press.

Cohen, J. 1986. "Review of Walzer's *Spheres of Justice*." *Journal of*

Philosophy, 83: 457-463.

Comisso, E. T. 1979. *Workers' Control under Plan and Market: Implications of Yugoslav Self-management*. London: Yale University Press.

Cragg, A. W. 1983. "Hayek: Justice and The Market." *Canadian Journal of Philosophy* 13: 563-568.

Credit Suisse, 2017. *The Global Wealth Report 2017*. https://www.credit-suisse. com/media/assets/corporate/docs/about-us/research/publications/global-wealth-report-2017-en.pdf

_____. 2020. *The Global Wealth Report 2020*. https://www.credit-suisse.com/media/assets/corporate/docs/about-us/research/publications/global-wealth-report-2020-en.pdf

Daniels, N. 1975. *Reading Rawls*. New York: Basic Books.

De Jasay, A. 1990. "Market Socialism: A Scrutiny 'This Square Circle.'" Occasional Paper 84, London: Institute of Economic Affairs.

De Schutter, H. and Ronald Tinnevelt (eds.). 2011. *Nationalism and Global Justice: David Miller and its Critics*. London: Routledge.

Den Hartogh, Govert. 1999. "The Architectonic of Michael Walzer's Theory of Justice." *Political Theory* 27: 491-522.

Doyal, Len and Ian Gough. 1991. *A Theory of Human Need*. New York: Guilford Publications.

Devine, P. 1988. *Democracy and Economic Planning: The Political Economy of a Self-Governing Society*. Cambridge, UK.: Polity.

Dworkin, R. 1977. "Justice and Rights." In R. Dworkin, 1978, pp.150-83.

_____. 1978. 2nd edition. *Taking Rights Seriously*. London: Duckworth.

_____. 1980. "Is Wealth a Value?" *Journal of Legal Studies* 9: 191-226.

_____. 1981. "What is Equality? Part 1: Equality of Welfare, Part 2: Equality of Resources." *Philosophy and Public Affairs* 10: 185-246 and 283-345.

_____. 1983. "In Defense of Equality," *Social Philosophy and Policy* 1: 24-40.

_____. 1985a. "What Justice Isn't?" In R. Dworkin 1985b, pp. 214-20.

_____. 1985b. *A Matter of Principle*. Cambridge, MA and London: Harvard University Press.

_____. 2000. *Sovereign Virtue*. Cambridge, MA: Harvard University Press.

Elster, Jon. 1992. *Local Justice: How Institutions Allocate Scarce Goods and Necessary Burdens*. New York: Russell Sage Foundation.

Elster, J. and K.O. Moene. 1989. *Alternatives to Capitalism*. Cambridge, UK.: Cambridge University Press.

Estrin, S. 1989. "Workers' Co-operatives: Their Merits and Their Limitations." In J. Le Grand and S. Estrin (eds.), *Market Socialism*, pp.165-192. Oxford, UK: Clarendon Press.

Estrin, S. and D. Winter. 1989. "Planning in a Socialist Economy." In J. Le Grand and S. Estrin (eds.), *Market Socialism*, pp.100-138 Oxford, UK: Clarendon Press.

Estrin, S. and J. Le Grand. 1989. "Market Socialism." In J. Le Grand and S. Estrin (eds.), *Market Socialism*, pp.1-24. Oxford, UK: Clarendon Press.

Exdell, John. 1977. "Distributive Justice: Nozick On Property Rights." *Ethics* 87: 142-149.

Feldman, F. 1997. *Utilitarianism, Hedonism, and Desert*. Cambridge, UK.: Cambridge University Press.

Freeman, S. (ed.) 2003. *The Cambridge Companion to Rawls*. Cambridge, UK.:

Cambridge University Press.

Føllesdal, Andreas and T. Pogge. 2005. *Real World Justice*. Berlin: Springer.

Frazer, E. 1999. *The Problems of Communitarian Politics: Unity and Conflict*. Oxford, UK: Oxford University Press.

Frazer, E., and Lacey, N. 1993. *The Politics of Community: A Feminist Critique of the Liberal-Communitarian Debate*. Hemel Hempstead: Harvester Wheatsheaf.

Frohnen, B. 1995. *The New Communitarians and the Crisis of Modern Liberalism*. Lawrence: University Press of Kansas.

Gamble, A. 1996. *Hayek: The Iron Cage of Liberty*. Cambridge, UK.: Polity.

Goldman, Alan H. 1976. "The Entitlement Theory of Distributive Justice." *Journal of Philosophy* 73: 823-835.

Giddens, Anthony. 2001. *The Global Third Way Debate*. Cambridge, UK.: Polity.

_____. 2002. 2nd edition. *Runaway World*. New York: Routledge.

Goodin, Robert. 1995. *Utilitarianism as Public Philosophy*. Cambridge, UK.: Cambridge University Press.

Gray, John. 1989. "Hayek On Liberty, Rights, and Justice." *Ethics* 2: 73-84.

Greiff, Pablo and Ciaran Cronin (eds.) 2002. *Global Justice and Transnational Politics*. Cambridge, MA: MIT Press.

Griffin, James. 2008. *On Human Rights*. Oxford, UK: Oxford University Press.

Gutmann, Amy. 1995. "Justice Across the Spheres." In D. Miller & M. Walzer (eds.), *Pluralism, Justice and Equality*, pp. 99-119. Oxford, UK: Oxford University Press.

Harsanyi, J. C. 1977. "Rule Utilitarianism and Decision Theory." *Erkenntnis*

11: 25-53.

_____. 1985. "Rule Utilitarianism, Equality, and Justice." *Social Philosophy and Policy* 2: 115-27.

Hayek, F. A. 1935. *Collectivist Economic Planning*. London: Routledge and Kegan Paul.

_____. 1948. *Individualism and Economic Order*. Chicago: University of Chicago Press.

_____. 1960. *Constitution of Liberty*. London: Routledge and Kegan Paul.

_____. 1973. *Law, Legislation and Liberty: A New Statement of the Liberal Principles of Justice and Political Economy, vol. I, Rules and Order*. London: Routledge.

_____. 1976. *Law, Legislation and Liberty: A New Statement of the Liberal Principles of Justice and Political Economy, vol. II, The Mirage of Social Justice*. London: Routledge.

_____. 1979. *Law, Legislation and Liberty: A New Statement of the Liberal Principles of Justice and Political Economy, vol. III, The Political Order of a Free People*. London: Routledge.

Held, D. 2004. *Global Covenant: The Social Democratic Alternative to the Washington Consensus*. Cambridge, UK.: Polity.

_____. 2010. *Cosmopolitanism*. Cambridge, UK.: Polity.

Held, D. and McGrew. 2007. 2nd edition. *Globalization and Anti-Globalization*. Cambridge, UK: Polity.

Held, D. and M. Koenig-Archibugi (eds.). 2003. *Taming Globalization: Frontiers of Governance*. Cambridge, UK: Polity.

Hirst, Paul Q. and Grahame Thompson. 1999. 2nd edition. *Globalization in*

Question. Cambridge, UK: Polity.

Honneth, A. 2017. *The Idea of Socialism*. Cambridge, UK.: Polity.

Honore, A. M. 1961. "Ownership." In A. G. Guest (ed.), *Oxford Essays in Jurisprudence*. Oxford, UK: Oxford University Press.

Horvat, B., Mihailo Markovic and Rudi Supek eds. 1975. *Self-Governing Socialism, Vol. I*. New York: International Arts and Sciences Press.

Johnston, David. 1977. "Hayek's Attack on Social Justice" *Critical Review* 111: 81-100.

Jones, C. 1999. *Global Justice: Defending Cosmopolitianism*. Oxford, UK: Clarendon Press.

Kardelj, E. 1979. "Social Ownership and Socialist Self-management." *Socialist Thought and Practice* 19: 46-57.

Kornai, J. 1993. "Market Socialism Revisited." In Bardhan, P. and J. E. Roemer (eds.) *Market Socialism: the Current Debate*, pp.42-68. New York: Oxford University Press.

_____. 2000. *Evolution of the Hungarian Economy, 1848-1998*. New York: Columbia University Press.

Kukathas, C. 1990. *Hayek and Modern Liberalism*. Oxford, UK: Clarendon Press.

Lawler, J. 1998. "Marx as Market Socialist." In B. Ollman (ed.), *Market Socialism: the Debate among Socialists*. London: Routledge.

_____. 1989. Le Grand, J. and Saul Estrin. *Market Socialism*. Oxford, UK: Clarendon Press.

Lind, E. A. and T. R. Tyler. 1988. *The Social Psychology of Procedural Justice*. New York: Plenum Press.

Locke, J. 1965. *Two Treatises of Government*. Cambridge, UK.: Cambridge University Press.

Lyons, D. 1965. *Forms and Limits of Utilitarianism*. Oxford, UK: Clarendon Press.

MacIntyre, A. 1984. 2nd edition. *After Virtue*. London: Duckworth.

_____. 1988. *Whose Justice? Which Rationality?* London: Duckworth.

Mandel, E. 1968. 2nd edition. *Marxist Economic Theory*. London: Merlin.

_____. 1986. "In Defence of Socialist Planning." *New Left Review* 159: 5-37.

_____. 1988. "The Myth of Market Socialism." *New Left Review* 169: 108-120.

Manuel, F. E. and Fritzie P. Manuel. 1956. *The New World of Henri Saint-Simon*. Cambridge, Mass.: Harvard University Press.

_____. 1979. *Utopian Thought in the Western World*. Cambridge, Mass.: Harvard University Press.

Miliband, R. 1994. *Socialism for a Sceptical Age*. Cambridge, UK.: Polity.

Miller, David. 1976. *Social Justice*. Oxford, UK: Clarendon Press.

_____. 1977. "Socialism and the Market." *Political Theory* 5: 473-90.

_____. 1980. "Justice and Property." *Ratio* 22: 1-14.

_____. 1981. "Market Neutrality and the Failure of Co-operatives." *British Journal of Political Science* 11: 301-29.

_____. 1982. "Arguments for Equality." In P. A. French, T. E. Uehling, and H. K. Wettstein (eds.) *Midwest Studies in Philosophy, VII: Social and Political Philosophy*. Minneapolis: University of Minnesota Press.

_____. 1987a. "Exploitation in the Market." In A. Reeve (ed.), *Modern Theories of Exploitation*, pp.149-165. London: Sage.

_____. 1987b. "Marx, Communism, and Markets." *Political Theory* 15: 182-204.

_____. 1987c. "Market Socialism." In D. Miller (ed.), *The Blackwell Encyclopedia of Political Thought.* Cambridge, UK.: Blackwell.

_____. 1989a. *Market, State, and Community: Theoretical Foundations of Market Socialism.* Oxford, UK: Clarendon Press.

_____. 1989b. "Why Market?" In J. Le Grand and S. Estrin (eds.), *Market Socialism.* Oxford, UK: Clarendon Press.

_____. 1990. "Equality." In G. M. K. Hunt (ed.) *Philosophy and Politics.* Cambridge, UK.: Cambridge University Press.

_____. 1991-2. "Distributive Justice: What the People Think." *Ethics* 102: 555-593.

_____. 1992. "Deserving Jobs." *Philosophical Quarterly* 42: 161-181.

_____. 1994 [1991]. "A Vision of Market Socialism." *Dissent* (Summer): 406-14. Reprinted in F. Roosevelt and D. Belkin (eds.), *Why Market Socialism? Voices from Dissent.* New York and London, M. E. Sharpe.

_____. 1995. *On Nationality.* Oxford, UK.: Oxford University Press.

_____. 1997. "Equality and Justice." *Ratio* 10: 222-237.

_____. 1999a. *Principles of Social Justice.* Cambridge, Mass.: Harvard University Press.

_____. 1999b. "Justice and Global Inequality." In Andrew Hurrell and Nagaire Woods (eds.), *Inequality, Globalization and World Politics,* pp. 187-210. Oxford, UK: Oxford University Press.

_____. 1999c. "The Limits of Cosmopolitan Justice." In D. R. Maple and T. Nardin (eds.), *International Society: Diverse Ethical Perspectives,* pp.

164–181. Princeton: Princeton University Press.

_____. 2000. *Citizenship and National Identity*. Cambridge, UK: Polity.

_____. 2001. "Distributing Responsibilities." *Journal of Political Philosophy* 9: 453-71.

_____. 2002a. "Two Ways to Think about Justice." *Politics, Philosophy, and Economics* 1: 5-28.

_____. 2002b. "Caney's 'International Distributive Justice': A Response," *Political Studies* 50: 974-977.

_____. 2003a. "What's Left of the Welfare State?" *Social Philosophy and Policy* 20: 92-112.

_____. 2003b. *Political Philosophy: A Very Short Introduction*. Oxford, UK: Oxford University Press.

_____. 2004a. "Holding Nations Responsible." *Ethics* 114: 240-68.

_____. 2004b. "National Responsibility and International Justice." In Deen K. Chatterjee (ed.), *The Ethics of Assistance: Morality and the Distant Needy*, pp.123-46. Cambridge, UK: Cambridge University Press.

_____. 2007. *National Responsibility and Global Justice*. Oxford, UK: Oxford University Press.

_____. 2011a. "National Responsibility and Global Justice." In De Schutter, H. and Ronald Tinnevelt (eds.), *Nationalism and Global Justice: David Miller and its Critics*, pp.14-30. London: Routledge.

_____. 2011b. "A Response." In De Schutter, H. and Ronald Tinnevelt (eds.), *Nationalism and Global Justice: David Miller and its Critics*, pp.179-193. London: Routledge.

_____. 2013. *Justice for Earthlings*. Oxford, UK: Oxford University Press.

_____. 2014. "Our Unfinished Debate about Market Socialism." *Politics, Philosophy and Economics* 13: 119-39.

_____. 2016. *Strangers in Our Midst: the Political Philosophy of Immigration.* Cambridge, Mass, Harvard University Press.

_____. 2017. "Fair Trade: What does it Mean and Why does it Matter?." *Journal of Moral Philosophy* 14: 249-69.

_____. 2019a. *Is Self-Determination a Dangerous Illusion?.* Cambridge, UK.: Polity.

_____. 2019b. "The Extent and Limits of Global Justice" In J. M. Coicaud and L. E. Sieger (eds.), *Conversations on Justice from National, International, and Global Perspectives: Dialogues with Leading Thinkers*, pp.103-122. Cambridge and New York: Cambridge University Press.

_____. 2020 "Socialism and the Nation-State." In J. Christ, K. Lepold, D. Loick, and T. Stahl (eds.), *Debating Critical Theory: Engagements with Axel Honneth*, pp.173-186. Lanham MD.: Rowman and Littlefield.

Miller, David and Richard Dagger. 2003. "Utilitarianism Beyond recent Analytical Political Theory." In R Bellamy and T. Ball (eds.) *The Cambridge History of Twentieth Century Political Thought*. Cambridge, UK: Cambridge University Press.

Miller, D. and M. Walzer (eds.). 1995. *Pluralism, Justice, and Equality.* Oxford, UK: Oxford University Press.

Moellendorf, Darrel. 2001. *Cosmopolitan Justice.* Boulder: Westview Press.

Mulhall, Stephen and Adam Swift. 1996. 2nd edition. *Liberals and Communitarians.* Oxford. UK.: Blackwell.

Mullan. P. 2020. *Beyond Confrontation: Globalists, Nationalists and their*

Discontents. Bingley, UK.: Emerald.

Murrell, P. 1983. "Did the Theory of Market Socialism Answer the Challenge of Ludwig von Mises? A Reinterpretation of the Socialist Controversy." *History of Political Economy* 15: 92-105.

Nagel, Thomas. 2005. "The Problems of Global Justice." *Philosophy and Public Affairs* 33: 113-47.

Narveson, J. 1983. "On Dworkinian Equality." *Social Philosophy and Policy* 1: 1-23.

Nelson, W. N. 1979-80. "The Very Idea of Pure Procedural Justice." *Ethics* 90: 502-511.

Nielsen, K. 1979. "Radical Egalitarian Justice: Justice as Equity." *Social Theory and Practice* 5: 209-26.

_____. 1982. "Capitalism, Socialism and Justice. In T. Regan and D. van de Veer (eds.), *And Justice for All: New Introductory Essays in Ethics and Public Policy,* pp.264-86. Totowa, NJ: Rowman and Littlefield.

_____. 1985. *Equality and Liberty: A Defense of Radical Egalitarianism*. Totowa, NJ: Rowman and Allanheld.

Nove, A. 1987. "Markets and Socialism." *New Left Review* 161: 98-104.

_____. 1988. "Socialism, Capitalism, and The Soviet Experience." *Social Philosophy and Policy* 6: 235-251.

_____. 1989. "The Role of Central Planning under Capitalism and Market Socialism." In J. Elster and K.O. Moene (eds.), *Alternatives to Capitalism,* pp.98-109. Cambridge, UK.: Cambridge University Press.

_____. 1991. 2nd edition. *The Economics of Feasible Socialism Revisited*. London: Allen and Unwin.

Nozick, R. 1974. *Anarchy, State, and Utopia*. New York: Basic Books.

OECD 2013. *Crisis Squeezes Income and Puts Pressure on Inequality and Poverty*. http://www.oecd.org/els/soc/OECD2013-Inequality-and-Poverty-8p.pdf

Ohmae, Kenichi. 2005. *Next Global Age*. Upper Saddle River, NJ: Wharton School Publising.

Okin, Susan Moller. 1989. *Justice, Gender, and the Family*. New York: Basic Books.

_____. 1994. "Gender Inequality and Cultural Differences." *Political Theory* 22: 5-24.

Ollman, B. (ed.). 1976. 2nd edition. *Alienation: Marx's Conception of Man in Capitalist Society*. Cambridge, UK.: Cambridge University Press.

_____. 1998. "Market Mystification in Capitalist and Market Socialist Societies," In B. Ollman (ed.), *Market Socialism: the Debate among Socialists*. New York: Routledge.

O'Neill, Onora. 1974. "Lifeboat Earth." *Philosophy and Public Affairs* 4: 273-92. Reprinted in William Aiken and Hugh La Follette (eds.) *World Hunger and Moral Obligation*, pp.140-164. Englewood Cliffs: Prentice Hall, 1977.

_____. 1975. *Acting on Principle: An Essay on Kantian Ethics*. New York: Columbia University Press.

_____. 1986. *Faces of Hunger: An Essay on Poverty, Justice and Development*. London: Allen and Unwin.

_____. 1988. "Hunger, Need, and Rights." In Steven Luper-Foy (ed.), *Problems of International Justice*, pp.67-83. Boulder: Westview.

_____. 1989. *Constructions of Reason*. Cambridge, UK.: Cambridge University Press.

_____. 1991. "Transnational Justice." In D. Held (ed.), *Political Theory Today*, pp. 276-304. Cambridge, UK.: Polity.

_____. 1993a. "Justice, Gender and International Boundaries." In Martha Nussbaum and Amartya Sen (eds.), *Quality of Life*, pp.280-308. Oxford: Clarendon Press.

_____. 1993b. "Duties and Virtues." In A. Phillips Griffiths (ed.), *Ethics* (RIP supplementary volume 35), pp.107-20. Cambridge, UK.: Cambridge University Press.

_____. 1993c. "Ending World Hunger." In Tom Regan (ed.), *Matters of Life and Death*, 3rd edn., pp.235-79. London: McGraw-Hill.

_____. 1994. "Justice and Boundaries." In Chris Brown (ed.), *Political Restructuring in Europe: Ethical Perspectives*, pp.69-88. London: Routledge.

_____. 1996. *Towards Justice and Virtue: A Constructive Account of Practical Reasoning* Cambridge, UK.: Cambridge University Press.

_____. 2000. *Bounds of Justice*. Cambridge, UK.: Cambridge University Press.

_____. 2004. "Global justice: whose obligations?" In Deen K. Chatterjee (ed.), *The Ethics of Assistance: Morality and the Distant Needy*, pp.242-59. Cambridge, UK.: Cambridge University Press.

_____. 2016. *Justice Across Boundaries: Whose Obligations?*. Cambridge, UK.: Cambridge University Press.

_____. 2018. *From Principles to Practice: Normativity and Judgement in*

Ethics and Politics. Cambridge, UK.: Cambridge University Press.

Orend, B. 2000. *Michael Walzer on War and Justice*. Montreal and London: McGill-Queen's University Press.

_____. 2001. "Walzer's General Theory of Justice." *Social Theory and Practice* 27: 207-229.

Oxfam. 2019. *Public Good or Private Wealth*. https://oxfamilibrary. openrepository.com/bitstream/handle/10546/620599/bp-public-good-or-private-wealth-210119-en.pdf

_____. 2020. *Shelter from the Storm: The Global Need for Universal Social Protection in Times of COVID-19*. https://oxfamilibrary.openrepository. com/bitstream/handle/10546/621132/bp-social-protection-covid-19-151220-en.pdf

_____. 2021. *The Inequality Virus*. https://www.oxfam.org/en/research/ inequality-virus

Parekh, Bhikhu (ed.). 1975. The *Concept of Socialism*. London: Croom Helm.

Paul, J. (ed.). 1981. *Reading Nozick: Essays on Anarchy, State, and Utopia*. Totowa, NJ; Rowman and Littlefield.

Pejovich, S. 1990. "A Property-Right Analysis of the Yugoslavia Miracle." *The Annals of Political and Social Science* 507: 123-132.

Perry, Stephen R. 1997. "Libertarianism, Entitlement, and Responsibility." *Philosophy and Public Affairs* 26: 351-396.

Pierson, C. 1995. *Socialism After Communism: The New Market Socialism*. Pennsylvania: The Pennsylvania State University Press.

Pogge, Thomas W. 1988a. "Rawls and Global Justice." *Canadian Journal of Philosophy* 18: 227-56.

_____. 1988b. "Kant's Theory of Justice." *Kant-Studien* 79: 407-33.

_____. 1989. *Realizing Rawls*. Ithaca, N.Y.: Cornell University Press.

_____. 1994a. "An Egalitarian Law of Peoples." *Philosophy and Public Affairs* 23: 195-224.

_____. 1994b. "Cosmopolitanism and Sovereignty." In Chris Brown (ed.), *Political Resturcturing in Europe: Ethical Perspectives*, pp. 89-122. London: Routledge.

_____. 2001a. "Priorities of Global Justice." *Metaphilosophy* 32: 6-24.

_____. 2001b. "Rawls on International Justice." *Philosophical Quarterly* 51: 246-53.

_____. 2002a. *World Poverty and Human Rights*. Cambridge, UK.: Polity.

_____. 2002b. "Moral Universalism and Global Economic Justice." *Politics, Philosophy & Economics* 1: 29-58.

_____. 2005a. "Real World Justice." *Journal of Ethics* 9: 29-53.

_____. 2005b. "Severe Poverty as a Violation of Negative Duties." *Ethics and International Affairs* 19: 55-84.

_____. 2007. "Severe Poverty as a Human Rights Violation." In T. Pogge (ed.), *Freedom from Poverty as a Human Right: Who Owes What to the Very Poor*, pp.11-53. Oxford, UK.: Oxford University Pres.

_____. 2008a. 2nd edition. *World Poverty and Human Rights*. Cambridge, UK.: Polity.

_____. 2008b. "Cohen to the Rescue!" *Ratio* 21: 454–75.

_____. 2010. *Politics as Usual*. Cambridge, UK.: Polity.

Pogge, Thomas and Krishen Mehta. 2016. *Global Tax Fairness*. Oxford: Oxford University Press.

Rawls, J. 1971. *A Theory of Justice*. Cambridge, Mass.: Harvard University Press.

_____. 1980. "Kantian Constructivism in Moral Theory." *The Journal of Philosophy* 77: 515-572.

_____. 1993a. *Political Liberalism*. Columbia: Columbia University Press.

_____. 1993b. "The Law of Peoples." In S. Shute and S. Hurley (eds.), *On Human Rights. The Oxford Amnesty Lectures*, pp.41-82. New York: Basic Books.

_____. 1999a. 2nd edition. *A Theory of Justice*. Cambridge, Mass.: Harvard University Press.

_____. 1999b. *The Law of Peoples*. Cambridge, Mass.: Harvard University Press.

_____. 1999c. *Collected Papers*. Cambridge, Mass.: Harvard University Press.

_____. 2001. *Justice as Fairness: A Restatement*. Cambridge, Mass.: Harvard University Press.

Rescher, N. 1966. *Distributive* Justice*: A Constructive Critique of The Utilitarian Theory of Distribution*. New York: The Bobbs-Merrill Co., Inc.

Roemer, J. 1985. "Equality of talent." *Economics and Philosophy* 1: 151-87.

_____. 1986. "Equality of Resources implies Equality of Welfare." *Quarterly Journal of Economics* 100: 751-84.

_____. 1988. *Free to Lose: An Introduction to Marxist Economic Philosophy*. Cambridge, Mass.: Harvard University Press.

_____. 1992a. "The Morality and Efficiency of Market Socialism." *Ethics* 102: 448-464.

_____. 1992b. "Can there be Socialism after Communism?" *Politics and Society* 20: 261-276.

_____. 1994. *A Future for Socialism*. Cambridge, Mass.: Harvard University Press.

Rohac, D. 2019. *In Defense of Globalism*. Lanham, MD.: Rowman and Littlefield.

Rustin, M. 1995. "Equality in Post-modern Times." In D. Miller & M. Walzer (eds.), *Pluralism, Justice and Equality* pp.17-44. Oxford, UK: Oxford University Press.

Sadurski, W. 1985. *Giving Desert its Due*. Dordrecht: D. Reidel.

Sandel, Michael J. 1988. 2nd edition. *Liberalism and the Limits of Justice*. Cambridge, UK.: Cambridge Universtiy Press, 1998.

_____. 2009. *Justice: What's the Right Thing to Do?* New York: Farrar, Straus and Giroux.

_____. 2012. *What Money Can't Buy: the Moral Limits of Markets*. New York : Farrar, Straus and Giroux.

_____. 2020. *The Tyranny of Merit: What's Become of the Common Good?* New York : Farrar, Straus and Giroux, 2020.

Sassoon, D. 2000. "Socialism: Mission Accomplished or Mission Impossible?" *Dissent* (Winter): 56-61.

Scheffler, Samuel. 1993. "Conceptions of Cosmopolitanism." *Philosophy and Public Affairs* 26: 189-209.

Schmidtz, D. (ed.) 2002. *Robert Nozick*. Cambridge, UK.: Cambridge University Press.

Schweickart, D. 1980. "Market Socialist Capitalist Roaders: A Comment on

Arnold's 'Marx and Market Socialism.'" *Economics and Philosophy* 3: 308-319.

_____. 1992. "Economic Democracy: A Worthy Socialism that Would Really Work." *Science and Society* 56: 1-24.

_____. 1993. *Against* Capitalism. Cambridge, UK.: Cambridge University Press.

_____. 1998. "Market Socialism: a Defense." In B. Ollman (ed.), *Market Socialism: the Debate among Socialists*. London: Routledge.

Sen, A. 1973. *On Economic* Inequality, Oxford, UK: Clarendon Press.

_____. 1979. "Equality of What?" Reprinted in Sen, A. 1982. *Choice, Welfare and Measurement*. Oxford, UK: Basil Blackwell, pp.353-69.

Sen, A. & Williams, B. (eds.). 1982. *Utilitarianism and Beyond*. Cambridge, UK: Cambridge University Press.

Sher, George. 1987. *Desert*. Princeton: Princeton University Press.

Shue, Henry. 1977. "Food, Population and Wealth: Toward Global Principles of Justice." In *Proceedings of the American Political Science Association*. Ann Arbor: University Microfilms, 1977.

_____. 1980. *Basic Rights: Subsistence, Affluence, and U.S. Foreign Policy*. Princeton: Princeton University Press.

_____. 1983. "The Burdens of Justice." *Journal of Philosophy* 80: 600-608.

_____. 1984. "The Independence of Duties." In Philip Alston and Katerina Tomasevski (eds.) *The Right to Food*. Pp.83-96. Dordrecht: Martinus Nijhoff.

_____. 1988. "Mediating Duties." *Ethics* 98: 687-704.

_____. 1989. "Morality, Politics, and Humanitarian Assistance." In Bruce

Nichols and Gil Loescher (eds.) *The Moral Nation: Humanitarianism and U.S. Foreign Policy Today*, pp.12-40. Notre Dame: University of Notre Dame Press.

_____. 1993. "Negative Duties Toward All, Positive Duties Toward Some." In P. Juviler and B. Gross (eds.) *Human Rights for the 21st Century: Foundations for Responsible Hope*, pp.266-74. Armonk, NY: M. E. Sharpe.

_____. 1995. "Avoidable Necessity: Global Warming, International Fairness, and Alternative Energy." In Ian Shapiro and Judith Wagner Decew (eds.) *Theory and Practice* NOMOS 37, pp.239-64. New York: New York University Press.

_____. 1996a. 2nd edition. *Basic Rights: Subsistence, Affluence, and U.S. Foreign Policy*. Princeton: Princeton University Press.

_____. 1996b. "Solidarity among Strangers and the Right to Food." In W. Aiken and H. LaFollette (eds.) *World Hunger and Morality*, pp.113-32. Upper Saddle River, NJ: Prentice Hall.

_____. 1999. "Global Environment and International Inequality." *International Affairs* 75: 531-45.

_____. 2003. "Global Accountability: Transnational Duties Toward Economic Rights." In Jean-Marc Coicaud and Michael Doyle (eds.) *The Globalization of Human Rights*, pp.160-177. Tokyo: United Nations University Press.

_____. 2004. "Thickening convergence: human rights and cultural diversity." In Deen K. Chatterjee (ed.) *The Ethics of Assistance: Morality and the Distant Needy*, pp.217-41. Cambridge, UK.: Cambridge University Press.

Singer, P. 1972. "Famine, Affluence and Morality." *Philosophy and Public Affairs* 1: 229-244.

_____. 1999. "A Response." In Dale Jamieson (ed.), *Singer and Its Critics*, pp.268-335. Oxford, UK: Blackwell.

_____. 2002. *One World: The Ethics of Globalization*. New Haven: Yale University Press.

_____. 2004. "Outsiders: our obligations to those beyond our borders." In Deen K. Chatterjee (ed.) *The Ethics of Assistance: Morality and the Distant Needy*, pp.11-32. Cambridge, UK.: Cambridge University Press.

_____. 2009. *The Life You Can Save: Acting Now to End World Poverty*. New York: Random House.

_____. 2015. *The Most Good You Can Do*. New Haven: Yale University Press.

_____. 2016. *Ethics in the Real World*. Princeton: Princeton University Press.

Stiglitz, Joseph. 2002. *Globalization and its Discontent*. New York: W.W. Norton.

_____. 2006. *Making Globalization Work*. New York: W.W. Norton.

_____. 2012. *The Price of Inequality*. New York: W.W. Norton.

_____. 2015. *The Great Divide*. New York: W.W. Norton.

Sumner, L. W. 1987. *The Moral Foundation of Rights*. Oxford, UK.: Clarendon Press.

Tam, H. 1998. *Communitarianism: a New Agenda for Politics and Citizenship*. New York: New York University Press.

_____. 2019. *The Evolution of Communitarian Ideas*. New York: Palgrave Macmillan

Taylor, C. 1985（1986）. "The Nature and Scope of Distributive Justice," in *Philosophy and the Human Sciences: Philosophical Paper 2.* Cambridge, UK.: Cambridge University Press. Reprinted in F. S. Lucash (ed.), *Justice and Equality: Here and Now.* Ithaca, N.Y.: Cornell University Press.

_____. 1989. *Sources of the Self: The Making of Modern Identity.* Cambridge, UK.: Cambridge University Press.

Thomson, Garrett. 1987. *Needs.* London: Routledge & Kegan Paul.

Ticktin, H. 1998. "The Problem is Market Socialism." In B. Ollman (ed.), *Market Socialism: the Debate among Socialists.* London: Routledge.

van der Veen, Robert Jan. 1999. "The Adjudicating Citizen: On Equal Membership in Walzer's Theory of Justice." *British Journal of Political Science* 29: 225-258.

Verdery, K. 1996. *What Was Socialism, and What Comes Next?* Princeton: Princeton University Press.

Von Mises, L. 1935. "Economic Calculation in the Socialist Commonwealth." In F. Hayek (ed.), *Collectivist Economic Planning*, pp.87-130. London: Routledge and Kegan Paul.

_____. 1951. *Socialism: An Economic and Sociological Analysis.* New Haven: Yale University Press.

Waldron, J. 1983. "Two Worries about Mixing One's Labour." *Philosophical Quarterly* 33: 37-44.

_____. 1995. "Money and Complex Equality." In D. Miller & M. Walzer (eds.), *Pluralism, Justice and Equality*, pp.144-170. Oxford, UK: Oxford University Press.

Walzer, M. 1977. *Just* and *Unjust Wars: A Moral Argument with Historical*

Illustrations. New York: Basic Books.

_____. 1983. *Spheres of Justice: A Defence of Pluralism and Equality*. New York: Basic Books.

_____. 1984. "Liberalism and the Art of Separation." *Political Theory* 12: 315-330.

_____. 1986. "Justice Here and Now." In F. S. Lucash (ed.), *Justice and Equality: Here and Now*, pp.136-150. Ithaca, N.Y.: Cornell University Press.

_____. 1987. *Interpretation and Social Criticism*. Cambridge, Mass.: Harvard University Press.

_____. 1988. *The Company of Critics: Social Criticism and Political Commitment in the Twentieth Century*. New York: Basic Books.

_____. 1989. "A Critique of Philosophical Conversation." *The Philosophical Forum* 21: 182-196.

_____. 1990a. "The Communitarian Critique of Liberalism." *Political Theory* 18: 6-23.

_____. 1990b. "Nation and Universe." In G. B. Peterson (ed.), *The Tanner Lectures on Human Values*, pp. 507-556. Salt Lake City, UT: Utah University Press.

_____. 1992. 2nd edition. *Just and Unjust wars: A Moral Argument with Historical Illustrations.* New York: Basic Books.

_____. 1994. *Thick and Thin: Moral Argument at Home and Abroad*. Notre Dame, IN: University of Notre Dame Press.

_____. 1995a. "Response." In D. Miller and M. Walzer (eds.), *Pluralism, Justice and Equality*, pp.281-298. Oxford, UK: Oxford University Press.

_____. (ed.) 1995b. *Toward a Global Civil Society*. Providence, RI: Berghahn Press.

_____. 1997. *On Toleration*. New Haven: Yale University Press.

_____. 2002. 2nd edition. *The Company of Critics*. New York: Basic Books.

_____. 2004a. *Politics and Passions*. New Haven: Yale University Press.

_____. 2004b. *Arguing about War*. New Haven: Yale University Press.

_____. 2010. "Which Socialism?" *Dissent* (Summer): 37-43.

Walzer, M. & R. Dworkin. 1983. "*Spheres of Justice*: An Exchange." *The New York Review of Books*, July: 43-46.

Weisskopf, T. 1993. "A Democratic-Enterprise-Based Socialism." In P. Bardhan and J. Roemer (ed.), *Market Socialism: The Current Debate*, pp. 120-144. New York: Oxford University Press.

_____. 1994. "Challenges to Market Socialism: A Response to Critics." Reprinted in F. Roosevelt and David Belkin (ed.), *Why Market Socialism?* New York: M. E. Sharpe, pp.297-318.

Wernar, Leif. 2011. "Human Rights and Equality in the Work of David Miller." In De Schutter, H. and Ronald Tinnevelt (eds.), *Nationalism and Global Justice: David Miller and its Critics*, pp. 31-41. London: Routledge.

Wiggins, D. 1987. *Needs, Values, Truths*. Oxford, UK: Blackwell.

Wight, M. 1996. *International Relations: The Three Traditions*. Leicester: Leicester University Press.

Wilhelm, Morris M. 1972. "The Political Thought of Friedrich A. Hayek." *Political Studies* 20: 169-184.

Wolff, J. 1991. *Robert Nozick: Property, Justice and the Minimal State*. Cambridge, UK.: Polity.

二、中文部分

David Miller 著，應奇譯，2001，《社會正義原則》，南京：江蘇人民出版社。

石元康，1991，〈自由主義式的平等：德我肯論權利〉，收錄於戴華、鄭曉時主編《正義及其相關問題》，頁 317-342，台北：中央研究院中山人文社會科學研究所。

江宜樺，《自由民主的理路》。台北：聯經出版社。

何信全，1991，〈海耶克對社會正義概念的批判〉，收錄於戴華、鄭曉時主編《正義及其相關問題》，頁 239-255，台北：中央研究院中山人文社會科學研究所。

何偉，1992，〈社會主義的商品發展階段〉，《何偉選集》，山西經濟出版社。

余桂霖，1997，〈達維·彌勒社會正義之研究〉，《復興崗學報》，12 月。

周保松，2004，〈自由主義、平等與差異原則〉，《政治與社會哲學評論》8: 121-180。

林火旺，1998，《羅爾斯正義論》，台北：臺灣書店。2004，〈公共理性的功能及其限制〉，《政治與社會哲學評論》8: 47-78。

施俊吉，1991，〈論羅爾斯的差異原則〉，收錄於戴華、鄭曉時主編《正義及其相關問題》，頁 305-315，台北：中央研究院中山人文社會科學研究所。

洪鎌德，1991，〈馬克思正義觀的析評〉，收錄於戴華、鄭曉時主編《正義及其相關問題》，頁 147-184，台北：中央研究院中山人文社會科學研究所。

_____. 2020.《馬克思》，第三版，台北：東大圖書。

張福建，1991，〈羅爾斯的差異原則及其容許不平等的可能程度〉，收

錄於戴華、鄭曉時主編《正義及其相關問題》，頁 281-304，台北：中央研究院中山人文社會科學研究所。

2004，〈政治言論自由與社會正義─羅爾斯觀點〉，《政治與社會哲學評論》9: 39-78。

梁文韜，2001，〈鄧小平理論與中國社會主義發展的前景〉，收入陳祖為、梁文韜主編，《政治理論在中國》，香港：牛津大學出版社，頁 233-256。

_____. 2003a，〈當代市場社會主義所有制模式之理論分析〉，《政治學報》35: 223-258。

_____. 2003b，〈市場社會主義與社會正義：兼論達維米勒對市場的辯護〉，《政治與社會哲學評論》7: 41-85。

_____. 2004，〈再思現代憲政主義之源起──在殖民地主義場境下的洛克自由憲政思想〉，《政治與社會哲學評論》，第十一期，頁 129-172。

_____. 2005a，〈論米勒的制度主義社會正義論〉，《台灣政治學刊》，第九卷第一期，頁 119-198。

_____. 2005b，〈程序、後果及社會正義：論米勒的混合型正義論〉，《人文及社會科學集刊》，第十七卷第二期，頁 217-269。

_____. 2005c，〈系絡、原則與社會正義──比較米勒及瓦瑟的多元主義正義論〉，《歐美研究》，第三十五卷第三期，頁 605-668。

_____. 2011，《國際政治理論與人道干預》，巨流出版社。

_____. 2016，《二十一世紀共慘世界：全球化的政治哲學省思》，開學出版社。

_____. 2021a，《幻夢？大同世界的正義美夢》，台北：主流出版社。

_____. 2021b，〈權利、責任、全球化與社群主義：評米勒的全球正義

論〉，《香港社會科學學報》，第 57 期（六月），頁 141-183。

許漢，2004a，〈羅爾斯與全球正義中的人權問題〉，《政治與社會哲學評論》9: 113-150。

_____. 2004b，〈全球化與疆界外的正義序論 - 合理政治多元主義〉，見張世雄等，《社會正義與全球化》，頁 103-163。

陳宜中，2001，〈羅爾斯與政治哲學的實際任務〉，《政治科學論叢》14: 47-74。

_____. 2004，〈羅爾斯的國際正義論與戰爭的正當性〉，《政治與社會哲學評論》8: 181-211。

_____. 2013，《當代正義論辯》，台北：聯經出版社。

曾瑞明，2014，《參與對等與全球正義》，台北：聯經出版社。

曾國祥，2004，〈自由主義與政治的侷限〉，《政治與社會哲學評論》8: 79-120。

葉家威與曾瑞明，2019，《全球正義與普世價值》，香港：香港中文大學出版社。

逯扶東，1994，《西洋政治思想史》，增訂八版。台北：三民書局。

鄒文海，《西洋政治思想史稿》。台北：三民書局。

蔡英文，〈多元與統一：多元主義與自由主義的一項政治議題〉，中央研究院《人文及社會科學集刊》9(3): 45-85。

錢永祥，2001a，〈自由主義為什麼關切平等〉，收入陳祖為、梁文韜主編，《政治理論在中國》，香港：牛津大學出版社，頁 169-187。

_____. 2001b，《縱欲與虛無之上：現代情境裡的政治倫理》。台北：聯經出版社。

戴華，1991，個人與社會正義：探討羅爾斯正義理論中的「道德人」，見戴華、鄭曉時（編），《正義及其相關問題》，頁 257-280。台北：

中央研究院中山人文社會科學研究所。

2004，〈羅爾斯論康德「定言令式程序」〉，《政治與社會哲學評論》9：79-112。

薛暮橋，1998，《中國社會主義經濟問題研究》，廣州：廣東經濟出版社。

謝世民，1999，〈論德我肯的資源平等觀〉，《人文及社會科學集刊》111)：123-150。

_____. 2004，〈羅爾斯與社會正義的場域〉，《政治與社會哲學評論》9：1-38。

顏厥安，2004，〈公共理性與法律理論〉，《政治與社會哲學評論》8：1-46。

學院叢書系列 8

市場、正義與反全球主義
——論左翼社群主義思想

作　　者：梁文韜

社　　長：鄭超睿

發 行 人：鄭惠文

編　　輯：林朋

封面設計：海流設計

排　　版：旭豐數位排版有限公司

出版發行：主流出版有限公司 Lordway Publishing Co. Ltd.

出 版 部：臺北市南京東路五段 123 巷 4 弄 24 號 2 樓

　　　　　電　　話：(02) 2857-9303

　　　　　傳　　真：(02) 2857-9303

　　　　　電子信箱：lord.way@msa.hinet.net

　　　　　劃撥帳號：50027271

　　　　　網　　址：www.lordway.com.tw

經　　銷：紅螞蟻圖書有限公司

　　　　　臺北市內湖區舊宗路二段 121 巷 19 號

　　　　　電話：(02) 2795-3656　　傳真：(02) 2795-4100

初版 1 刷：2021 年 12 月

書號：L2110　　　　　　　　　　　　　　著作權所有　翻印必究

ISBN：978-986-06294-5-3（平裝）

Printed in Taiwan

國家圖書館出版品預行編目資料

市場、正義與反全球主義：論左翼社群主義思想 /
梁文韜著 . -- 初版 . -- 臺北市：主流出版有限公
司 , 2021.12
　　面；　公分 . -- (學院叢書系列 ; 8)

ISBN 978-986-06294-5-3(平裝)

1. 社會主義　2. 社會正義　3. 政治思想

549.2　　　　　　　　　　　　　　110020049